サターン
土星の心理占星学

LIZ GREEN
リズ・グリーン
著
鏡リュウジ
訳

SATURN
A NEW LOOK AT AN OLD DEVIL

青土社

目次

サターン　土星の心理占星学

土星の徴の下で　影の心理占星学へ

鏡リュウジ

二〇世紀に復興し、市民権を得た占星学。欧米では実におびただしい数の研究書が刊行されている。ネット上はもちろんのこと、大都市には占星術専門書店までもが出現しており、カタログを見ているだけでも目がくらみそうな思いがするのが実情である。その中で重要な書物を選別するとき、本書リズ・グリーン著『サターン　土星の心理占星学』は、多少なりとも公正な判断能力をもつ占星術家ならば、十指のひとつに入れねばなるまい。

初版刊行は一九七六年と聞くから、四半世紀以上も前のテクストなのだが、本書はいまだに占星術関連書のなかではトップセラーのひとつとして版を重ね続けている。それほど、多くの占星術家ないし心理学者から評価を得ている作品なのである。

本書の価値は、「心理占星学」ないし「心理占星術」のスタイルを見事なかたちで提示することに成功したことに尽きる。

一九世紀末から二〇世紀の占星術の変遷については別なところで紹介したので、ここで繰り返すのは避けるが、ごくかいつまんでいうとするなら、近代的な占星術は運命論を排除しようとする個人主義と自由主義のなかでアンビヴァレントな立場に立たされ、伝統的な決定論を（少なくとも見かけ上は）回避せざるを得なくなる。

現代占星術の父と称されるアラン・レオは「性格こそ運命なり」というモットーを標榜し、「予言ではなく傾向」がホロスコープに表れるのだと説いて、運命対自由意志の問題を避けようとした。そして、アメリカの占星術家にして音楽家のディーン・ルディアは、さらにエソテリックな独自の哲学的宇宙論を占星術を基盤に展開して、人間の意識の進化を説いた。ルディアからは「人間性心理学」の影響の強い「人間性占星学」が登場している。現在、占星術を実践している人のなかで、直接または間接にレオ、ルディアの影響から自由でいられるものはいないだろう。

そして、この流れのなかから、さらに洗練された、あるいは地に足のついた占星術をつむぎだしたのが、リズ・グリーンである。

ロンドンのユング派分析家協会から資格を授与されているグリーンは、意識の進化という、大仰な物言いをすることもなく、また、エーテル体だのアストラル体だのといった形而上学的な概念を必要以上に振り回すこともなく（本書においてはまだこうした用語は出てくるが、後の本ではほとんど消失している）、むしろ禁欲的ともいえる態度で深層心理学の枠内において占星術の理論を応用し、該博なギリシャ・ローマ神話の知識を背景に、ホロスコープを心理分析のためのツールとして見事に応用している。彼女が生み出したスタイルによって占星術は、オカルト風の鬼面人を驚かす匂いから解放されつつも、まじめで深遠な心の分析ツールとしての可能性を、知的な読者層にアピールすることに成功したのである。グリーンの本が次々にベストセラーになり、ハワード・サスポータス、エリン・サリヴァン、メラニー・ラインハート、ダービー・コステロら、同様のスタイルをもってホロスコープに向き合う占星術家たちが一世を風靡していったのは驚くに当たらないだろう。

このリズ・グリーンが華々しくデビューするきっかけになったのが、本書『サターン土星の心理占星学』なのである。

本書は、そのタイトルからもわかるように、土星のシンボリズムとホロスコープ上での解釈について詳述したものである。彼女の占星術の基本的な考え方はこうだ。個人のチャートは、内的な心の状況を反映している。けっしてそれは外的な出来事を表示するものではない。チャートは、心の体験を示すのである。

人は自分の心の内容をすべて意識化することはできない。なかでも、意識にとって都合の悪い内容や意識が恐れてやまない内容は心の奥底、すなわち無意識に抑圧される。しかし、その心の影の面はけっして消えることはない。意識が抑圧の力を強めようとすればするほどに、影の力は強くなり、心を脅かすようになる。ときには意識の制御を突き破って暴走したり、あるいは他者に「投影」されて、本来は自分のなかにある悪が、相手からくるものだと感じさせていかんともしがたい敵意を生じさせてしまうのだ。

どの天体でもこうしたプロセスを引き起こすことはあるだろうが、とくにこの面を象徴しているのが、土星である。伝統的に「凶星」とされている土星は、本人がもっとも見たくないと感じている心の要素ないしその要素と向き合うプロセスを象徴していると、グリーンはいうのである。そして、そのプロセスを経てこそ、人は全体性を獲得できるのだと。ここに来て、鉛（土星）は、黄金（全体性を獲得した魂）へと錬金術的変容を遂げる。グリーンにおいては、人間の魂のエッセンス、あるいは自由意志を保証するXの要素はチャートには表れない。あくまでも、そのXの要素と、惑星や星座たちが示す心の要素との折衝というかたちで人生は進んでゆくのである。

本書は、心の中の暗闇にあえて目を向けさせる。本書を読むのは、けっして楽な作業ではない。いや、知的な理解が難しいというのではない。他者のこととして読むのなら、これは気楽な心理学の入門書としても読める。しかし、ここに出てくる一つ一つの心のプロセスを、いったん我が物として読みはじめると、そこには自己分析につきものの、痛みが伴うはずだ。

占星術に興味があるかどうかは、むしろどうでもよい。自分に向き合う勇気のある読者にとってこそ、本書はその真価を発揮するであろう。

序

「美女と野獣」の物語は、はじめは醜悪な野獣が、ラストで美しい王子に変身してヒロインと結婚するというよく知られた物語である。この物語は、まっとうなストーリーだと感じられる。このまっとうさの感覚は、おとぎ話が与える典型的な印象である。神話やおとぎ話は、集合的無意識が持つ価値を象徴的に描写したものだからだ。神話やおとぎ話は他愛もない話ばかりであるにもかかわらず、なぜか人に感動を与える。物語の細かな設定は文化的な差異を反映してさまざまであるが、その基本的な構造は実にシンプルな物語と登場人物がいて、これが物語の根幹をなしている。それは人間の心の体験を描き出しているものだ。ここには、いつも同じような英雄、美しいお姫様、頭の悪い巨人、地下に隠された宝物が登場する。そして、「野獣」とは、常に美しい王子の「闇の顔」を表しているのだ。

野獣と王子のパラドクスは、神話やおとぎ話、あるいは宗教の象徴体系に現れてもわかりやすいし、人間の現実の一側面を表しているといってもいい。しかし、現代占星術は、この二重性を認めていないように見える。現代占星術では、悪い惑星は常に「悪い星」であり、良い惑星は常に「良い星」なのである。多少の曖昧な解釈は見られるものの、それとてごくわずかなグレイ・ゾーンが認められているだけだ。出生ホロスコープの伝統的解釈は、いまだに善悪二元論的な傾向を引きずっているのである。それどころか、正直なチャートと不正直なチャート、道徳的なアスペクトと非道徳的なアスペクト、建設的な行動や破壊的な行動といった具合に、バースチャートを社会道徳にしたがって解釈しようとする傾向すらあるほどだ。占星術では、すべて「あれかこれか」で判断されてしまう。ユングによれば、キリスト教以前の世界においては、悪は絶対的な悪ではなかったという。占星術もまた、キリスト教に教化される過程において、その象徴体系に内包される微細なパラドクスの多くを失ってしまったのだろう。占星術において、最も「悪い星」とされているのは土星である。これは、土星の「野獣」の顔にばかり注目が集まり、もうひとつの「美しい王子」という顔を誰もかえりみないことによるものだ。しかし、どちらかの顔が欠けていては、土星の意味を理解することはできない。そのままチャートを解釈したところで、陳腐な二元論的解釈になってしまうだけなのである。

土星は苦痛や試練のみを象徴すると考えられがちだが、心的過程も象徴している。心的過程とは、苦痛や試練などの経験を、より優れた意識を達成する手段として活用する足がかりである。これはごく自然なプロセスなのだ。心理学がいうように、われわれの心の内には「全体性（wholeness / completeness)」を求める衝動が存在する。全体性を獲得した状態は、「自己」という「元型」によって象徴される。この元型が示すのは、人間の「良い面」のみを集めた「完璧さ（perfection)」ではない。人間のあらゆる性質を集め、すべてが調和を保ちつつ、あるべき位置におさまっているという意味での「全体性」なのである。さまざまな宗教的象徴体系は、この元型が背景に潜んでいる場合が多い。民間伝承やおとぎ話についても同様である。いずれの場合も、本質的には同じものの象徴なのだが、表面に装飾が施されているために、異なった形で見えるだけなのである。土星が象徴する心的過程は、この「全体性」を、個人が内なる経験として現実化することに関係している。土星は、苦痛に教育的な価値があるというパラドクスや、外なる価値（われわれが外部から獲得する価値）と内なる価値（われわれが自己の内部で発見する価値）の相違に関係している。土星の意味は、「野獣」の面を欠いては成立しない。「美女と野獣」の物語に示されているように、野獣は真の自分が愛されることによって、初めて呪縛から解放され、王子に変身することができるのである。

従来の占星術では、土星は凶星とされてきた。土星の長所としては、節制、戦略、慎重などが挙げられるが、どちらかといえば陰鬱な感じのものばかりだ。短所に至っては、不愉快なものばかりである。というのは、土星の短所は、「恐怖」という情動（emotion）を介して作用するからだ。土星には、外惑星の特徴とされる抗しがたい魅力もなければ、個人的惑星が持つとされる人間らしさもない。ユーモアのセンスすらないとされる。土星がもたらすのは、限界、過酷な労働、自己否定といったところ。アリのように地道に働き、人生を投げ出さずにすむように知恵を働かせ、努力を続ける——土星が持つ明るい面といっても、この程度のものだ。土星がある星座やハウスは、人生において最も不全感や困難に直面しやすく、自己実現が阻害されている領域を指している。自分に落ち度はないのに、困難と苦痛に満ちた状況——そのような「偶然」発生した状況を、土星と関連づける場合が多い。だからこそ、土星は「カルマの主」と奉られているのである。土星に関する陰鬱な評価はすっかり定着してしまっているが、最古の教えによれば、土星は「境界の守護者」であり、境界を隔てる扉の鍵を持っているとされる。すなわち、土星の力があって初めて、自己認識による究極の自由を達成することができるというのだ。

土星がもたらす不全感は、人生において不可欠なものである。現実的な意味でも、心理学的な意味でも、教育的効果を持つからだ。心理学の用語、あるいは秘教の用語のいずれを用いようと、本質的な事実は変わらない。人間は、自己発見なくして、自由意志を手に入れることはできないのだ。そして、自己発見は、苦痛のために他の選択肢がなくなって、初めて試みることができるものである。たしかに、土星は愉快な仲間とはいえない。だが、土星的な経験の必要性は認めざるをえないだろう。苦痛を楽しむのはマゾヒストだけだが、土星によって育まれるのは苦痛の愉悦ではない。心理的解放の喜びなのである。しかし、これを体験した人は少ないため、ほとんど理解されていないのだ。

土星がもたらす停滞・失望・恐怖の連鎖は、人生において誰もが経験することである。しかし、この経験を活用する手段について問いかけてみても、「忍耐と節制」という陳腐な答えが返ってくるばかりだ。これは、われわれのカルマ、つまり前世に発する行動やサイクルが、現世において完了しようとしていることの表れである。だから、苦痛に耐え、何もせず、信念を保つことによって過去を清算し、光の道を見出すのが最も正しい方法なのだ。幅広い意味での人間の成長を認める占星術家であっても、土星については「我慢しなさい。冷静になりなさい。前向きな態度でのぞみなさい」という答えが関の山だろう。土星が求めているもの、そしてわれわれの心が求めているものとは、「なぜ？」と問いかけることである。魔法をかけられた城で自己を発見し、聖杯を発見した時のパルジファルのように「なぜ?」と問いかけることなのだ。こうして、停滞・失望・恐怖の連鎖は、心の神秘的メカニズムを理解し、その経験を通して自分の人生の意味を認識していくための手段となりうるのである。

われわれの内部では、さまざまなことが自分の知らないうちに進んでいる。これは抑圧された情動だけの話ではない。フロイトが探求したこの前意識の領域は、無意識の世界への入口のレベルでしかないのである。われわれは、自分が生み出した思考パターンに沿って、常に自分の世界をつくり出している。そして、それを外に具現化することにより、現実をつくり出すのだ。個人が遭遇する経験は、自らの心が持つ創造力によって、神秘的な形で自分の人生へ引き寄せられてくる。内なるものと外なるものがどのように同調し、共鳴するか、われわれは完全に理解してはいない。だが、共鳴が誰の人生においても生じていることは知っている。自己発見の過程を今まさに経験している人を観察すれば、その人の人生の外なる環境が、内なる心の変化に追随していることがわかるはずだ。この環境は意識的につくり出されたものではない。環境をつくるのは、その人の内なる解放を支えるダイナミックなエネルギー、すなわち、より大きな自己、全体性を得た心なのだ。自らを完全に解放させるものを理解し、それと協調するためには、自らの意識を広げる努力をしなければならない。その努力を怠ると、運命の奴隷となり、自分の人生をコントロールできなくなってしまう。自分を知ることによって、どの経験が自分の成長にどのように貢献しているかを理解しなければ、自由を獲得することはできないからである。そして、この探求を何よりも強く後押ししてくれるのが、土星によってもたらされるフラストレーションなのだ。

意のままに物質の粒子を瞬時に動かす——この進化レベルにまで到達している人は少ない。このレベルに到達している人々は、自分の経験や存在を否定するのが常である。そうしないと、神々の領域を侵した異端者と批難されかねないからだ。誰もが持っている可能性を実現した導師とは見なされないのである。こういった人々は、何かの間違いで出現したと考えられがちだ。あるいは、環境、偶然、不運、細菌、過激なダイエットが原因の病気とか、事故に遭遇した結果と見なされることもある。いずれにしても、こういった経路は、土星のもたらす経験が通ってくる道筋なのである。その経験は意識の領域を越えて苛酷であるため、その意味や価値が理解されることはない。意識が理解するのは、慎重な態度や現実的な知恵だけなのである。人は誰しも「自分は自由だ」と信じたいものだ。だが、自分の行動や運命に対する責任は負いたくないものでもある。ひとたび責任を負えば、それは重くのしかかり罪悪感を生じさせる。そのような罪悪感は全く無意味であるのだが。

問題が自然に解決することを期待したり、その表面的な原因を追求するだけでは、結局のところ問題は解決しない。これが単なる問題ではなく、内なる心がバランスを確立しようと試みているなどといった、より包括的な意味での問題である場合はなおさらだ。われわれの無意識は、常に全体性と統合を希求し、意識は活用できるあらゆる手段を使ってそれを実現しようとする。意識が正しいと考える道と、われわれが無意識にたどっている道とが真向から対立したとき、初めて真の苦痛が始まるのである。それは、何もかもが無意味に感じられるという苦痛。身を切られるような、内なる痛みだ。この痛みを感じたとき、人生に何を求めるかという信念を忘れてしまう人が多い。そして、自らに戦いを挑み、夢をつぼみのまま破壊してしまうのである。この破壊行為は土星の一面であると同時に、罪悪感や恐怖に関連している。そして、罪悪感や恐怖の背後には、深遠な意義が隠されている。それは意識が選択する道よりも、はるかに賢明な道なのだ。ところが、見えるのは、破壊する力だけである。多くの場合、この破壊する力は悪と命名され、サタンという外的エネルギーと同一視されてしまう。たしかに、サタン（Satan）と土星（Saturn）は似ている。山羊座も角と蹄をそなえている。だが、意識と無意識の戦い、闇と光の戦いは、善でも悪でもない。これは成長に必要なものなのだ。なぜなら、この戦いの中から、究極の統合と、より崇高な意識が誕生するからである。われわれは自分自身の内に二重性を発見すると、激しく混乱してしまう。「光の中にありて影を落とさぬものはなし」という事実を忘れがちだからだ。物質的なものであろうとなかろうと、神とサタンは心の内なる衝動として確かに存在する。本来の姿と現実に存在する姿が異なっているだけのことなのだ。

土星と親しくなるのは容易ではない。その方法を追究したのが錬金術であった。黄金となる可能性を秘めた基本物質は「Saturn（錬金術では「鉛」の意味）」と呼ばれた。そして、この基本物質は有形の存在であると同時に錬金術師本人とも見なされていた。錬金術を踏襲しつつある現代心理学も、土星と親しくなることを目的としている。土星の呼び名はさまざまであるが、それが「忍耐」であるなら、黄金を抽出することは可能だろう。そして、努力次第では、土星のユーモアのセンスがわかるはずだ。そのためには、われわれは土星の皮肉を理解できるほど敏感にならなければならないのである。

第1章　水の星座とハウス

土星と星座及びハウスとの関係について、数多の占星術書は伝統的解釈を紹介している。伝統的解釈の中には、心理学的傾向の強いものもあるが、大半は物質レベル、つまり出来事を制限あるいは停滞させる土星の影響に焦点を当てたものだ。これは解釈の方法としては、決して無意味ではない。というのは、それまで物質的にも精神的にも満たされ、穏やかに過ごしてきた人生が、何らかの妨害やフラストレーションに遭遇する時期は、必ず土星の動きと一致しているからだ。土星のアスペクト［黄道沿って表される他の惑星などとのいくつかの決まった角度のこと］の影響についても、さまざまな占星術書が言及している。また、その影響の観察、体験、伝承に基づく文献も数多く残されている。土星の影響がどのような形で現れるかについては、すでに相当の研究がなされているが、ミッドポイント、ハーモニクス、医療占星術の研究が進めば、さらに充実することだろう。ここで取り上げるのは土星の内的な意味である。

土星と星座、ハウス、アスペクトとの関係の解釈は、それぞれ単独には完結しない。これらの要素すべてを総合し、その上で太陽、月、アセンダントの組み合せと連携させなければならないのだ。太陽は個人の意識的表現、月は無意識的つまり本能的な反応、アセンダントは行動パターンにそれぞれ対応するものである。こういった個々のファクターを土星と組み合せたものが、人格という観点からバースチャートを見た時の中軸となる。これらのファクターが描き出すのは、その人が何を望み（太陽）、何を必要とし（月）、どうやって獲得しようかと努力すること（アセンダント）。そして、その望みが達成されたとき、その人を失敗・失望させるものは何か（土星）。もちろん、これは極端に簡略化された図式である。本来ならば、月について判明していることを書くだけでも、何巻もの本ができてしまうほどなのだ。とはいえ、この四つのファクターの関係——あらゆる三位一体は、心理的であると同時に宗教的な法則である第四のファクターによって統合される——からでも、より優れた意識を求める戦いの本質を知ることができるはずだ。この戦いは、あらゆるバースチャートに示されている。逆にいえば、いかなる聖人君子であろうと、土星を含まないチャートは存在しない。そして、戦いのない人生はありえないのである。

秘教の教義によれば、物質世界（プレーン）とは高次の微細なものの影響が最終段階にいたる場であるという。意識でいえば、もっとも濃密なレベルだ。世界というと空間的なものと思われがちだが、秘教ではそのように解釈されることはない。世界とは空間的な場所ではなく、隣接する意識の階層のことであり、すべての世界は同時に、かつ何時でも、すべての階層で、同じ場所に、一度に存在しているのである。合理的な知識人にとって、このような発想は理解しがたいことだろう。この発想はパラドクスを含んでおり、パラドクスが持つ対立する概念を調和させ、一体と見なせる直観によってのみ理解しうるものだからだ。意識に階層があるというこの考え方は、決して心理学と矛盾するものではない。単なる用語の違いなのである。信仰の道を歩む者にとっては、魂、精霊、啓示といった宗教的な言葉がふさわしい。知の道を歩む者にとっては、意識と無意識、抑圧、至高体験、そして単体（モナド）というよりも完全に統合された自己といった言葉のほうが理解しやすい。人間の成長を理解する上では、どちらの用語を使おうと大した問題ではない。肉体、感情（feeling）、知性（mind）、直観は、物質段階、アストラル段階、知の《メンタル》段階、霊の段階と実質的には同じものなのである。

いかなる出来事も、まずは発想《アイデア》によって動き出し、情動（emotion）に満たされ、そして現実化されなくては起こりえない。この経験の三段階の先に、全体に関わる経験の意味がある。これを認識するのが直観の働きである。感情の世界は出来事の世界の背後にある。水の星座とハウスが関係するのは、この感情の世界である。アストラル世界は「願望の生（wish life）」、つまり感情を象徴する。アストラル体――感情――は、外的生活において、われわれに起こるあらゆる出来事の原因である場合が多い。しかし、われわれは、感情が持つ潜在能力には、ほとんど気づいていない。願望より、うわべの行動を重視する昨今は、特にそうである。何かをしないかぎり、われわれは自分がそれをしたいという願望を抱いていることに気づかない。その結果、無意識の領域に押しやられた感情の力は増大してしまうのである。感情は潜んだまま、われわれに行動を起こさせたり、病気を引き寄せたり、自覚のないままある行動パターンを取らせたりする。場合によっては、われわれを傷つけてしまうことさえある。そして、その原因は、あたかも外部にあるかのように見えるのだ。心のエネルギーは、物理的エネルギーと同様で、失われることはない。エネルギーというのは、通常の経路に障害があれば、別の経路を通って表出するものなのだ。こういった感情の障害は、水の星座かハウスにある土星が象徴している。心のエネルギーは感情表現によって解放されるが、障害があれば別の経路をたどって解放される。別の経路とは、多くの場合は肉体である。

人生は必ず意識の段階のどこかで展開されるものだが、意識の段階の存在自体を意識で知覚することはできない。意識にさまざまな段階があるということは、土星が要求するその人がなすべきことを理解する上で有用である。あらゆる感覚（sense）が、水の星座かハウスにある土星によってもたらされるものだとしたら、この原則は必ず理解しておかねばならない。なぜなら、われわれは願望があるからこそ感情を閉じ込め、自覚なく何かを起こしてしまうからである。もちろん、占星術家のところへ相談にきた人々に対して、「あなたの苦痛は、突き詰めれば、あなたの人生における成長と進化の一部なのだ」と答えてみても仕方がない。それでは、相談者が直面している問題の克服には役立たないからだ。それに、そのように答えては、相談者の個人的な問題が、より大きな戦いと密接に関わっているという事実に目を向けさせることはできないだろう。相談者はただ、なぜ妻が自分を捨てたのか、なぜ関節炎にかかったのか、なぜ仕事に失敗したのかを知りたいのである。相談者に答えるべきは、意識によって知覚できるのは全体のごく一部に過ぎないということ。そして、自分が表現したいと思いながらも、恐怖のために抑圧しているものを受け入れなければならないということ。そうすれば、相談者は失敗を成長に不可欠な一段階として認め、それを二度と繰り返すことはないだろう。また、人生の意味や目的を認識できるだろう。あるいは、自分を捨てた妻も戻ってくるかもしれない。

土星には、あまり知られていない一面がある。それは「変身」という一面であり、エジプト神話のオシリスの物語に示されている。オシリスはセトの攻撃から逃れるため、最初はウミヘビ、次いでワニ（星座を象徴する獣のシンボルの中で最古のものである）に変身して、姿を隠そうとした。この変身の名残は、後ろ半身が海生動物の姿をしたシロイワヤギに見ることができる。シロイワヤギはヤギの一種で、険しい岩山に住んでいる。だが、いざとなると、シロイワヤギは情動の水の世界を泳ぎ、たくみに別の動物に変身するのだ。自らの意思で変身できるという二重性は、柔軟宮の星座（双子座、乙女座、射手座、魚座）が本質的に持つ二重性や柔軟性とは異なっている。この土星的な二重性は多くの物語に登場している。たとえば、ローマの門の神ヤヌス（Janus）だ。山羊座が支配する「January（一月）」という名称は、二つの顔を持つヤヌスの名に由来しているのである。顔が二つあれば前後を同時に見ることができるので、訪問者があれば来し方行く先を見張ることができるというわけだ。もちろん、ヤヌスの二つの顔には、文字どおり二つの顔を持つというだけではなく、象徴的な意味もこめられている。

まったく異なる記号で表される星座は、山羊座だけである。これは偶然の一致ではない。秘教や心理学に精通した人であれば、このささいな点でも偶然の一致ではないことを認めるはずだ。

山羊座の影響を強く受けた人は、目的のために手段を選ばない。大願成就のためとなれば、一時的に服従を受け入れたふりさえするのである。この山羊座の特性はよく知られている。だが、捉えどころのなさで人を惑わせる魚座、知性で見端をよくする双子座、いつわることで情動的な脆弱さと敏感さを覆い隠す蠍座とは異なり、山羊座は欺く星座とは考えられていない。だからこそ、勤勉と節制のかたまりであるシロイワヤギには、注目しなければならないのである。シロイワヤギほど、簡単に過補償するものはいないのだ。カメレオンのように色を変える星座や惑星はいくつもある。柔軟宮の星座すべてと、蟹座、月、海王星、水星である。これらはすべて、生来の能力として変身することができる。必要性の有無にかかわらず、本能的に姿を変えてしまうのだ。周囲からの攻撃から身を守るため、あるいは自分の意識が内なる自分を発見するのを避けるため、計算ずくで防衛しようとするのは土星だけなのだ。ただし、いずれの場合も、防衛を始めようとするのは自分自身なのである。

土星を鉛にするか、金にするか、それとも、鉛と金の間の状態にとどめるか。それは本人の自由意志によって決まる。出生時の土星の位置を解釈する方法は二通りあり、片方だけで解釈することもあるが、両方を使って解釈することもある。他の惑星との接触は、明らかに矛盾する二つの表現形式を導き出す。この状態について、フロイトは「アンビバレントな情動」と名付けた。愛すると同時に憎むように、相反する情動が同居しうると最初に考えたのは、フロイトなのである。土星とともにあるものの本質は、見かけとはまったく異なる。光あるところには必ず影ができる。土星の本質である二重性と、その必要性を理解すれば、葛藤の苦痛ははるかに軽減されるはずだ。

蟹座、蠍座、魚座と対応するハウス、つまり第4、第8、第12ハウスは、意識の表面下の情動や行動の動機と直接的に関係している。土星はどの星座やハウスにあろうと、実に捉えにくい。行動の背後に無意識の情動的フラストレーションがあることは、なかなかわからないからだ。わかることといえば、せいぜい自分が孤独であること、そして情動的に脆弱であることとくらいのもの。土星がこれらの星座やハウスにあると、セラピストの助力を必要とするような感情レベルでの苦痛が発生する。自分自身の感情がつくり出した迷路から抜け出すため、客観的な視点が必要になるのである。

＊土星が蟹座か第4ハウスにある時

蟹座と月に対応する第4ハウスは、子供時代、生まれの氏、家族、出自の領域である。ホロスコープの底にあるため、第4ハウスは、その人の文字どおりの意味での基礎と、象徴的な意味での基礎を表す。文字どおりの意味での基礎とは、生まれ育った家庭であり、象徴的な意味での基礎とは、「安心」という内的な感覚のことだ。第4ハウスから知ることができるのは、その人の意識が確立し、自分の受け入れるべき情動や雰囲気を理性的に選択できるようになるまで、どのような情動や雰囲気がその人を取り囲んでいたか、ということである。このハウスは、ユングの「個人的無意識」という概念や、幼児期の環境によって形成された本能的反応の領域と関連していると思われる。

識別能力が発達する以前に受けた影響と関わっていることから、第4ハウスにある惑星はいずれも注意深く吟味する必要がある。というのは、それらの惑星は、心の中にあるものを建設的に扱えるようにするために、まず最初に発見され、意識の表面に引き上げられるべきものを表しているからだ。このハウスの影響は、パーソナリティという地表に対し、地下を流れる大河のように現れる。この大河の力は、行動を知らぬまに支配できるほど強い。第4ハウスは完全に個人的なハウスで、「集合的無意識」とはほとんど関係がない。あまりにも個人的なハウスであるため、偏見なく観察するのが難しいほどなのだ。

第4ハウスは、父親、および本人と父親との関係を示すとされている。この解釈にはさまざまな異論があり、混乱した意見の中で現時点で了解が成り立っているのは、「第4ハウスと第10ハウスのつくる軸が父親と母親の双方を示す」ということだけだ。どちらのハウスがどちらの親を示すかがわからないわけだが、両親の一方と問題が起これば、もう一方とも問題が生ずるであろうから、どちらがどちらでも大した問題ではないのかもしれない。私自身の経験から、第4ハウスが父親を指すという考えに私は傾いている。家族の大黒柱はやはり父親であるし、家族が名乗るのも父親の姓である場合が多い。また、子供の幼児期が安定するか否かは、父親が存在するか否かによって決定される。子供が死以外の理由で母親を失うことはめったにない。しかし、離婚したり、あるいは未婚であったとすると、去るのは父親であり、父親のサポートも失われてしまう。子供時代に家庭が崩壊していたり、家庭に問題がある場合は、必ず第4ハウスや四番目の星座、すなわち蟹座に問題を起こす惑星があるものだ。

土星はきわめて捉えにくい惑星である。そのため、土星を、感情に作用する無意識のファクターとしてうまく機能させるのは難しい。蟹座か第4ハウスにある土星は、冷淡さ、限界、愛のない支配、別離または孤独、子供時代の不遇な家庭生活を示すとされている。死別、離婚、別居などの理由により、父親が不在である場合が多い。あるいは、孤独は象徴的な意味でのこともある。父親は存在するのだが愛情がない、あるいは愛情はあるのだが、アルコール依存症だったり、病気だったり、性格的に弱かったり、家庭の平和を乱す存在であったりして、家庭の重荷になっているような場合だ。肉体的な成長ばかりが重視され、情緒的な成長は無視されていたという状況も考えられる。

第4ハウスにある土星の影響は、さまざまな経路をたどって現れてくる。現れる形も人によってさまざまだ。だが、どのような形で外部に現れるとしても、内部における反応は同じである。成長期の子供にとって、「守られている」という意識は、自我を育む上で不可欠だ。第4ハウスに土星があると、「守られている」という意識が否定されたり、そのことに対するフラストレーションが発生する。そして、家族の一体感や親子の絆を求める自然な感情表現が妨げられてしまうのだ。

この反応は無意識のレベルで発生するため、本人は気づかないかもしれない。だが、情動の働きの一部が無為になるため、目に見える影響が現れてくる。愛情に対する不信は、特に家庭環境に関するものであれば、必ず形になって現れる。その一方で、安心感を与えてくれる何かを強く求め続けている。自分の内部に、このような両極端な情動が存在することに気づく人はめったにいない。だいたいは、どちらか一方しか見ようとしないだろう。その結果、家族や故郷に異常に執着するか、あるいは極端に嫌悪したり、無関心を装ったりすることになるのである。情動の発達に何かが欠けており、その喪失を埋め合わせるため、心が偏った構造に成長してしまったことによるものだ。

土星が第4ハウスにあると、情緒がひどく不安定になることが多い。自分は愛されていない、必要とされていないと感じているのである。しかし、それを本人が完全に意識しているとは限らないが、観察力のある人であれば、明確な形で見えるはずだ。また、男性すべてに対して恨みを抱くようになることも多い。父親は、子供が出会う最初の男性であり、男性という性の象徴だからである。当然のことながら、その人の男性性に対する理解は激しく混乱している。男性の場合は、自分自身の男性性に対する理解、そして女性の場合は、男性一般に対する理解と自分自身の男性性に対する理解である。これは、父親不在の家庭において、特に発生しやすい現象である。父親不在だと、母親は父親と母親の両方の役割を演じなければならない。すると、母親は支配者のような存在にならざるをえないのである。父親が弱い存在であったり、父親の適性を欠いている場合も同じことだ。さらに大人になると、影響の及ぶ範囲は家庭のみにとどまらず、さらに広汎な情動生活に及ぶ可能性がある。第4ハウスはアングル［アセンダントによって定まる黄道上の四つの点。アセンダント、ディセンダント、MC、ICを指す］のひとつであるため、男性性の表現に重大な影響を与えるからである。

土星が第4ハウスにあると、土地を買いあさりたいという強迫観念に駆られることも多い。情動レベルでの安心感への欲求が、物質的な現実に置き換えられてしまっているのである。これは、転換《トランスレーション》という、土星にはありがちな現象だ。多くの場合、転換は失敗に終わる。物質では、情動的な欲求を満たすことはできないからである。ところが、その点、土地という物質は、実に安定したものだ。さらに、そこに家を建てれば、情動面でのサポートが簡単に失われてしまうのとは異なり、そうそう簡単に失われることはない。こうして、その人は頑なな人間へと成長していき、感情的価値観が妨害されることなく結晶化してしまうと、ついには「孤独な最期」を迎えることになるのである。

第4ハウスにある土星——あるいは蟹座にある土星。土星の影響は、星座にあるよりも、ハウスにある方が明確である。見えざる手で自己に対する信頼を蝕み、情動的な接触の一切を困難にすることによって、人生を徹底的に支配する力を持つことはおわかりいただけただろう。これを活用するためにも、この位置関係の意味はぜひ知っておかなければならないのである。

ある人が調和を保とうとするとき、土星の影響が及ぶと、周囲の環境から構成すべき要素を拒否して、失われた構成要素を自分自身でつくることになる。その人は外界の基準に従って価値観を決めることをせず、自分自身の内部に心の一部として価値観の実体を見出すだろう。第4ハウスにある土星は、自分の来歴についての理解を基礎として、安心と自己受容の感覚を養うチャンスを与えてくれるのである。この心は強固に構成されるため、環境によって破壊されたり、動揺させられたりすることはない。両親の愛情あふれるサポートは、その子供が大人になってからも他者に対し依存する心を育んでしまうものだが、土星に育まれた強さは、侵すことのできない「魂《ソウル》」の一部となる。情動として生じたものは、いつまでたっても情動のままであるが、それを表現することのできる範囲は広がっていくのである。

このような安心感は容易に得られるものではない。多くは、子供の頃に安心感を喪失したり、愛する人々から安心感を与えられつづけてきたため、それを失うことに恐怖心を抱いていたりするものだ。自ら安心感を発達させることができるのは、第4ハウスに土星を持つ人だけなのだろう。これは必要に迫られた結果である。この特別な体験を選択した人は、自己の道標となる叡智を信頼しなければならない。信頼できなければ、この体験の意味を理解することは不可能だ。土星は常に、それが与える苦痛の意味をわれわれに理解させようとしている。土星が第4ハウスにある人は、感情のもろさを知らなければならない。家族の問題に無関心を装いつつも、自分が何を必要としているかを理解しておかなければならない。そして、その苦痛や忍耐を価値あるものとするために、体験を前向きに受け止めることが必要である。なぜなら、その苦痛や忍耐は、そもそも他への依存と関係しているからである。必要なのは、自分だけの感情の世界を知り、それを発展させることだ。これは特に男性にとっては困難である。そのため、男性のホロスコープで土星が第4ハウスにあると、女性のホロスコープで同じ状況にあるよりも、危険度が高くなる。だが、男性が時間をかけて自分の情動の深みへと降りていったなら、大きな利益を得るだろう。それは自身の男性的側面と女性的側面の均衡から生まれる統合と平穏——めったに得ることのできない状況が実現するのである。

＊土星が蠍座か第8ハウスにある時

牡羊座から魚座への象徴的な進化については、これまでにもさまざまな文献で取り上げられてきた。同一のエレメントに属する三つの星座間でも、同様の進化が見られる。それぞれの星座は、意識の特定の領域における進化の段階を示しているのである。同一のエレメントの最初の星座とハウスは、残り二つよりも意味が直接的かつ明白であり、パーソナリティとその統合の発達に関連している。二番目の星座とハウスは、自分の体験を自分が属する集団に統合しなければならないという重大局面を指す。この葛藤をなしにして実現することはまずない。これは個人から全体《ユニバーサル》への意識の拡大だからである。最後の星座とハウスは、さらに大きな単位のグループを指しており、そのエレメントに象徴される意識の最終目標を暗示している。

水の星座とハウスも同様である。第4ハウスでは、本人は孤立した単体として、環境からの情動的な圧力に服従している。その人のパーソナリティは、この情動的な圧力によって、いかなる形へと成長するかが決定されるのだ。このハウスでは、周囲への投影を引きもどし、安心感を完全に自分のものとするための基礎が自分自身の中で築かれる。第8ハウスでは、感情を表現と接触の手段とし、他者との関係をつくり上げるよう機能させなければならない。こうしてはじめて、その人と他者との間に感情的な流れができあがるのである。第12ハウスでは、体験から獲得した叡智を身につけ、自分の属する集団の発展のために提供する機会が与えられる。その人は、もはや孤立した単体ではない。進化する生命という、より大きな存在の一部なのである。この視点は、第8ハウスにある土星を考えるときに有用である。ホロスコープにおいて、第8ハウスは最も誤解され、中傷されているハウスだからだ。

第8ハウスには、主として二通りの解釈がある。一つは物理的な死を示すというものだ。つまり、われわれが死を迎える瞬間以外、第8ハウスには何の意味も働きもないという解釈である。もう一つは、「他者から受け取った金銭」というものである。これは、第8ハウスに関連する星座や惑星が持つ複雑さと力をおとしめた解釈だ。いずれの解釈も、それらの問題に直接関係するかぎりでは意味がある。しかし、老年期の死と遺産の相続という解釈だけでは、第8ハウスの土星を理解するには何の役にも立たない。しかも、この二つの解釈はしばしば誤解されている。たしかに、パートナー間での金銭の相続は、このハウスの副産物かもしれない。だが、金銭を情動的価値のシンボルと理解すれば、ここで初めて「他者から受け取った金銭」が持つ複雑な意味が明らかになるのである。死も第8ハウスの支配下にあるが、死にはさまざまな種類があり、その大半が物理的な死である。そして、死の後には必ず再生がある。死ぬのは形姿だけであり、生命は死滅することはないのだ。

水のハウスである第8ハウスは、主として情動的交流を司る。第2ハウスは物質的な価値と意味を持ち、安定と自立を構築するが、その反対側にある第8ハウスは情動的な価値を持ち、感情の安定を構築するのである。その第8ハウスの意味を知る手がかりは、八番目の星座、すなわち蠍座にある。

第8ハウスは重大な局面のハウスであり、人生のある一時期を指している。ある一時期とは、他者との情動的なつながりを持つことによって、感情において、認識・検証・純化すべき部分を実感するように強制される時期である。このハウスでは、金銭は情動的な依存と自由のシンボルである。われわれの社会では、自由も結婚による束縛も金で買うものだからだ。われわれの性的価値も大部分は財産で飾られている。このハウスには、外観は物質的でありながら、実際には情動から生まれた争いが表される。フロイトが夢に出てくる金銭を重視したのは当然のことだし、心理学で金銭的な貧富と情動的な貧富に因果関係を認めているのも当然のことなのである。

災いをもたらす惑星を持つ人が離婚をしたために経済的苦境に陥ったり、経済的に優位にある配偶者との慢性的な不和のために困窮するというケースは少なくない。これは、特に第8ハウスに土星がある場合の典型的な状態である。それぞれのケースについて詳細に調査してみると、性的・情動的レベルでの表現が苦手であることがわかる。第8ハウスに土星を持つ人は感受性が鈍いので、相手は物質的な要求を突きつけ、それが満たされないというフラストレーションと失望を見せつけることによって、土星を持つ人に復讐するのである。

こういった議論は辛口の方向に向かわざるをえない。蠍座と第8ハウスについて論じる場合は、必ずそうなってしまうのである。とはいえ、身体を商品として売っている売春婦は社会から蔑まれ、身体で安心を買っている主婦は社会に賞賛されるというのが現実なのである。実に多くの女性が、性的恩恵と引き替えに、経済的安定を約束する契約を手に入れているのだ。逆に言えば、実に多くの男性が「夫の権利」と引き替えに、この性的恩恵を買っているのである。

セックスを金銭と結びつける風潮について論じるには、大量の瓦礫を取り除かなければならない。

家計というものについて、われわれはいまだ封建主義的発想から逃れられずにいるからである。セックスの本質は肉体ではなく、情動的・精神的エネルギーの発露なのだと理解されるようになるには、まだまだ時間が必要だろう。金銭とセックスの問題はあまりにも複雑であり、文字通りの意味以外に理解することは難しい。だから、二人の人間が錬金術的結合によって一つになるのだということを理解するためには、数多の迷路をくぐり抜けなければならないのである。

水のエレメントに属する三つのハウスと星座は、感情の三つの面を表している。第4ハウスは成長期における育成の力を象徴する。第8ハウスは創造と生殖の力を象徴する。この力は他者と接触する経路である。第12ハウスは分解する力を象徴する。この力は孤立感を破壊し、その人を集団の中へと解き放つのだ。

第8ハウスは、危機を切り抜けることによって自己を理解し、統制することを第一の目的とする戦場である。セックスは純然たる肉体的行為としか思えないかもしれないが、それによって解放されるエネルギーは最大の戦力であり、危機を誘発する最大の刺激である。感情のレベルで起こる結合は、ほんの束の間ではあるが、人を「自己の外」へと連れ出すエネルギーの流れをつくり出す。これは自分と他者とが一体になったと感じることのできる唯一の瞬間である。第8ハウスが示すセックスとは、この情動的一体感のことなのだ。これは個人的認識の死であると同時に、相互的認識の誕生である。エリザベス朝の人々がセックスを「小さな死」と呼んだのは、このためだったのだ。現実の死を恐れるように、セックスに内在する、この見かけの情動的な傷つきやすさを恐れている人は少なくない。結合を認識しようとしまいと、結合は生じているということに気づいていないのだ。感情のレベルでパートナーを完全に排除することは不可能である。可能なのは、排除していると信じ込むことだけだ。この発想が理解できるならば、性的な結合にともなう真の責任も理解できるはずである。ここで断っておくが、これは倫理の問題ではない。われわれは何世紀にもわたって、性的結合の力を理解する上では、何の役にも立たない道徳を教え込まれてきた。偉大なる創造の力は「蛇の力」――すなわちエデンの園の蛇、錬金術のウロボロス、アステカの翼ある蛇の力――とも呼ばれる。この力は道徳以外の手段によってのみ解放しうる。解放する手段のほとんどは、オカルティストや魔術師の領域に属するものだ。普通の人間に可能な手段はただ一つ。肉体的なセックスによってのみ解放しうるのである。蛇の力の流れは、ひとたび動き始めれば、性行為に没頭する両者の魂《ソウル》を結びつけ、その形を変容させてしまう。パーソナリティの「死」という意識の状態――ドラッグによって引き起こされる状態、宗教的恍惚感、あるいはトランス状態――は、第8ハウスの支配下にある。なぜなら、これらはすべて、自己をその容器から切り離すエネルギーの徴候だからだ。肉体的な死は、誕生から始まる一連の死の最後のものに過ぎないのである。

現代の人々は、セックスと死についてほとんど理解していない。この無知の原因は、「セックスは悪」「死は天国か地獄の入口」と断定する魚座の時代の誤解と大いに関係がある。このような定義は深く浸透しやすい。なにしろ二千年の長きにわたって存在した定義であるし、セックスと死についでは、誰もが「恐怖」「迷信」「憧憬」という集団的遺産を抱えているからだ。土星が第8ハウスにある人は、二重の重荷を背負っている。ただでさえ厄介な土星と折り合いをつけなければならない上に、稀少な宝物を発見するためには、プルートーン（冥王星）の領域へ下っていかなければならないからだ。これを達成できるのは、自分の不道徳さをコントロールできる者のみである。

土星が蠍座か第8ハウスにあると、性的体験の中に「何かが欠けている」という恐れが生じる。実はこれはさらに深いところに存在する別な恐怖を象徴しているのだが、この象徴はそれ自体でも人生にひどい苦痛をもたらしうる。この状況に陥った人が占星術家に相談したところで、腹蔵のない意見を聞かせてもらうのは難しい。ことセックスに関するかぎり、いまだにヴィクトリア朝時代のように、オープンに話し合うことは忌み嫌われるからだ。「何かが欠けている」というのは、肉体的なものではなく、情動的なものである。第8ハウスは土ではなく、水のハウスなのだ。第8ハウスの土星は性的不能や不感症と関係していることも多いが、これまた問題があるのは肉体ではない。だから、ホルモン投与のみによって治療しようとすると、重大な誤りを犯すことになるのである。問題は、パートナーの服従、侵害、支配、拒否に対する恐怖にある。というのは、セックスとは肉体的交流ではなく、心の交流だからだ。

土星が第8ハウスにある人の中には、寝室で孤独を感じると、途端に行為に及べなくなってしまう人も少なくない。あるいは、純粋に肉体的レベルで「完璧な恋人」になることによって、内なる恐怖を過補償するケースもある。そうすることによって、内なるエネルギーや情動がパートナーに流れ込むのを防ぎ、本当の自分が存在していない状態をつくり出すのだ。すると、パートナーは激しいフラストレーションを覚えるのだが、意識レベルでは何も認識していない。また、本人もかすかな失望は覚えるものの、問題の存在に気づくことはない。しかし、自分の抱いている幻想とは異なり、満足感が達成されることは決してないのである。第8ハウスの土星を取り巻く微妙なパターンを直視するには、相当の誠実さが必要とされる。世間には、実行することで意味が生じてしまう過補償が存在するからだ。たとえば、結婚ないし離婚すると、人は金銭問題を抱えることになる。その人が一人で経済的負担を負うと、無意識のうちにパートナーに激しいフラストレーションを与えてしまうのである。

土星はどの位置にあったとしても、その人を両極端な行動に走らせる可能性がある。たとえば、肉体的な喜びを求めているわけではないのに、ことさら「セクシー」になろうとしてしまう。これは他人との情動的な関係に根本的な問題があることを、どこかで悟っていることによるものだ。土星が、情動的な価値を肉体的な価値に置き換えてしまおうと、虚しい試みを繰り返しているのである。過去に性的に抑圧されたことがあると、その反動で性的自由を極端に重視するようになってしまう。性を抑圧するにせよ、性的自由を重視するにせよ、それは自然なプロセスの両極であるとはいえるが、いずれにしても恐怖感から来るものゆえ、それ自体は心地よいものではない。

占星術家が第8ハウスを扱う場合は、細心の注意をはらって対応すべきである。さもないと、手ひどい反撃を食らうことになりかねない。だが、第8ハウスの土星によって引き起こされる行動は、シェイクスピアの「思うに、そなたは主張しすぎるようだ」というセリフを思い起こさせる。家族が「大好き」で、「すばらしい子供時代」を過ごし、両親とは「何の問題もなかった」と主張する第4ハウスの土星に似ているともいえよう。

土星が第8ハウスにある人は、厳格な宗教的・道徳的信念によって恐怖を覆い隠していることもある。そうすることによって、自分が恐れているものは「罪深いものである」と宣言しているのだ。この場合、土星はあれこれ屁理屈をこねて、禁欲主義を吹き込む役割を担っている。しかし、悪魔を追い払うには、口で理屈を言っても無駄である。悪魔を追い払うのは、意識の光なのだ。誰しも、自分の内に成長を必要とする何かを抱えている。だが、このことを理解できるほど自分に正直な人は少ない。自分の性を抑制するだけではなく、理解しようと努め、それを前向きな方法で表現しようとする人も少ない。しかし、誰しも、死や性に対して恐怖や嫌悪を抱くと同時に、激しく魅せられてもいるのである。

第8ハウスに土星がある人の典型的パターンは、他者によって情動的に傷つけられるというものだ。それもきわめて身近な人から、手ひどく傷つけられるのである。第8ハウスの土星を理解するためには、このパターンが手がかりになる。子供時代に情動的接触を拒否されるケースは非常に多い。土星は父親と関連しているから、第8ハウスの土星は、父親が死んだり、情動的に冷たかったりする場合に多く見られる。あるいは、肉体的な感情表現がほとんどなかったり、両親の性的不和のために敵意と恐怖に満ちた環境で育ったケースも多い。父親と性的エネルギーの関係は非常に複雑なものだが、暴力という形で発露する場合もある。現実の環境がどうあれ、その人は孤独感を抱き、その恐怖を軽減してくれる人はいないと意識するようになってしまう。第8ハウスの土星は最も深い恐怖感を与えるため、その傷の回復にも最も時間がかかるのである。

第8ハウスの土星がもたらす孤独感は、第4ハウスの土星よりもはるかに激しい。きわめて強く他者を欲する気持ちが、その人に直接的に襲いかかってくるからだ。その人は安心よりも結合を求める。それも非常に激しく、実に歪んだ結合である。その人は、他者を通じて生まれ変わり、それによって自らの精神を理解できると考えているのだ。ここでの土星の教訓は、いうまでもなく「自分のことは自分でせよ」というものである。崇高な意識、深遠な知識、無意識の統御へといたるための変容と再生は、自分自身の内から得なければならないのだ。神秘的なものに魅了され、精神の深奥に関心を抱いている人は多いことだろう。魔術師になるというのは、この関心を活用し、創造のエネルギーに秘められた真の性質を学ぶことなのである。無意識の力の秘密は自らの内にある。それは自分と他者を癒す力、まさしく生気を与える力なのだ。

＊土星が魚座か第12ハウスにある時

第12ハウスは始まりと終わりを象徴する。このハウスは、必ず捧げなければならない犠牲を表しているために「終わり」である。犠牲として捧げられるのは、独立した単体としての個人の意識のパーソナリティだ。さらに深遠な観点からすると、このハウスは「始まり」である。われわれは誕生して後、集団としての意識に転生するため、個としての自分自身の死を要求される。第12ハウスは、この事実を指しているために、「始まり」なのである。コーランによれば、すべての生命は水から生ずるという。第12ハウスは、魚座のほか、ネプチューン（海王星）という水の神の影響を受けている。そのため、第12ハウスは、いまだ個性を持たない未分化の生命が流れ出し、やがて知恵を会得して戻ってくる段階を暗示しているのである。宗教的な意味合いを除いた場合、第12ハウスは孤立と従属、パーソナリティの「溶解」を表している。

このハウスは「カルマのハウス」とも呼ばれている。第12ハウスにある惑星は、何らかの理由で正常な表現を拒まれているため、無意識の衝動として表出してしまうものを示すと考えられているからだ。また、「自己溶解のハウス」と呼ばれることもある。第12ハウスが活発な人には、孤立、幽閉、無力、束縛が多く見られるからだ。この状況は、自分自身の行動によって招き寄せられる。これまでに十一のハウスと星座での努力によって、自我を築き上げてきたとしても、その自我は第12ハウスで生け贄の祭壇に横たえられてしまう。その結果その人は全体の一部となることで、自らの叡智とエネルギーを全体の利益のために差し出さなければならない。これを理解できない人にとっては、第12ハウスは病院や監獄のように思えることだろう。個人の力を喪失して初めて、他の人々から切り離されたら自分が何者にもなりえないことを理解できるのである。

全体に奉仕するつもりでないと、第12ハウスは苛酷なハウスとなってしまう。逆にいえば、奉仕するつもりでエネルギーを解放すれば、第12ハウスの惑星によって生じるフラストレーションや孤独感を相当に軽減することができる。求められる犠牲も、我慢できる範囲のものとなるのだ。第12ハウスは激しい苦痛をもたらすことも多い。築き上げてきた意志の力を喪失することは、個人的願望の成就に身を捧げてきた人にとっては、手ひどい打撃となるからだ。だが、意志の力の喪失は、第12ハウスに何らかの惑星があるかぎり、必ず支払わなければならない代償である。その見返りとして、内なる平穏が見出されるのだ。

水の三星座の最後にあたる魚座は、あらゆる情動的努力の完了と成就を象徴する。あらゆる情動的努力とは、他者との結合ではなく、生命そのものとの結合だ。この神秘的な結婚は、自分のパーソナリティを第一に考えがちな人々にとっては、扱いが非常に難しい。戦いではなく、黙従と献身が必要とされるからだ。純粋に唯物論的な視点に立つと、第12ハウスの意味はまったくわからないだろう。

第12ハウスは、第8ハウス以上に非物質的なハウスであり、人を主観的現実と触れ合わせるような事柄に関連しているからだ。第12ハウスにある惑星は、すべて溶解と変容の影響を受ける。その結果、惑星がもたらす通常の個人的表現は妨害され、惑星のエネルギーは内面と上方に向かう。第12ハウスでの出来事は、懐妊のように密かに発生する。時が満ちると、初めて外的な表現となって、赤ん坊のように生まれ落ちるのである。その時、変化はすでに起きているのだ。

第12ハウスにある土星と、魚座にある土星は、パーソナリティの見地からすると、厄介な存在である。自己防衛を志向する土星のエネルギーが無効になってしまうからだ。場合によっては、一時的に病院や牢獄に送り込まれてしまう可能性さえある。自分の力ではどうすることもできなくなって初めて、人は個人の意志が無力であることを学ぶのである。土星がこの位置にあると、自分の無力さを痛感し、そのために自分より大きな力に服従しなければならないと感じてしまう。しかし、この感情は、完全に主観的なレベルにおいて発生するのである。第12ハウスはキャデントハウス［第3、6、9、12ハウスのこと］であり、精神の状態を示している。ここにある土星は、いわゆる運命が自分を破壊しようとしているのではないか、支配しようとしているのではないか、という漠然とした恐怖を生み出す。その人は自ら孤立し、他者との接触を避けようとしつつ、同時に孤独の重圧と無力感に押しつぶされそうになっているのである。

第12ハウスの土星は、物理的な犠牲と、そのための大望のあきらめをともなうことが多い。これは、病気の両親や無能な両親を世話することにすべてを捧げ、自分の成長を犠牲にしている子供によく見られる配置である。子供たちは、絶対的な必要性のために、両親を世話しているのではない。強い罪悪感や義務感に駆られていたり、何かを犠牲にしなければならないと本能的に感じていたりするために、他の選択肢を採らないだけなのである。あるいは、外の生活に直面することへの恐怖、現実的な問題に対処する能力がないという意識が反映されている場合も多い。

土星が第12ハウスにあると、罪悪感に駆られるものだ。この罪悪感はごく一般的なもので、決して特殊なものではない。孤独によって、その罪を償おうとする人もいる。修道院に入って、宗教的な贖罪を行なう人もいる。投獄されてしまうなど、一見すると自発的とは思えない贖罪の道もある。しかし、本人は自覚していなかったとしても、その道を選択したのは自分なのだ。病気に逃げたり、ドラッグ、アルコール、狂気によって意識による知覚から逃れようとすることもある。集団の中にいながら孤独と断絶を感じるという、外見からはわかりにくい方法をとる人もいる。

アンビバレントな状態は土星の特徴であり、これは第12ハウスに土星がある場合にも発生する。アイデンティティと個性の喪失に魅せられながら、同時にそれらの喪失を激しく恐れている状態だ。これは実生活の特定の状況が反映されたものであるのかもしれない。たとえそうであったとしても、その人はいつかは無力さや孤独感に耐えなければならないのである。これが内的なレベルで起こると、その人は感情を他者と交流させることができなくなり、孤独感をますます強めてしまう。自分の身を何から守ろうとしているのか意識の上では理解していないのだ。理解しているのは、奈落へと誘引されていることだけなのである。無力感の存在にのみ気づき、自分が自分の人生を支配していることを再確認するために、この感情を過補償しようとする。その結果、原因となった内的な動機を理解しないまま、病院か監獄に送られることになるのである。

土星は、自己防衛をはかろうとする人間が奪い取るものを表している。これは、解放された意識を長期的に防御するときに必要となる防衛メカニズムである。だが、土星が魚座か第12ハウスにあるならば、内的な構造が完成に近づいたということ、足場を撤去する時が来たということだ。足場を撤去するというのは、外側の皮膚を剝ぎ取り、内側の柔らかく傷つきやすい部分を露出させるということである。

第6ハウスの反対側にある第12ハウスは、第6ハウスが整理整頓したものをバラバラにし、無秩序をもたらす働きがある。だが、これは病気や狂気による無秩序ではない。実生活を基礎として現実認識を築いた人にとっては無秩序に見える状態ということだ。

第12ハウスにある土星の意味は、従来の心理学では解釈できない。従来の心理学は第4ハウスであれば完全に解釈することができるし、第8ハウスも部分的になら解釈できる。しかし、第12ハウスの神秘に直面すると混乱してしまうのだ。だが、自らを発達させること、意味を見出すこと、人生の精神的な側面を探求することへと駆り立てる強い衝動を認識することは、確かな心理的推進力であるとする解釈は、現在ではごく一般的なものになっている。この衝動が、人間の最も基本的で最も重要な本能であるとわかれば（ただし肉体的な本能ではなく、心の本能である）、完全な自己表現のためにパーソナリティを犠牲にすることは、さほど辛い経験ではないだろう。残念なことに、第12ハウスの土星の可能性を真に活かすことができるのは、神秘主義的傾向の強い人々だけである。彼らにしてみれば、このための孤立感は最後の犠牲であり、進んで経験すべきものなのだ。人間と自由を隔てる最後の扉なのだ。要は視点の問題なのである。無意識の迷路の中で土星を追いつめるのは、パーソナリティとのつながりが残っている第8ハウスでは難しい。しかし、第12ハウスは完全に魂のハウスである。人間の精神的本質を知った上での分析でなければ、このハウスを理解することはできないのだ。第12ハウスの土星から得られる黄金は「奉仕する力」である。それは善行を積むのではなく（これは奉仕ではない）、結合の感覚、責任感、結合にともなう無私の愛を体験することだ。もちろん、これは現実主義者にとっては何の意味もなく、現実主義的な占星術家は腹を立てることだろう。だが、第12ハウスの機能は、人間の本質を司ること以外は、まだ充分に解明されていないのである。いずれ科学的証拠が積み重なれば、すべての生命の相互関係と調和は、客観的にも主観的にも真実となることだろう。

本書で水の星座やハウスの土星を第1章に置いたのは、それが最初に持ってくるのに実にふさわしいからだ。土星の曖昧さと、土星がもたらす苦痛が最も強く現れるのは、土星がこの位置にある時なのである。

人間は集団として客観的に考えることを学び始めたばかりだ。それでもまだ、大半は自分の感情ばかりを見つめている。目に見える孤独や孤立の大部分は、水の領域にある土星に原因がある。自分の内側へと向き直り、感情と無意識へと目を向ければ、それだけで内なる平和、理解、叡智への可能性が開けることだろう。水のハウスか星座に土星がある人は、このことを理解すべきである。

第2章　土の星座とハウス

土のエレメントは、われわれの意識が活動する物質の世界と関わっている。そして、努力や失敗が具体的な結果として現れる人生の領域と対応している。一般に、土は単純なエレメントと見なされており、金銭、資産、安全、労働、奉仕、成功と結びつけられることが多い。また、土は五感の機能が心理に作用することにも関わっているという。五感による体験から現実を認識するとき、この機能が作用しているということだ。これですべてなら、土のエレメントにある土星が引き起こすフラストレーションは、とりたてて神秘的なものではないということになる。だからこそ、忍耐、倹約、慎重、自己鍛錬といった山羊座の典型的な性質によって、簡単に解決できると考えられているのだ。

しかし、現実には、土のエレメントは、占星術の教科書がいうほど単純なものではない。一般に、物質と精神は別のものとされている。生命の物質論的解釈と精神論的解釈は決して相容れないと考えられている。不幸なことに、土のエレメントは、この通説の犠牲になってしまったのだ。太陽、月、アセンダント、あるいは惑星集合などが土のエレメントにあって、土の支配下にある魂は、特に明確な理由もないまま、他のエレメントの支配下にある魂ほど「進化」していないと考えられている。土の気質は物理的な法則や運動と関わっており、物理的段階を解明し支配することにエネルギーを費やしている。だから、土の気質は物質主義的で、視野が狭いと見なされがちなのだ。

人がどんな神話を語るか、あるいは自分の神々をどのように描写するか、それを調べれば相手の心のうちを見通すことができる。相手が選ぶシンボルから、内なる心の実態を明らかにすることができるのだ。われわれはシンボルを通して、自分が何を「真実」と評価するかを表現しているからである。その「真実」が、世間一般に共有されている真実と一致するかどうかは問題ではない。われわれはイエスの誕生日を、歴史的根拠もないまま、最も土の性質が強く、最も世俗的な野心が強い山羊座と定めた。そして、マリアの誕生日に、最も世俗的な乙女座の、ちょうど15度の場所を選んだ。仏陀もまた、最もゆったりとしていて一つのところにとどまる牡牛座生まれとされている。イニシエーションという秘教的な概念は土の星座と関係しており、特に山羊座とのつながりが強いという。イニシエーションを受ける場合は、自分の肉体や自分を取り巻く環境が、高度な意識に適応できるようになるのを待たなければならない。内なる精神と物質世界がぴったりと合うようになって、初めて課題は終了するのである。神秘主義者たちは、精神と物質の二重性の神秘について、大昔から思考を重ねてきた。錬金術や占星術も、その一環である。照応の法則によって、精神を物質の観点から理解しようとしてきた。パーン神、サタン、ルシフェル、錬金術の第一元素あるいは「メルクリウス・セネックス（老いたメルクリウス）」、エデンの園の蛇、タロットの隠者など、土星に関連する神話やモチーフは枚挙にいとまがない。この数の多さは、土のエレメントに外見以上のものが隠されていることを示すものである。そして、われわれは土の上で生きていることを忘れてはならない。これは、われわれが「エーテル的なもの」、すなわちエネルギー場によって、他のあらゆる世界と複雑に結びついていることを明示するものである。物質の性質には、まだまだ解明すべきことが無数にある。土がイニシエーションの最後の試練であることについても、いずれ科学的に証明される時がくるかもしれない。現時点では、この真理を発見するに至っていないだけなのだ。

土の星座かハウスにある土星は、肉体的な安楽、自分を保持する能力、環境を秩序化するような仕事を見つける能力、自分を活かせる分野で責任や権限を獲得する能力と関連しているという。これは最も単純化された解釈ではあるが、この解釈の妥当性はいずれ広く認められるに違いない。「旧約聖書」には、人間は原罪のために労働を強いられたという記述があるが、これは実に残念なことである。この記述のために、われわれは労働が創造行為になりうることが信じられなくなってしまったからだ。しかし、同じく「旧約聖書」に記されているように、神もまた世界を創造するために、六日間も労働しているのである。われわれは誰しも、自分が役に立つ人間だと思いたいものだ。この基本的な欲求は、いわゆる集団としての意識と関係している。集団としての意識とは一体感を覚えることであり、集団全体に対する個人の責任と貢献を意味している。ただし、強制された貢献や、個々人の違いを反映していない大衆意識は別ものである。また、われわれは労働に対して、その証となる何かを求めるものだ。グループにおける自分の存在価値を確認するためである。「証となる何か」とは、具体的な報酬かもしれないし、価値観、才能、ユーモア、奉仕のような奥深い意味を持ったものかもしれない。そして、金銭と商売というのは、言葉と同様に、人と人との有効なコミュニケーション手段である。そして、金銭というのは、情動的な依存のシンボルであると同時に、個人の価値や技術や奉仕のシンボルなのだろう。だからこそ、メルクリウス（マーキュリー＝水星）は、「商売の神」であると同時に「神の使者」であり、柔らかな物腰で商取引を取り仕切ってきたのである。

土の星座かハウスにある土星は、すべてのエレメントの深い意味を知る機会を提供してくれるだろう。土のエレメントにある土星がもたらしたフラストレーションを、土の機能によって解決することはほとんど不可能だからだ。土の重みを軽減し、本能の苦痛を和らげるためには、他の三つのエレメントを理解し、活用しなければならない。このことは、本書を読み進むにつれて明らかになることだろう。

＊土星が牡牛座か第2ハウスにある時

第2ハウスは獲得と所有のハウスとされている。その人の生活力、いわゆる「安心感」をもたらすもの、収入を得る手段は、このハウスから知ることができる。第2ハウスは土のハウスであると同時に不動のハウスであり、安定した土台への情動的な欲求を示している。このハウスが表すのは欲求の結果ではなく、欲求そのものなのだ。不動の星座に対応するハウスはすべて、その人の価値観、欲求、習慣的なものに対する本能的な反応に関わっている。つまり、外的な出来事や物質とはほとんど関係がないということだ。不動のハウスが欲求を反映しているのならば、第2ハウスは単なる所有のハウスではなく、さらに深い意味が隠されていることになる。所有とは欲求を満たす単純で直接的な方法にすぎないからである。

自己以外の何かを所有したい、それも永続的に所有したいという衝動は、集合的欲求と考えられる。それは、求める対象が人であれ、評価であれ、意識であれ、自動車であれ、同じことだ。所有の意味をさらに深く掘り下げれば、所有物が所有物となるのは、その人が所有する対象の価値を認めていることだ。その人にとって価値があるからこそ、所有は意味をなすのである。第2ハウスの示す欲求対象は、物質的な価値を持つもののみである。現在では、われわれの大部分が物質的なものに最高の価値を認めている。だが、過去から現在に至るまで、われわれは常に物質的なものに最高の価値を認めてきたわけではない。そして、今後も、われわれの集合的意識が発達すれば、状況は変化しうるのである。

第2ハウスは人間関係とも深く関わっている。価値あるものの所有は、多くの場合、いわゆる「愛」と深い関わりがあるからだ。価値あるものは数あれど、永遠に所有できるものといえば、結局はわれわれの内側にあるものだけである。人生において永久不変のものは、「スピリチュアル」と呼ばれる属性以外には存在しないのだ。ほかのものはすべて、失われたり、破壊されたり、奪われたり、価値が目減りしてしまったりする。このことから考えると、第2ハウスは、単に形のある価値だけではなく、精神的な価値、情動的な価値、そしてスピリチュアルな価値を望む欲求も表しているのではないだろうか。

価値（value）とは漠然とした言葉だ。第2ハウスに惑星がある時は、各惑星の意味がそのまま価値となるため、価値の定義が重要になってくる。土星は物質的な価値しか表さない唯一の惑星と考えられている。しかし、この見解については、疑ってかかったほうがいいだろう。土星の機能とは、形のあるすべての価値が相対的なものにすぎないことを示すことだからだ。物質的段階にあるものは、みな土星を通して新たな意味を獲得する。土星は内的な資質や精神状態のシンボルだからである。たとえば、「安心」の定義も、この視点から捉えれば、まったく違ったものとなってくるはずだ。

第2ハウスにある土星の最も単純な解釈は、貧困に対する恐怖である。たしかに、土星が第2ハウスにあると、ぜいたくな生活とは無縁で、必要なものさえ事欠くような満たされない子供時代を送ることも多い。土星は、幸福のために必要な物質を否定し、それによって生じた空虚感を埋める必要を永続化させてしまう。たゆまぬ努力で底辺から勝ち上がり、ついには貯金、マイホーム、自動車など「安心」の代名詞を獲得した立志伝中の人――誰でも一度はこのような人に出会ったことがあるのではないか。土星のもたらす無意識は実に保守的なものである。牡牛座か第2ハウスにある土星は、社会が認めた価値しか認めない傾向があり、それゆえに安定しているように見える。しかし、第2ハウスに土星がある立志伝中の人は、失うことを恐れるあまり、獲得したものを幸福として享受できないことが多い。苦労して獲得しても、ちょっとしたことで簡単に失われてしまうと吹聴する。本人にしてみれば、すべては「簡単に失われてしまう」としか考えられないからだ。また、失う痛みを知っているため、所有にともなう負担を恐れる。その一方で、空虚感を埋めるために、ますます獲得に走ってしまう。しかし、どれほど獲得しても、空虚感は埋まらない。安心と感じるには足りないのだ。こういう人は、決して安心を得ることはない。抗しがたい力が人生を破産させてしまうからである。必要なものさえ所有していなかったという空虚感のために、純粋に物質的なものにのみ価値を与える。そして、自分の内的な性質にも形を与えようと、無限に投資を続けるのである。

第2ハウスに土星があると、外見は正反対でありながら、内的に完全に同じ状態であることがある。たとえば、物質的には完全に満たされた子供時代を送りながら、内的な意味での所有、つまり個人的な価値観の所有を否定されているような場合だ。これは育てた親の問題であって、本人を非難することはできない。環境は最初から与えられてしまっているのだし、自分の内部に外的環境と共鳴するものがないために、特定の価値観、あるいは異なる価値観に対して敏感になることができないのである。こうして、安心を得るために自分を売ってしまう人が出てきてしまう。そういう人は「安心」以外の価値観を知らないので、自分の価値を認めることができないのである。「どういう人か」ではなく、「どれだけ持っている人か」が自分と他人の唯一の評価基準なのだ。

このタイプの人を理解するのは難しい場合が多い。土星が牡牛座か第2ハウスにあると、土星の特に好ましくない部分が現れることがあるからだ。それは、この位置関係が「悪い」からではなく、明白な特徴があからさまに出てしまうことが多いからである。この位置関係に無意識でいると、目的が手段を正当化し、強欲さがあからさまに出てくる。また、土星に象徴される内なる強さや自立が、完全に欠落しているように見えることもある。たとえば、他人の財産をあてにして生活しているような人に見え、前述の独立独歩の人とは対照的なように見えるのだ。だが、独立独歩の人にせよ、他人の財産をあてにしている人にせよ、その心理状態は同じである。いずれも激しい恐怖と欲求を抱きながら、欲しいものを拒絶しようと試みるという独特のアンビバレントな状態にあるからだ。ただ、両者とも、内的な価値観ではなく、外的な価値観への依存が見られることからして、結局は発展の一段階といえよう。土星は厳格なる監督者として、次の段階に進化するのに必要な経験をもたらしてくれるのである。土星がこのような機能を果たすのは、全体としての自己が価値に対する現実的感覚を養いたいと望んでいるからだ。これこそが、神秘的レベルにおける第2ハウスの土星が意図するところなのである。

第2ハウスの土星の影響により、物質的なものとの関わりを一切拒否する人もいる。これもまた過補償が異なる方向に作用した結果である。土星が第8ハウスにある人は、性的な関係に対する恐れを、道徳的・宗教的な「罪」だとして覆い隠してしまう。また、土星が第2ハウスにある人も金銭を「悪」と見なすことが多い。こういった人たちは、欲望も心の一部なのだという事実に、おぼろげながら気づいてはいる。しかし、その事実に対して寛容な態度になることができず、他者の欲望も許容することができないのだ。こういう人たちは、自分の行ないを「正しく」しているだけでは満足できないことも多い。自分自身と向かい合うことができないため、行ないが「正しくない」人を批判することも自分の義務だと感じてしまうのである。これは無意識の投影の典型的な例といえよう。他者の内に存在するものを嫌悪するというのは、それが気づかぬうちに自分の内に存在しているからなのである。

土星の現れかたとしては、このパターンは実に典型的である。土星は、明るいパーソナリティが落とす暗い影だからだ。たしかに土星は、人間の汚らしい部分を含んでいる。しかし、その汚らしい部分というのは、本質的に悪なのではない。意識的に立てた計画から逸脱し、そのまま成長してしまった部分に過ぎないのである。世間の倫理観に振り回された結果、こういった部分を無意識の領域に押し込め、「境界の守護者」という影の像にしてしまったのだ。心のエネルギーが消滅することはない。どこかに押し込められたとしても、別の経路をたどって出てくるだけである。土星がともにあると、この傾向はますます強くなる。われわれは他人をありのままの姿で見ているのではない。他人の行動の中に、自分自身の負の部分を見出しているのだ。

財産を罪深いものとする発想は、かつては東方正教会の敬虔な信徒の専売特許であった。昔日の東方正教会の信徒といえば、異なる意見を認めないことで知られていた人々である。当時は、神が悪魔や「物質の主（Lord of matter）」と戦うという発想があった。時代の流れとともに、新たなシンボルが出現し、知的《メンタル》・心的《サイキック》な成長が一気に果たされると、こういった古い価値観が現代風の装いで再登場したのである。しかも、悪い方向に解釈されたため、「私が手に入れられないのだから、あなたも手に入れてはならない」式の発想になってしまったのだ。現在でも、財産＝悪という発想は社会にはびこっている。精神分析学の登場により、性＝悪という発想は衰退したのだが、財産＝悪という発想は健在なのである。もちろん、これを、新しい価値観に向かう変化の第一歩が粗削りな形で表れたものと解釈することもできよう。

土の星座とは、多重的な意味で保護する者である。秘教的な観点からすれば、物質とは精神の表現である。そこには、精神・情動・物質という媒体が生み出した青写真が、シンボルの形で隠されている。やや曖昧な解釈ではあるが、物質の考え方としては有意義な方法であり、牡牛座と第2ハウスの解釈にも応用できるだろう。牡牛座と第2ハウスを解釈するのは、迷宮に踏み込むことに等しい。第2ハウスは実は物質とは無関係であることが、いずれ明らかになるからだ。「高価な真珠（天国のこと。すべてを捨てても手に入れる価値があるもの）」は、おそらく迷宮の中心にある。そこに到達するには、牡牛座の忍耐が必要だ。「高価な真珠」の価値を客観的に定義することはできないが、主観的に体験した人であれば、その存在を疑うことはないだろう。この不変の価値を発見できるのは、土星が牡牛座か第2ハウスにある人なのである。

＊土星が乙女座か第6ハウスにある時

労働、健康、召使、雇用者と労働者の関係は、伝統的に第6ハウスの表す意味とされている。第6ハウスから知ることができるのは、その人の労働習慣、労働において陥りやすい状況、仕事に対する態度、仕事をするとき自分の体をどう気遣うかなどである。健康状態もこのハウスに示されており、器質性の疾患や機能性の疾患の傾向を知ることができる。

第12ハウスと同様に、第6ハウスも「弱い」ハウスと考えられている。それは、第6ハウスがキャデントハウス［精神の状態を表す］であり、そこにある惑星は外的な出来事として現れることがないからだ。そのため、第6ハウスは過小評価されたり、軽視されることが多い。このハウスの真の意味はほとんど理解されていないのである。物質的な肉体の本質、そして肉体と精神や感情との関係性は、まだ明らかにされていないからだ。しかし第12ハウスと同様に、第6ハウスは内的レベルにおいて重要な意味を持つ。というのは、第6ハウスが表しているのは内的な統合と浄化、秩序化のプロセス、外界に対する物質的表現の計画の準備期間と考えられているからだ。最初の六つの星座やハウスは個人的な発展と結びつけられ、残りの六つの星座やハウスは集団生活への参加と結びつけられる。第6ハウスはキャデントハウスなので、調律と秩序化の内的なプロセスである。つまり、それまでの努力によって発達した性質を統合し、ひとつの人格にまとめて自己表現の媒体とするためのプロセスなのである。また、労働とは単に生活の糧を得る手段ではなく、その人の存在を正当化する手段でもある。同時に、労働とは儀式・準備・浄化でもあり、シンボルとしても重要な意味を持っているのだ。この発想をさらに拡大すると、肉体もシンボルということになる。そして、肉体の健康は、第6ハウスに表される内的な統合プロセスの成否に関わってくるのだ。

質素と勤勉を旨とする乙女座と第6ハウスの定義としては、これは難解すぎるように思われるかもしれない。しかし、神話を検証すれば、古代の乙女の女神たちは決して性的純潔やうぶさを意味していなかったことがわかるはずである。女神たちは乙女であると同時に娼婦であり、性的な結合と誕生の神秘を司っていたのである。本来、「乙女（virginal）」が意味するのは、男性に隷属しない自立した完結性であって、夫や恋人の召使や奴隷ではないということであった。処女母神とは、性的結合によって妊娠したが、決して夫に従属しなかった女性の元型だったのである。つまり、自立し、自己を完成し、統合された人格を持ち、誰にも頼ることなく自己表現できる女性のことだ。ところが、急激な家父長制社会の発達によって、この女神たちは太陽神たちに従属させられ、瞬く間に自主性とセクシュアリティを奪い取られてしまったのである。このシンボリズムには、乙女座と第6ハウスを解釈するための鍵が隠されている。乙女座と第6ハウスは、心の内部でせめぎあう構成要素全体とそれらの統合を示しているからだ。また、広い意味では、その人の物質的環境への適合も示している。つまり、他者と協調的関係を築く以前の心の統合を示しているのだ。

肉体に対する精神の作用については、心理学や精神医学が探求を試みている。また、催眠療法など、あまり正統とはされない治療法の研究においても、精神状態と健康状態の間に、微妙ではあるが確実なつながりが存在することが認識されている。しかし、まだ何もわかっていないというのが現状だ。肉体と共存するエネルギー場、すなわち「エーテル体」についての最近の研究を見れば明らかなように、精神と肉体の関係はようやく理解され始めたばかりなのである。鍼灸やチャクラについても、かつてほど不合理なものとは考えられないようになってきたし、その効果や存在を立証することも不可能ではなくなってきた。また身体的な疾患と考えられてきた病気も、最近では、まったく異なるレベルに原因があるらしいということがわかってきた。われわれが無意識という概念を知ったのも最近のことであるし、二〇世紀に心理学が登場する以前は、夢解釈は錬金術師の仕事だったのである。ただ、科学的研究手段を持たない錬金術師は、これを完璧に成し遂げることができなかったのだ。第6ハウスと六番目の星座、すなわち乙女座の秘密を解くためには、新たな惑星の発見を待たなければならないだろう。

第6ハウスの土星は、フラストレーション、失望、不健康といった形で、精神と肉体の相互関係の神秘をほのめかしてくれる。そして、健康であることの恩恵と、肉体や肉体をとりまく環境についての新たな認識とを、意識的に統合する可能性をもたらしてくれる。だが、これに気づく人はほとんどいない。われわれは労働と健康の深い意味に気づいていないのである。一般に、第6ハウスにある土星は、疾患、不安、仕事上のフラストレーションや限界を示すとされている。第6ハウスに土星がある人は、生活のリズムや様式など、外的生活の秩序化への欲求が否定されるような子供時代を送っていることが多い。外的生活の秩序化は、内的生活の秩序化のシンボルであり、内的生活は外的生活と並行すべきものだが、現実にそれが実現することはまずない。生活のリズムや様式を求める欲求は、成功や安心を求める欲求と同じく、正当かつ現実的なものにもかかわらず、である。第6ハウスの土星の否定的な側面をまずあげるとしたら、子供時代に外的生活と内的生活両方での規則正しいリズムが欠如し、成長してから「何かが欠けている」という恐怖として感じられるようになることである。土星が第6ハウスにあると、子供時代に規則正しい訓練や作業を課されることが多いのだが、こういった訓練や作業は内的な秩序化のための努力ではなく、根本的に無意味なものであることが多い。そのため内的レベルでの統合がほとんど果たされないため、いつまでもカオスの侵入に脅えつづけなければならない。そして、外部の環境によって強制的に秩序化されてしまうのである。土星は労働と秩序への自然な愛着を助長するが、ついには見慣れないものすべてを恐れるほどにまで愛着を育ててしまうこともある。その根底には、物質的なあるいは精神的な不統合に対する深い不安があり、ゆえに第6ハウスの土星は精神的無秩序と物質的無秩序に結びつけられてきたのだ。土星は、肉体を媒体として精神・感情・直観を混合したものよりも、むしろ外的な秩序の形に密接に関わっている。だから、第6ハウスに土星がある人は、本来的には内的なプロセスである何かに形を与えようと試み、結局はフラストレーションを体験することになるのである。

土星が乙女座か第6ハウスにある人は、社会生活に対する順応性とフラストレーションが表面化してくることがある。その人が大きな集団で有用な人として機能することと、その人の肉体とその複雑な構造が心《プシュケー》に対して機能するのと同じこととして現れるからだ。その人は環境における一器官であるから、肉体の一器官が全体との調和を失うことがあるように、自分の属する大きな組織との調和を失ってしまうことがある。その人は自分の属する世界と肉体との中間に位置する存在であって、その両者を自己に統合しなければならないのだ。その人の肉体が自分の内的な目的に奉仕するように、その人は集団の内的な目的に奉仕しなければならないのである。

本人が無意識でいると、土星は不満と怒りを象徴することもある。自分で気づいていることといえば、自分が変化に乏しい生活を送っていること、そして環境に閉じ込められているということだけだからだ。自分はもっと大きな仕事ができるはずだと信じ、果てしなくつづく単調な雑用にいらだちを覚える。その人は奉仕の意味を理解していないので、単調な雑用にも何らかの意味があることを理解していないのだ。だから、この場合は、奉仕によって実現される内的な安寧は、まず達成されることがない。目に見えるのは、無限に繰り返される単調さだけなのだ。第6ハウスの土星は、その人が奉仕に向かっているにもかかわらず、奉仕を召使的な仕事としか理解できないような状況を示しているのである。秘教の教義によれば、奉仕とは「よき労働」であるよりも、むしろ「内なる人間（inner man）」の生来の性質なのだという。つまり、奉仕とは計画された行動ではなく、意識の状態だということだ。この意味での奉仕は内的な統合の結果である。というのは、肉体と感情と精神のバランスが達成されれば、その人は心の目的と特性を直観的に理解できるからだ。こうなれば、もはや自分の構成要素が互いにせめぎあうのに悩まされることもない。内なる調律（これはパーソナリティの秩序化によって達成される）を通して、自分自身の真の指示を聞くことができるのだ。これこそが、瞑想、ヨガ、儀式的魔術など、第6ハウスに与えられたすべてのものが目指す目標なのである。第6ハウスの土星が意識的に現れている場合は、この意味での奉仕を実現する可能性がある。内科医、外科医、そして精神的・心身的な病に取り組む職業の人は、第6ハウスに土星があることが多い。こういった仕事は、集団の内的欲求を満たす行為だからである。

第6ハウスに土星を持つ人の目には、奉仕は容易な道のように映ることが多い。勇気も才気も必要ないし、未知のものを恐れずに進む必要もないからだ。しかし、その人は自分の召使という役割に、いらだちを覚えている。第6ハウスに土星があると、自分の仕事を嫌っているのに辞められず、だらだらと続けることになってしまう。また、仕事や上司に対するグチが多い。給料が安い、仕事が多すぎるといったグチだ。少なくとも本人だけは、そのように信じ込んでいるのである。だが、状況を打破するために、問題に立ち向かったり努力したりすることはない。フラストレーションのたまりやすい職場ではあるが、同時に安全で馴染み深い場所でもあるからだ。状況を変えようと試みても、自信のなさが態度に表れるし、転職に必要とされる技術や能力がないため、だいたいは失敗してしまう。技術がないのは、技術を習得する必要性を感じられないためである。外的な訓練を受けようという内的な目的がなく、内的な目的を持つように強制されることも嫌うからだ。これでは技術が身に付くはずがない。こうして、自分が鍵を持っていることに気づかぬまま、自分で自分を牢屋に閉じ込めてしまっているのである。

第6ハウスの土星には、真の意味での管理能力があり、癒しの力もあり、緻密で鋭敏な洞察力もある。しかし、こういった能力は磨きをかけなければ役に立たない。そのためには努力も必要である。われわれは生活に対する責任、あるいはグループに対する責任を避けようとするものだ。そういう自分の影の面も直視していかなければならないことは、誰もが気づいていることだろう。乙女座の持つ謙虚さは、土星が第6ハウスにあると自然な気質として現れることはほとんどない。卑屈さとして現れてしまうのだ。これは謙虚さとは異質なものである。第6ハウスの土星を意識しない人は、花だけを愛でる庭師に似ている。成長のプロセスを無視したのでは、花は何の意味も持たないことに気づいていないのだ。植物は庭師のために花を咲かせるのではない。植物は自分の内なる目的に応じただけであり、庭師はたまたまその場で花を観賞しているにすぎないのだ。だから、花が枯れれば、庭師の喜びは失せてしまうのである。

第6ハウスの土星は、その人を病気と健康の原理へと向かわせる。ただし、遺伝性や先天性の病気については合理的な説明ができず、そこに因果関係の法則や目的を探そうとすると、魂に関する哲学的問題に突き当たってしまう。しかし、心身症であれば、ごく単純な法則が働いており、第6ハウスの土星が大きく影響している場合が多い。要するに、注目を浴びたいために病気になるという、ごくありふれたパターンだ。事実、病気になって、一家を支配している人は少なくないのである。また、同様にありふれたパターンとして、楽しくないものは避けたいという欲求が上げられる。これは仕事上の話の場合もあれば、絶対に不可能としか思えない秩序を心が求めている場合もある。第6ハウスに土星を持つ人の心身症は、決して珍しいものではない。これは土星による内なる統合を回避するための手段なのだ。たとえ純粋に肉体的な原因を探してみたところで、結局は病気は心身のアンバランスの反映なのである。

第6ハウスの土星の影響により、「健康」であることに悩むという場合もある。これは秩序化への欲求が形ある表現手段となり、明確に姿を現出させた例だ。だが、どのような形で外面に表れようと、第6ハウスの土星が求める内なる統合を反映していることに変わりはない。この力を避けようとすれば病気になる。この力が物質的な経路に押し込められれば、フラストレーション、気まぐれ、短気、落ち込みの原因となるだろう。心、心と肉体、さらに心・肉体・環境の関係を経験的に理解するように努めれば、第6ハウスの土星は精神と肉体を一つのものに統合するだろう。錬金術が目指したのは、まさにこの統合であった。現代でも、分析心理学でいう「個性化」は、この統合を目的としたものなのである。これは太古の錬金術の格言にも、次のように表現されている。

――初めにあなた自身を一つにしなければ、あなたの求める唯一物を他からつくることはできないだろう。

＊土星が山羊座か第10ハウスにある時

第10ハウスは土星の支配するハウスなので、山羊座にある土星は高い格式《ディグニティ》を持ち、強化されている。この位置の土星は、一般的な意味でも、秘教的な意味でも、特に「純粋」な姿で現れることが予想される。一般的な意味、世俗的な意味では、これは正しいといえよう。第10ハウスは、伝統的に成功、名誉、野心、権威と結びつけられているからだ。第10ハウスのカスプ［ハウス、星座などの境界線。ここではMCのこと］は、その人が社会に向けて投影するイメージと、人生における自分の「役割」のイメージの両方を象徴する。第10ハウスの土星は、目標達成の限界や困難、そして効果的な自己表現の限界や困難を示すと同時に、強烈な野心や、犠牲をいとわず成功しようとする決意を示しているのである。

これが一般的な解釈であるが、おおむね当を得たものといえよう。第10ハウスからは、その人の社会における役割、その人の社会集団における位置づけ、その人が抱いている人生の目標などについて、多くを知ることができるからである。その人の職業について、具体的なデータをバースチャートから判断することは不可能だが、だいたいの傾向を読み取ることは可能である。第10ハウスにある惑星やその支配星は、具体的な仕事内容についてはともかくとして、その仕事の有する内的な目標と意味（それが個人的観点であるにせよ、社会的観点であるにせよ）については実に有用な指標なのである。

ここまでは問題ないだろう。ここで紹介した解釈は、大部分の占星術家が了解する基本的なものなのだ。一方、第10ハウスと父親、あるいは母親との関わりは、この解釈ほど重視されていない。しかし、実際のところ、第4と第10ハウスの形成する軸の持つ複雑な意味を考えれば、第10ハウスと両親の関わりというのは、同様に重視すべきなのである。第10ハウスは、父親、あるいは母親に関わっているにせよ、その人の社会的態度、そして倫理感の形成に深く影響を及ぼしている。第10ハウスは、社会構造、伝統、慣習に従った行動を表しているからだ。子供に社会的価値観を教え込むのは母親である。母親は子供と一緒にいる時間が長く、ゆえに子供の無垢な精神に触れる機会がいちばん多い。その意味からも、第10ハウスは母親と深く関わっていると解釈できるのだが、私が第10ハウスを母親と解釈するのは、もう少し微妙な根拠によるものである。大人になって表れる野心が、子供の頃に受けたアイデンティティの抑圧と正比例することは、最近ではよく知られるようになってきている。この場合の野心とは、成功したいという内的な欲求ではない。成功を他人に見せつけたいという欲求なのだ。これは独立した個人と見なされたことのない人に特徴的な欲求である。こういった野心によって名声を博した人には、家族の拒絶と孤立という典型的な背景があるのだ。もちろん、個性を抑圧しただけで、必ずしも野心や成功がもたらされるわけではない。とはいえ、個性の抑圧が注目すべき重要な要素であることは確かだ。これは、個性を抑圧すると、心のエネルギーが個性にかなった方向に流出できないため、その代償となる方向から二倍の力になって返ってくるという心理法則に従ったものである。これは第10ハウスに土星がある場合の野心を心理学的に解釈したものだ。秘教的な解釈もこれと矛盾するものではないが、重要なファクターは「成功」とされる。成功するには、集合的要求に反応したり、内なる自己や魂の目的を追求するために、社会自体の何らかの変化をうながす必要があるからだ。いずれにしても、心理的な影響や、成功に必要な野心を考える上で、その媒介となった存在や子供時代を考慮するのは当然のことなのである、

これについての心理学的解釈は、本人がコントロールできない因果関係の法則を前提としている。第二の解釈は、少し理解しがたいものだ。一つの単位として行動する個人が、何らかの目的を持った不思議な配剤によって、自分が属する集団が必要としている役割を自ら選ぶようになるという考えである。これは実に難解な解釈だ。ただ、この二つの解釈は充分共に成立する。

ここで仮定されている自己決定という発想は、環境の選択の責任は自己の手にあるという古典的なものだ。こういった状況を何と呼ぶにせよ、先入観を捨てて検討してみる必要がある。土星の深い意味を知る手がかりとなるからだ。いずれにせよ土星は、自分の自由意志を理解するための手段や機会と見なされることになるだろう。第10ハウスが際立っている人、特に土星が第10ハウスにある人は、社会集団において構造的変化をもたらしたり、権威を持ったり、成功者となるように求められることだろう。目的・衝動・責任に対する感覚は、土星が第10ハウス（特にMCとコンジャンクションしてい

る場合）にあると、特に強くなりやすい。こういった役割は、人生において「宿命」として感じられることが多い。その中では犠牲を求められることもあるだろう。長く厳しい準備と努力の期間も必要だ。しかし、「認められたい」という欲求が強いが故に、ある程度までは認められ、何らかの責任を担うようになるまで、その人は努力を続けるのである。そして、ある程度の達成の後に、自分自身を理解し、その動機を理解するのに必要な内的な統合が起こり、自分が仕事を完遂した本当の理由が姿を現し始めるのだ。

土星の特徴は、その二重性である。第10ハウスに見られる二重性とは、その人が達成した偉業が、すべて個人的な野心や目的のために行なわれたように見えることだ。その人が野心と一体化してしまうと、自分が支配されないように周囲を支配する手段（これは土星の自己防衛機能である）として、偉業を成し遂げたように見えてしまう。だが、距離を置いて公正に観察すれば、その人が実際には他者のために努力していたことがわかるはずだ。その人は、目的のためには骨身を惜しまず、自分の楽しみを断ち、あらゆるものを犠牲にしてきたのだ。その偉業は歴史的なものとなるかもしれないのである。だから、第10ハウスの土星を完全に表現している人であれば、小規模な地域社会の構造や組織に長期的な変化をもたらすかもしれない。そういう人は、自分の仕事の本質と意味を理解し、自分の内なる青写真と意識的に協調するようになったとき、初めて自分の労働の成果に満足することができるのである。

一般に、第10ハウスの土星は、野心、停滞や後退を繰り返しつつ権力に接近すること、あるいは土星の配置が悪い場合、権力からの失脚を象徴するとされている。陳腐な例ではあるが、ここでは必ずヒトラーとナポレオンが挙げられることになっている。愛情に乏しかった子供時代を考えても、ヒトラーとナポレオンがこのパターンに一致することは明らかだろう。とはいえ、第10ハウスに土星があるからといって、世界征服をたくらむ人はめったにいない。だいたいは、台所の征服で満足している女性にすぎない。だからといって、第10ハウスの土星に与えられている意味が否定されるわけではない。しかし、第10ハウスに土星を持つ人が、過補償を求めたり、他者に価値観の投影をする傾向にあることは考慮すべきである。同時に、「バースチャートは無数の発展の可能性を図示したものにすぎない」という事実も忘れてはならない。だが、人生において、こういった発展が具体的に姿を現せば、その人は発展がもたらす難問に対処することができるのである。

第10ハウスと母親との関係には、実に興味深いものがある。第10ハウスの土星の潜在能力が発展するか否かは、この関係にかかっていることが多いからだ。土星が第10ハウスにあると、たいてい母親が優勢な存在になっている。ただし、その原因は母親の性格の問題ではなく、父親の死か不在にある。こうなると、母親の優位は自明であり、厳格で威圧的な行動をとるようになる。躾、礼儀、世間体を異常に気にしたり、感情よりも物質的価値を重視しがちだ。また、母親は、外見は控え目な女性なのに、実際には強烈な衝動を持った本能的な女性として現れることも多い。あるいは、病弱な母親、若くして亡くなった母親として、本人の重荷となっている場合もある。いずれの状況においても、その人の心《プシュケー》に強い影響を与えることは間違いない。だから、その人は、自分の能力を完全に表現するようになる前に、母親の影響に対処しておく必要がある。つまり、感情のへその緒（誰もが大人になるまで残している）を、象徴的な意味で切断しなければならないのだ。

ホモセクシュアルの男性のバースチャートを見ると、第10ハウスに土星があることが意外なほど多い。もちろん、第10ハウスの土星がホモセクシュアルを引き起こしているのではない。そもそも、われわれが扱っているのは因果関係の法則ではなく、ある目的に従って計画されたように見える環境の布置なのだ。とはいえ、第10ハウスが母親と関係しているのなら、その人が女性とうまく関係が結べないのは、第10ハウスの土星が示す強烈な母親像の副産物と考えられないこともない。だが、女性が苦手であるというだけでは、ホモセクシュアルの行動パターンのすべてを説明することはできないのである。

第10ハウスに土星があると、母親による感情の拒絶、あるいは意志とアイデンティティの抑圧が共通して見られる。これを子供時代に体験すると、長じて女性への不信感を抱くようになる。第10ハウスに土星がある女性も、同様に克服困難な障害を持つことになるだろう。女らしくあるようにと母親から学ぶからだ。仮に第10ハウスの土星が母親を象徴していないとすると、女性的原理が第一に表現されることはなく、代わって権力を持つことが表現されることになる。こうなると、その女性は社会的に認知されることによって女らしくなり、常に正しいことを話し、正しい食事をつくり、自己表現へのフラストレーションは夫や恋人を通じて発散されることになる。あるいは、意識して攻撃的になり、自分自身の心の中にある女性的原理を拒否するようになるかもしれない。いずれにしても、第10ハウスの潜在能力を理解する上で、最初に直面する課題は、母親を受け入れることと、男性と女性の役割を再評価することだ。性を問題にする場合、第4ハウスや第10ハウスが話題にのぼることは、めったにない。しかし、第4ハウスと第10ハウスは、間接的ながらも、男性と女性の役割の問題に深く関わっているのである。

過剰な自己意識、そして世間の評判に対する過敏さは、第10ハウスの土星の典型的な投影である。失敗に対する恐怖、非常識な状況に魅了される傾向も同様だ。これらはすべて、「不充分」という感覚に関係がある。第10ハウスでは、黄金へと変容する前の土星が、最もわかりにくい形で特性を発揮する。だから、それに対処するには、自分に対して正直にならなければならない。とはいえ、男性と女性の役割を考える上で、客観的な態度をとることは容易ではない。自分の母親について考える場合も同様である。こういった問題に対処するには、感傷を克服しなければならないのだ。

さらに次の段階に進むと、自分のイメージについての感受性が生まれる。この段階においては、土星は例によって物質的な価値に焦点を合わせる傾向にある。その人にとっては、「重要」な人物になることが大事だ。この場合の「重要」の定義には、物質的優位と社会的地位が色濃く反映されている。恥をかくことを恐れ、世間に注目されることを避ける場合も多いが、目立ちたいという衝動も同時に存在する。これは個別の人間関係では現れないのに、集団の中では強い自己意識となって現れる。第1ハウスの土星は、個別の人間関係における強い自己意識を示すが、集団とは距離があるため、社会的にはうまく対処することができる。しかし、第10ハウスの土星にとって重要なのはイメージだ。自分の地位に対して妥協を望まないので、その人は社会的価値観には保守的な態度で接することになる。この性格が大胆さを要求されるようなファクターと結びつくと、相当の内的な葛藤が生じることだろう。

これらすべてを広い視野から見てみると、第10ハウスの土星によってもたらされる傾向は、さらに大きな責任に対処するための準備である場合が多い。そして、その人が頂点に達したとき、頂点を目指す人々に共感を覚えることとだろう。

土星を第10ハウスに持つ人は、一般に職業上の成功をおさめることが多い。懸命に努力する上に、我慢強いからだ。ただし、謙虚さ（これは土星的パーソナリティのすばらしい贈物である）を一時的に示すことはできるものの、結局は成功への野心と執着が顔を出してしまうため、他人の下で働くことは苦手である。ひとたび階段を昇り始めれば、成功に到達することは間違いない。階段を昇り始めた時点で、失敗に対する恐怖は克服しつつあるからだ。残る問題は、外的な価値にのみ基づくのではない成功の定義づけである。一心に山を登っている人に対して、頂上が到達可能であることを他者に証明することにこそ意味があり、その山を登る行為自体には何の意味もないことを納得させられるだろうか。頂上など錯覚に過ぎないことを納得させられるだろうか。集団の理念に形を与え、これを組織化するのは、常に第10ハウスの働きである。この機会を受け入れず、他者に頼って課題を実行するだけでは、目的意識の喪失とフラストレーションという代償を払うことになるだろう。だが、内なる自己の挑戦を受け入れれば、土星を有効な教師とすることができるのである。

第3章　風の星座とハウス

風のエレメントは論理的知性（mind）の原理と関係がある。この原理こそ、人間を自然界の下位の種族と決定的に区別するものであり、自己意識を持つことを可能にするものだ。四つのエレメントのうち、風のエレメントの三星座だけが人間あるいは無生物のシンボルによって表現されるのは、人間のみに与えられたこの属性によるものなのだろう。他のエレメントの星座は、すべて動物のシンボルが含まれている。知的な惑星の支配する乙女座は人のシンボルだが、牡牛座と山羊座は動物である。射手座は半分だけは人のシンボルだが（半人半馬）、牡羊座と獅子座は動物だ。水のエレメントに属する三星座にいたっては、すべて動物で表現されている。感情に関わる水のエレメントは、最も本能的なエレメントなのだ。科学的に見て、知性とは何か、知性はどこにあるのか、どのような法則に従って機能するのか、正確なことはまだ明らかになっていない。だが、知性の働きを観察すれば、その性質は多少なりとも知ることはできる。少なくとも、人が人たる所以が知性だということは確かなのだ。

風の三星座とハウス、そしてそれらを支配する惑星は、知性の特定の側面、あるいは他者や環境との情報交換を求める欲求と関わっている。生けるものはすべて環境との情報交換を行なっている。これは単細胞生物からヒトに至るまで、あらゆる生物に共通する生物学的作用だ。だが、情報を分析し、情報を情報として認識するのは人間だけなのである。かつて人間のシンボルは五芒星《ペンタグラム》だった。伝統的に、五とは、人間、あるいは知性のシンボルである水星と結びつけられてきた数字である。ここから類推すると、円の360度を五分割した72度のアスペクト、すなわちクインタイルになるという事実との相関関係に行き当たる。クインタイルは、技術や卓越した知性（水星の領域）の所有と同時に、両性具有（同じく水星の領域。神話ではメルクリウスは両性具有に描かれる）と関連している。こういった関連性は、すべて風の三星座の本質を理解する鍵となるのである。

ものを離れて見ること、すなわち生命の通常の乗り物としての自分から距離をおいて自分を考える能力は、風のエレメントにはっきりと見られる。風の能力は常に合理的だが、その機能はその人が没頭している対象によって異なる。水と火は非合理的なエレメントで、感情や直観を通じて評価や経験をする。あらゆることを現実化させる基盤が思考（thought）であることは間違いないだろう。この発想は、神秘主義者にはよく知られているものの、証明するとなると、人間の行動の分析という経験的な方法によるしかない。人間は、まず物事を認識し、それに情動的価値を与え、その上で目に見える形につくり上げているのだ。思考の真の力はまだほとんど理解されていないものの、思考を一ヵ所に集中すれば物質的変化がもたらされ、肉体を使わないでもコミュニケーションが取れること（テレパシー）は、研究によって明らかにされている。だが、テレパシーをはじめとする「サイ（psi）」現象の本質は、人間の知性による創造力に関係があるということは明らかになりつつあるものの、それ以上のことは何もわかっていない。知性の属性と神の属性の類似性についても、ようやく輪郭がおぼろげに見えてきたところなのである。

風の星座が、人間の潜在的創造力と関係しているとすると、あまり嬉しくない事実が浮上してくる。すなわち、風のエレメントの潜在能力を活用できているのは、ほんの一握りの人々に過ぎないという事実である。大多数の人は真の思考の能力をいまだ発展させていないのだ。風の惑星が優勢のバースチャートをもって生まれることはできる。だが、だからといって、必ずしも創造的知性の発露という形で風の惑星を表現できるわけではない。われわれが「理念（idea）」と考えるもののほとんどは、「意見（opinion）」であるに過ぎないのだ。理念と意見は同じものでないのである。特にイデオロギー的な理念と意見については、決して同一視することはできないだろう。さらに、客観的にものを考える能力となると、まずお目にかかることはできない。われわれが認識できるのは、おびえの結果としての冷淡さ、あるいは潜在能力に対する恐怖に根差した感情による厳格な支配に過ぎず、真の客観性ではないのである。自然界において、知的創造に憧れるのは人間だけである。とはいえ、大部分の人々は多くを望むことなく、問題を物質的な、あるいは情動の範囲に限定してしまう。知的創造に対するフラストレーションは非常に希薄で、肉体的・情動的表現に対するフラストレーションほど目立たない。土星は自分のいるエレメントの機能や性質を拡大するというから、知的創造に対するフラストレーションをあおったり、知性を活用する能力を妨害するのではないか。そうすることによって、思考や創造行為を心の統合の手段として用いられるように、能力を研ぎ澄まし、強化するのである。

土星は水瓶座にあれば格式《ディグニティ》が高く、天秤座にあれば高揚《エギザルト》し、双子座にあれば居ごこちがよい。真面目さ、集中力、精神的安定は知性の属性とされるが、たしかに風のエレメントにある土星もこれらをもたらしうる。現代社会では「科学的知性」(視野狭窄や偏見という危険な傾向もあるが)が流行し、テクノロジーの進歩に貢献している。やみくもに信仰することの危険性は、ここ二千年の歴史が証明しているから、現代のわれわれは論理性を重視し、生命に対する直観的・神秘的アプローチには疑いの目を向ける傾向にある。この傾向は、風のエレメントにある土星が持つ極端な性質のひとつである。土星の存在に無意識な人は、この傾向が最も強く現れ客観的・科学的知性の権化となるのである。だが、これは風の本来の性質ではなく、風が知性と人々との間を自然に循環することができず、風を統合できなかったために生じたことなのだ。これは風のエレメントにいる土星の特に厄介な点である。現在では科学的知性がごく当たり前のことと考えられているために、この不毛な偽装が受け入れられてしまうのだ。これでは、土星は価値の破壊と再生という仕事を完遂することができない。また、風のエレメントにある土星として、その巧みな機能を表現することができない。その代わりに、孤独感、自己の内部にある非合理的要素に対する恐怖を絶えず抱き、知性の欠落や社会からの孤立感をおおい隠すことに徹底的にこだわり続けるようになるのだ。

土星の存在に無意識な人には、土星は孤独、恐怖、フラストレーションといった形で現れる。それは土のエレメントの場合のように物事の限界という形や、水のエレメントの場合のように欲求の否定という形で表現されることもあるだろう。風のエレメントの土星は、知的な孤立とも関連している。土星が風の星座かハウスにいると、その人は他者とのコミュニケーションに困難を覚えるため、孤独と戦い続けなければならない。こういう人は思慮深く、探求を好むタイプである場合が多い。孤独であるために、自分自身の価値を問うからだ。だから、物事を軽く考えることが苦手である。また、知性の潜在能力を探り、それをコントロールすることを自分の責務と考えている。この責務のために、他者と同等に付き合うことができない。孤独は感情ではないため、孤独を口に出して訴えることはまずない。情動的フラストレーションをともなう「神経症」的なパーソナリティを表に出すこともない。一般的な意味での不幸であることもない。「不幸」とは、一般に感情や欲求にまつわる失望を意味するからである。つまり、風の星座かハウスに土星があると、その人は誰にも知られることなく孤独に苦しむのだ。

知性を理解しコントロールするためには、知的活動を適度に行なっていなければならない。風のエレメントに土星を持つ人は、まずは知性を使うようにしなければならない。そうすることによって、知性を心の暗い部分を照らす光とすることができるのである。この成長は、風のエレメントに土星を持つ人であれば、完璧に達成できるものと思われる。というのは、バースチャートで土星が風のエレメントに存在する以上、その土星に対処することは避けられないからだ。

＊土星が双子座か第3ハウスにある時

第3ハウスは、知力、教育、コミュニケーション、動きを象徴する。第3ハウスが与えてくれる手がかりとしては、その人が所有する知性の種類、知性を発達させる方法、コミュニケーションの方法、知性にとって滋養となるテーマが挙げられる。双子座は情報を情報として求め、生命とその多様性について純粋な好奇心を抱く。風の星座の筆頭に位置する双子座にとって、これは知性の柔軟体操なのだ。双子座の対極に位置する射手座は、生命の多様な断片を相関させ、そこに共通する意味を見出そうとする。これに対して、双子座は純粋に多様性を楽しみ、それだけで満足するのである。第3ハウスは、知性のこういった側面を反映すると同時に、知覚し、分析し、分類したら先に進んでしまうという傾向も反映している。そのために必要な情報を得るには、知識を多方面から集積し、古い問題に新しい解釈が与えられるようにコミュニケーションを築き上げなければならないのである。

第3ハウスの土星が無意識に機能している場合、こういった自由自在な「呼吸」は妨げられることが多い。また、気軽なコミュニケーションを抑制し、新しいこと、未知のこと、筋が通らないことに対する恐れがもたらされることもある。知性を飛躍させるために必要となるのは、経験的情報（すでに試して安全が証明されたもの）に対する欲求である。土星が喘息や心身症と関連していると言われるのは、この意味合いであろう。ここには、酸素の吸収（呼吸）という生物学的現象と、環境に関する情報の吸収という心理学的欲求との関連性が象徴的に表れている。前者は肉体の生存に必要であり、後者が心の生存に必要であるように、いずれも不可欠なものなのだ。

第3ハウスの土星に関連する外的状況はいくらでもあるが、いずれも知性の呼吸不全を象徴的に反映している。これは子供時代に教育を与えられなかったり、教育を制限された人に共通するものである。その人は創造的知性が一度も刺激されたことがないため、往々にして新鮮な知的好奇心をもって生にアプローチする能力が損なわれてしまっているのである。同様に、同年代の子供とのコミュニケーションを阻害された一人っ子にも、よく見られるケースである。そのような一人っ子は、長じても自発的にコミュニケーションをとる能力が備わっていない。あるいは、知性の麻痺のような症状が現れることもある。その背後には恐怖が隠れている場合が多い。口を利けば必ず批判されるので、誰にも考えを打ち明けなくなってしまう。すると、口を利かないために、愚鈍な子供だと思われるようになってしまう。やがて、自分を認めてくれたことのない両親や教師が周囲からいなくなると、その人は自分が思考を他人と分かち合う能力を失っていることに気づくのだ。第3ハウスに土星があると、言語障害も起こりやすい。これは吃音のように機能的なものであることも多く、その原因は恐怖と不安である。あるいは、単にコミュニケーションを気軽に取ることができないという人もいる。そういう人がコミュニケーションに障害を感じるのは、個人的な問題や日常的なことが話題になっている場合だ。知的な才能や集中力や思慮深さを示すことはできても平凡な人間性を象徴的に示す「おしゃべり」への参加には、極端なまでの苦痛を感じるのだ。第3ハウスに土星を持つ人にとって、会話とは真剣に興味を抱いているものについて話し合うことでなければならない。また、その人の書いた文章はひどく学者風のものになる。土星が皮相なものを嫌うためだ。

こういった多様な現象の中には共通する一本の糸があり、その糸は知性とコミュニケーションにまつわるフラストレーションにつながっている。第3ハウスに土星があると、孤独感が必ず存在する。知性とは本質的に気真面目なものであり、体面を損なうことや他人に馬鹿にされることについての恐怖が常につきまとっている。学者としては優れている人なのに、本人は自分が知的資質を欠いていると感じていることが多い。ただし、学者として優れているといっても、その優秀さは直観によるものではなく、長年の集中と訓練の賜物である。土星にとって、情報は具体的、かつ証明可能でなければ使うことはできない。この土星の特徴は、第3ハウスの軽さ、目的のないとりとめのなさとは対照的である。水星にとっては、真実であろうとなかろうと、情報はすべて有用なのだ。

土星が第3ハウスにあると、過補償という現象も起こる。実際のところ、立て板に水のごとくしゃべりまくる人が実に多いのだ。このように多弁になる傾向は、一見すると第3ハウスにある土星の解釈とは矛盾するものだが、これは水星と土星の位置関係によっても現れることがあるし、水星が山羊座にあっても現れることがある。当然のことながら、しゃべりまくる話題は多岐にわたるが、その人にとって本当に意味のある話題だけは絶対に含まれない。多くは語るが、本当に語りたいことは語らないのである。密度のきわめて薄い話をしゃべりまくるだけなのだ。土星が第3ハウスにあると、機転がきく、駆け引きが上手、抜け目がない、といった評価を受けやすい。この傾向は、政治家になるには好都合であり、第3ハウスの土星がもたらす恩恵といえるだろう。だが、これで孤独感が和らぐことはない。本当の自分を表現できないために、孤独感はかえって強まるのである。

もちろん、第3ハウスに土星があると、多弁になるよりは、むしろ寡黙になるケースのほうが通例である。概して慎重で、周到で、筋道の通った考え方をする。しかし、興味の対象は世俗的なものが多く、範囲も限られている場合が多い。頭の回転が鈍く、頑固で、判断力の乏しい場合もある。このような寡黙で愚鈍な人と、多弁で有能な政治家が、同じ星の影響を受けているとは信じがたいだろう。しかし、いずれも他者と個人的な思考と感覚を共有することに対する恐怖と不能を反映したものなのだ。ただし、土星自体が愚鈍なわけではない。非合理的な物事に不安を感じるため、証明可能な物事にしがみつく傾向があるだけなのだ。第3ハウスの土星は自分の知的能力を過小評価することが多い。

そのため、自分よりも頭がよいと思われる人の攻撃から身を守るため、頑迷かつ独断的な自説という盾を掲げるのである。

第3ハウスの土星について、より肯定的な観点から見てみると、孤独感に耐え、非合理な物事に不安を感じることは、それが知性にとって認識可能な範囲にあるかぎり、真実を追究する内的な力となるだろう。その人は恐怖のために内側へと向かうようになり、物事の存在理由を追及し、その構造と意味の探求を始める。第3ハウスに土星を持つ人が自分の知識を深めるために、孤独を受け入れたとしよう。そうすれば、神秘的なもの、あるいは非合理なものを探求する知性が、その人の特徴になる。土星が独断的になるのは、その人が未知のもの、知識のなさ、知的訓練を受けていないことに対して恐怖を覚えるときだけだ。第3ハウスの土星は、知識は経験と観察によって獲得されるべきものであること、訓練は人生そのものの中にあることを示しているので、他の訓練では充足しない。なぜなら、土星を第3ハウスに持つ人にとって、土星の内なる力と独立性は、知性の発展のために用いられるべきものだからだ。

事故、特に旅行中の事故は、第3ハウスと関連していることが多い。第3ハウスは知性と肉体を使った活動とその協調に関係しているため、肉体と知性双方の「短期の旅のハウス」と呼ばれることがある。事故、そして事故を起こしやすい傾向については、調べてみる価値があるだろう。第3ハウスにある苦痛をもたらす惑星、特に土星によって示されている場合が多いからだ。

この問題について、完全に経験から推しはかることも可能だろう。第3ハウスの土星は神秘的な法則や運命の手によって事故を誘発するのだ——つまり、事故に遭ったのは、それが運命だったからだと考えるのである。土星の暗い側面すべてについて、このような態度で接すると、哲学的にしか解答のできない問題が浮上してくる。あらかじめ定められた未来を盲目的に受け入れれば、土星の建設的な解釈や、バースチャートに存在する他のファクターと真向から対立することになるだろう。われわれが運命の束縛、つまり「カルマ」に制限されているのなら、それを越えようと試みて、初めて境界がどこにあるかを知ることができる。そして、この境界は人によって異なるものなのだ。

第3ハウスの土星が、新しいもの・未知のもの・非合理なもの・コントロール不能なもの・他者と個人的レベルで心を通わすことに対する恐怖をともなうことは、数多くの実例によって裏付けられている。偶然のように思える事故や事件が、実は無意識の計画によるものであることは、心理学では以前から認められている。その動機は、不確実な未来を避けたい、あるいは注目を浴びたい、権力を手にしたいといったことだ。この状況は、第6ハウスの土星でも、疾病や心身症といった形で発生することがある。第3ハウスの土星の場合は、事故を起こしやすい傾向として現れるので、その人の内的生活を詳しく調べると、無能力化を求める動機が明らかになることが多い。すべての事故が「計画」に基づいているというわけではない。だが、実に多くの事故はそうなのである。たとえ肉体的には不快であっても、何週間か病床に伏せっていたほうが、新たな展開や変化に直面するよりはマシということもあるものだ。

人生における問題に直面したくないからといって、自分を傷つけたり、わざと病気になることなど、多くの人にとっては想像もつかないだろう。このような決定をするのは、意識のパーソナリティではなく、無意識の力なのだ。無意識の力は、状況によっては肉体も心も破壊しうるほど強力なのである

（心が破壊されると狂気になる）。心の暗部に、どれほどの力が秘められているか、まだほとんどわかっていない。だが、少なくとも慎重に取り扱うべきものであることは明らかになりつつある。「シャドウ」のシンボルである土星は、恐怖と憤怒を抑圧する原因になりやすい。一般に、最も嫌悪すべき性質が自分の心の内に存在するとは、あまり考えたくないものだ。そういった性質にも良い面はあり、有用な場合もあるのだとは、あまり認められないものだ。

土星を理解する上で必要とされる「責任の受容」とは、自分の過失の肯定ではない。知性の力というものが想像以上に強いこと、そして自分は自分についてよく知らないのだという事実を認識することなのである。これを認識した上で、第3ハウスの土星に接してみたらどうだろうか。事故を誘発する状況に気づきさえすれば、事故の必然性を回避することも可能なのである。カルマとしての義務が存在するにしても、あなたの成長に不必要なことが降りかかることはないはずだ。ホロスコープにも微かに現れているように、人生の秩序だった美しさは、無作為で無意味な苦痛もその秩序の一部に含まれることを示唆している。土星は常に真実を目指している。カタストロフィをもたらすのは、その動機に対する恐怖なのである。これは、土星に象徴される厳格な現実の探求が、その人の最も大切にする錯覚を脅かすことによるものだ。

＊土星が天秤座か第7ハウスにある時

天秤座は土星の影響が最も強まる「高揚《エギザルト》」の星座である。高揚の星座、「失墜《フォール》」の星座という概念が現代占星術においてなお重要な位置を占めていることからも明らかなように、そこには何らかの深い意味が隠されていると考えられる。だから天秤座の土星も詳細に検証してみる必要がある。

伝統的に第7ハウスは、結婚、パートナー、公然の敵のハウスとされる。他者から見たその人の性格、パートナーに求める性格は、このハウスに象徴されている。自分の敵の性格、相手から攻撃されやすい自分の性格についても同様だ。第7ハウスでは、完璧な一対一の調和が表現されている。これをパーソナリティの構成要素から見れば、その人を完成させることができる要素が示される。また、その人を結婚に踏み切らせるような状況や、その人がどのような相手を選ぶかも、第7ハウスに現れる。

天秤座と第7ハウスについては、表面的な解釈がなされるのが通例だった。この「他者」のハウスに与えられてきた伝統的な意味には、「投影」の心理学的メカニズムが明確に示されている。他者とは、結局は自己の内にある。パートナーとのバランスを陰で支えているのは、自身の心の男性的側面と女性的側面のバランスなのだ。われわれは他者の中に、自分が意識的に表現できない自分自身を求め、自分では表現できないものを見出しては、それを嫌う。他者との完璧な調和によって、内なる完全性をつくり出すことなど不可能なのである。第7ハウスに表れる結婚は、その人の内なる統合の度合いが高いほど現実のものとなる。そうでなければ、結婚はただの茶番に過ぎなくなってしまう。これは冷笑的ないし悲観的な見解であるが、今ある周囲のものより、さらに優れたものが出現する可能性の暗示という意味では、希望を与える考えかたといえるかもしれない。第7ハウスにも示されるように、無意識の投影の心理的メカニズム、すなわち魂《プシュケー》の異性の側面（男性にとっての「アニマ」と女性にとっての「アニムス」）は、パートナーの性質と密接に結びついているのである。

土星が第7ハウスにあると、内的な統合、あるいは敵対者とバランスを取る機会がもたらされる。自分の求める性質を、パートナーが望んだ形で実現してくれる見込みはほとんどないからだ。むしろ、自分を内なる探索へと再出発させる決意ができるまで、人間関係において苦痛、孤独、拒絶、失望を自ら次々と招き寄せることが多いはずだ。この位置の土星は、錬金術の「結合（coniunctio）」や神秘的結婚に近い意味を持っている。心理学的に言えば、心の新たな中心や、人生の新たなバランスと意味をもたらすような内的統合である。錬金術では、「結婚」はエリクシル（霊液）が蒸留される前段階の闇と死をともなっている。第7ハウスの土星にともなう闇は、約束された黄金の輝きに対応しているのだ。

第7ハウスの土星の最も基本的な解釈は、結婚や親密な人間関係のもたらす悲哀・困難・圧迫である。こういった悲しみや苦しみは、あくまでも運命のいたずらによるもので、その人自身には何ら過失がないように見える。第7ハウスの土星が実に巧みな変装をほどこすためだ。それによって、自分の過失が、あたかも他者の過失であるかのように見えるのである。これは第7ハウスにある惑星に共通した特徴であり、幸運も不運も、幸福も不幸も、パートナーや敵対者という媒体を経由してもたらされるのだ。

これまで、第7ハウスは他者からの影響のシンボルと解釈されてきた。しかし、その影響が他者に向かって投影された自分の欲求や葛藤の結果だと考えられたことはなかったのである。第7ハウスの土星が純粋な喜びのための結合を育まないのは、パートナーの欠点によるものではないのだ。第7ハウスの土星による抑圧は、非常にわかりやすいものであることが多い。たとえば、孤独だ。パートナーはその人よりも年上。性格は生真面目。経済力もあるし、考えかたもしっかりとしているのだが、その人の夢を理解しなかったり、夢の価値を認めないため、その人の表現を抑制するのである。あるいはその人が病気であったり、経済的に弱者であったりするため、どうしてもパートナーに依存的になる。その結果、その人は対等ではなく、保護される対象になってしまうのだ。また、パートナーの独占欲が強くなったり、その人に苛酷な要求をしたり、気が合わないからと失望したり、その人を捨てたり、その人を不貞行為によって傷つけたりすることもある。このような状況に陥った場合、往々にして「運がなかった」で片づけられてしまう。初めのうちは万事が順調なのだ。そして「出会った時には全然気づかなかった……」という定番の嘆きが繰り返されるのである。

実際には、われわれは初めて会った相手についても、実に多くのことを知っている。動物が環境の微妙なシグナルを察知するように、人間も同類が識閾下で発する微妙なシグナルを察知するのだ。だが、これは直観的な認識であり、内的欲求が理想のパートナー像と矛盾する場合、この認識が素直に受け入れられるとは限らない。自分を表現し、その表現にお互いが応ずるのは、常に内的欲求だからだ。似たもの同士は自然に引き寄せ合うものである。相手が最初に会った時とは違うように見えるのは、運が悪かったためではない。最初に行なわれた慎重な内的選択の結果なのである。土星がこの内的欲求に関わっている場合、自分にも何らかの責任はあると考えるべきだろう。土星が第7ハウスにあるのなら、内的欲求の共有が、幸福な結合の必要条件であることは間違いない。意識しているにせよ、無意識であるにせよ、自分を傷つけ、失望させ、抑制するような相手をパートナーに選んでしまう理由は、容易に理解できるものではない。だが、われわれは自分自身と戦っているのであり、無意識の動機に駆り立てられているのだ。そして、多くの場合、パートナーの選択は、この戦いを反映したものなのである。

第7ハウスの土星はさまざまな形で現れるが、そこには常に一本の共通するラインがあるようだ。それは、あらゆるレベルにおいて、真の結合をもたらすような人間関係を回避させてしまうというものである。土星は依存や傷つきやすさの露呈といった危険を慎重に回避させるのだが、その人自身は自分がそうしていることに気づかない。客観的にいえば、土星の影響の下で成立した人間関係は「安心」をもたらすものである。パートナーは脆弱かつ依存的で、困窮しており、人とのつながりを築いたり、自分を支えることがまったくできないからだ。冷淡だったり、不実だったり、有意義な関係を築くことができない人との関係性は、結合の努力や責任を回避したり、結合が失敗した時に責任を相手になすりつけるには、実に都合のよいメカニズムとなる。第7ハウスの土星は、必ずしもパートナーの選択の失敗による結婚の失敗を意味するわけではない。自分の問題を他人に投影せずにいられない人々の目には、往々にしてそのように映るというだけなのである。

パーソナリティという観点からすると、このメカニズムは抑鬱的である。その人の心の奥深くに、完全な結合による幸福を許さない何かが潜んでいるように見えるからだ。たしかに、遠くから眺めているかぎりでは、これは抑鬱的にしか見えない。だが、このメカニズムが示しているのは、容姿、経済力、情動的依存、社会的強制など、ありふれた価値観を基準にしているかぎり、結合の幸福は絶対に得られないということなのである。というのは、土星が第7ハウスにあるかぎり、このような基準は必ず失敗の種となるからだ。その人は結婚という形式にばかりこだわり、結婚という形式が象徴している内的な交流を避けようとする。第7ハウスの土星は、絶え間なく孤独が続くために、苦痛に満ちた解決を象徴する傾向がある。しかし、求めるべきは他者に依存することではなく、自らの心的生命の中心である。すなわち内的な統合、内的結合、内的な全体性なのだ。だとすると、単なるうわっらの自分ではなく、心の全体性という観点から見れば、第7ハウスの土星はきわめて大きな機会を提供しているといえよう。第7ハウスの土星が暗示しているのは、孤独な人生が必然にして不可避ということではなく、より深いレベルでの結合、結婚が象徴している心的真実、互いに心の中心を持つものどうしとして相手との関係を真に理解するよう駆り立てる内なる推進力なのだ。

第7ハウスの土星に共通して見られるものとして、傷つけられることとその回避というパターンが挙げられる。多くを与えたのに見返りが少ないと不平を言う人は、無条件で他者に何かを与えることはない。その人は孤独を恐れる一方で、傷つけられることも恐れている。だから、その人は孤独も傷つけられることも回避するために、自分の内なる自己が関わらない人間関係を築こうとするのである。土星はしばしば過補償するため、その人はドン・ファンを演じ（男女にかかわりなく）、冷酷で非情という印象を相手に与えようとする。しかし、これは土星の真の内なる性質ではなく、土星がしばしばかぶる仮面のひとつなのである。その人の鎧の下は病的なほど敏感で、自分の拒絶で関係を終わらせたためにもたらされるであろう苦痛よりも、安心感を求める。自分で「義務」と呼ぶ安心感のために、愛を犠牲にし、それが自分にとってよい選択であると思い込む。そして犠牲にしたものの大きさを思い知るとき、救われる道がないことに気づくのだ。土星を第7ハウスに持つ人が、パートナーとの関係を物質的な問題にすりかえようとすると、本人が思っている以上に高くつくことになる。このケースが特に起こりやすいのは、錯覚を退け、真実を求めようとする土星のエネルギーが妨げられた場合だ。土星のエネルギーを歪めようとすると、孤独という内なる地獄がもたらされることが多い。この内なる地獄を垣間見ると、死後の地獄は色褪せて見えることだろう。

出来事や、他者との直接的関係を示すアンギュラーハウス［第1、4、7、10ハウスのこと］の土星は、内的発見のプロセスからは外れた働きと関わっている。第7ハウスからは、パートナーが苦痛の源であるか、あるいは相互の成長の源であるかが明らかになる。選択は自由であるが、選択の前に必ず選択肢があることを知らなければならない。それに気づかぬまま苦痛がもたらされたとしても、それは悪いカルマによるものではなく、単なる無知によるものなのだ。

＊土星が水瓶座か第11ハウスにある時

水瓶座を評するのに、「ショーウィンドウには何でもあるのに、店の中には何もない」と表現した人がいる。しかし、このような不完全な解釈では、第11ハウスと水瓶座の叡智や奥深さを充分に表現しているとはいえない。土星と天王星が司る水瓶座は、実に複雑な意味を持っているはずなのだ。第11ハウスもまた、伝統的な解釈からは考えられないほど、複雑で難解なハウスである可能性を秘めている。

第10ハウスは、個人の最高の到達点とその人が現実世界へ完全に入り込む場所を象徴する。第10ハウスは、その人の物質世界への没入・同化を象徴し、目標達成のために個人的願望を犠牲にすることを求めるからだ。ここで、十二のハウスが描く円を、人生のサイクルと考えてみることにしよう。それは、歩みが進むほど複雑さが増し、人生が展開してゆくサイクルである。土星の司る第10ハウスで、パーソナリティは上昇方向の到達点となる。残る二つのハウスは、いずれも「一オクターブ上」の惑星と連繋していることから、集合的な意識や個人を超越した意識と関連している。そのため、第11ハウスや第12ハウスでは、個人は集団の中に埋没し、人類という巨大な肉体の一細胞としての責任を負うことになる。その人の試練はすでに終わった。個人的な統合については、知性・情動・肉体がそれを果たす精巧な手段へと鍛え上げられ、内的な目的に奉仕する段階にまで発達している。土星から天王星への道は、最高位の個人の意志から集合的な意識への移行を示しているのである。ただし集合的な意識は群集心理と同じものではない。集合的な意識では、貢献は自発的なものであり、個人の価値が失われることはない。ここで示した解釈は、ハウスと星座を神秘的に捉えすぎているように思われるかもしれない。だが、土星と土星の司るハウスや星座を運命論以外の観点から理解するなら、そして、個人の自由意志とその目的の本質と限界を理解するなら、土星の秘教的伝説の中から、より自由な人生を得るための手がかりが見つかるのではないだろうか。

水瓶座や魚座の気質が強い人で、自分が集合的意識の一部であることを受け入れ、より広い意味での表現をしようとしていない人は、迷いが生じる可能性が高い。こうした気質の人にとって、迷いが生じるというのは相当に厄介な状況である。現時点では、まだ集合的な意識という発想がリアリティを持たないからだ。標準的な牡牛座の人は、自分の安心に関心を抱く。それが自然な表現だ。標準的な天秤座の人は、個人的な人間関係に関心を抱く。双子座の人が関心を抱くのは自分の教育だ。だが、水瓶座と魚座の人は個人的問題には関心を抱かない。水瓶座と魚座にとって自然な表現となるは、普遍的なものへの関心だが、それがまだ鋭敏でなければ、何事に対しても関心を抱けなくなってしまう。アルコール依存症や薬物依存症の患者の多くが魚座や海王星の気質を有し、精神的に病んでいる人の多くが水瓶座や天王星のエネルギーへの対処を余儀なくされているのは、当然のことなのだ。その一方で、天王星の気質を有する人が科学的、心理学的な大発見をしたり、海王星の気質を有する人が偉大な詩人や音楽家であったり、霊的幻視者であったりすることも忘れてはならない。この二つのタイプを衝き動かすものが、集団への参加や貢献の衝動であることを考えれば、両者が大きな潜在能力を有していることや、大きな失敗を犯しがちであることも理解できるだろう。

第11ハウスについて考えるとき、過去に存在した社交クラブや社交界などを例として、グループ全体の意識という発想、そしてそのグループに対する個人の責任や貢献といった要素を試しに加えてみると、第11ハウスにある土星の意味はさらに明確になることだろう。

第11ハウスの一般的な意味は、友情と社会的認知である。第11ハウスの土星は例によって無関心と孤独を示し、その人を集団に適応しようとしない「一匹狼」にしてしまう。その人は気楽な友情を築いたり、社会人に必要とされる表面的交際が苦手だ。そのため、自分を「よそ者」と感じ、単独で行動することが多い。その人の孤独感は、単に集団行動ができない人よりも深い。自分を「受け入れてくれる」はずのグループ——家族のほか、仕事や宗教や趣味などを通じて知り合う人々——が、その人を実際に温かく受け入れてくれることはめったにない。その人は、自分が社会の一部であることを実感できないのである。その人は、より深い集まりを探しているのだ。だが、そういった「深い集まり」が外にはなく、内的なものだと気づくことはまれである。

土星は自己意識が強く、社会的な洗練とは無縁である。しかし、土星が本領を発揮すると、うわべだけのものと常に敵対することになる。友情、あるいはグループ活動について、現代はうわべだけの発想がはびこっているため、土星が第11ハウスにあると困難は倍増するのだ。土星は内省的で内気な傾向を示すため、その人はしばしば居心地の悪い思いをすることだろう。だから、第11ハウスの土星の影響は深い孤独感として現れるのである。その人は、自分が全体の重要な一部だと感じたい。自己意識の負担や「違っている」ことから解放されたい。しかし、多くの場合、自分の欲求を表現することができず、時には自分自身に対して欲求の存在すら否定しようとするのだ。

人間は群れをつくる動物であり、共同体の一員として生きるものだと考えられている。長期にわたって独りっきりで生活する人や、社会的な交際を拒否する人は、普通の人にとっては奇異に感じられる。これは、われわれが「孤独には神経や健康を蝕む何かがある」と教育されているためだ。物理的には孤独でもどこかへの帰属意識を持っている人より、群集の中にいるにもかかわらず孤立感を抱いている人の方が、その苦痛ははるかに大きいのではないだろうか。第11ハウスに土星を持つ人は、自分が受け入れられないことを恐れるあまり、自分を孤独へと追い込み、友人関係から身を引いてしまうことが多い。この恐怖感のほか、自分は能力を欠いているという劣等感、そして自分の個性を磨きたいという欲求も抱いている。自分の個性を磨くというのは、孤独を短所ではなく長所に見せたいという自尊心の表れだ。この人は、これらの恐怖感、劣等感、そして欲求のバランスを取る必要に迫られるのである。孤独は長所でも短所でもないのだが、第11ハウスの土星に無意識でいると、他の選択肢に気づかないのだ。そのため、自分は最高でなければならない、あるいは、自分に並び立つものがあってはならないという発想に走ることになる。これは第11ハウスの土星の典型的な反応だ。土星が獅子座にある人は、自分の個性を目立つように表現することを苦手としている。逆に、土星が水瓶座にある人は、自分の凡庸さを表現すること、あるいは他人と似たような表現をすることを苦手としている。土星が水瓶座にある人にとっては、凡庸な表現やグループへ溶け込むことこそ最も望ましいことなのだが。第11ハウスの土星は、少数の誠実な友人の出現と解釈されることもある。要するに、大切なのは量ではなく、質ということだ。

第11ハウスの土星は過補償となって現れることも多い。生活を仕事でいっぱいにして、できるかぎり独りの時間を減らそうとする人の場合である。自分と対峙する必要を減らすために、スケジュールを埋め尽くすのだ。こういう人は「どこに帰属しているか」ということを重視するので、グループに迎合する目的で、自分の個性を抑制することも少なくない。そのため、第11ハウスに土星を持つ人は、本来なら指導者となるべきなのに、その補佐にとどまっている場合が多い。自分の理想も、希望も、夢も、大人物による「鶴の一声」の最終決定に比べれば何の価値もないというわけだ。第11ハウスの土星は、第3ハウスの土星がおしゃべりになり、第7ハウスの土星がドン・ファンを演じるように、社会における「蝶」を象徴することがある。この蝶は道案内するための羽を持っている。これは、その人が実質的に孤立していても、より有意義な人々との共有を自分の内に求めていることによるものだ。深いレベルでの相互交換を達成するため、その人は自己の内側へと導かれていく。そして、異なる社会的価値観についての探求、社会そのものについての探求、さらには社会の目的についての探求へと導かれるのである。

第11ハウスの土星は好機を提供してくれるが、それを利用するのは容易ではない。利用できるのは、真に進歩した知性の持ち主だけである。人類の唯一性やさらなる進化と発展について、幅広い視野を持つことが不可欠なのだ。これは政治参加とは特に関係ない。政治参加は水瓶座の気質に最初から含まれているものだ。土星は無関係なのである。土星は、個人的な経験と現実化という、有意義ではあるが難解な経路を通してその叡智を提供してくれる。集団の心理や意識の方向性について理解することは、水瓶座か第11ハウスに土星を持つ人の内面を照らす光となるだろう。秘教的な書物には、人類の「計画」という言葉が繰り返し登場する。この「計画」とは、大多数の人々が信奉する理論と理想の領域からはみ出してはならないものである。第11ハウスの土星の洞察力をもって、その人にとって有意義な内なるグループを探求すれば、「計画」の本質が見えてくることだろう。

自分の視野を自分で狭めてしまっては、土星は孤独の解決法を見出すことができない。そして、この位置の土星が予言する「友人のもたらす不運」が現実化することだろう。自分を孤立させ、他人を信用しない人は、周囲の人々から同じ仕打ちを受けることになる。表面的には魅力あふれる人であっても、深い付き合いを拒絶していると、周囲にも拒絶される。「目には目を」の言葉どおり、他人に防御の姿勢で接すれば、必ず防御の姿勢をもって迎えられるのだ。

第11ハウスの高度で普遍的な意味を、個人的な意味とともに発展させる潜在能力は、誰にでも備わっている。だが、この能力を意識している人はほとんどいない。人類について、その価値観を注意深く観察し、包括的な関心を抱くことが発展の前提条件だからだ。だが、第11ハウスは誰のバースチャートにも必ず存在するし、このハウスが象徴する衝動をいかにして有意義に表現するかという問題は、誰の人生でも起こりうることだ。土星が第11ハウスか水瓶座にあると、これは緊急の問題となる。土星の場合は常にそうだが、他の選択肢がないからだ。グループに関わり、その一員であるという感覚を必ず現実化しなければならないのである。

第4章　火の星座とハウス

火のエレメントは直観と関連しており、霊《スピリット》、エネルギー、生命の起源、意識と結びつけられることが多い。これは火に好意的な概念だ。しかし、好戦的な牡羊座、プライドが高くワンマンな獅子座、責任感のない射手座という人格で表した具体例を考えると、これらはややお世辞がすぎるように思われる。とはいえ、これら火の三星座が個性に対する意識を生まれながらに備え、無限の生命力、自己に対する信頼、そして自己の価値に対する直観的な認識に由来する情熱を抱いていることに変わりはない。地のエレメントは、物質に対する支配権を獲得して、初めて自己に対する信頼を表現する。水のエレメントは、情動的な絆を築いて、初めて自己に対する信頼を表現する。風のエレメントは、着想の相互交換やその発展を通じて、自己に対する信頼を表現する。だが、火のエレメントは、人生とは本質的に有意義なものであり、人間は人生を満喫する資格があるという信念を生まれながらにして抱いている。その信念があるからこそ、無条件に自己を信頼することができるのである。

火の三星座の行動や発想の根底には、内的な目的や意味づけの感覚が存在する。この感覚は「自己表現への衝動」と呼ばれることが多いが、実際のところ自己の何についてそう呼んでいるのか完全に理解されているわけではない。物質としての人間が何よりも必要とするのは食糧である。だが、火の象徴体系は、それ以前の問題として、物質としての人間が出現することを決定した「何か」があることを示している。この何かとは、すなわち自己のこと。そして、自己こそ、火のエレメントに属する人が知る「自分自身」なのである。火のエレメントに属する人にとって、肉体の欲求は二次的なものに過ぎない。このことは、第2ハウスが明確に語っているのである。

火のエレメントは、「全体としての自己」という概念について考えてみれば、決して理解するのが難しいエレメントではない。全体としての自己は意志と目的を持っており、意識のパーソナリティはその一部に過ぎない。この解釈は、心理学と秘教の双方に共通するものである。ただし、心理学では、「魂《ソウル》」という語は避けられることが多く、限定的な意味で慎重に用いられることしかない。火に象徴される自己は、牡羊座が示す探求と征服への衝動、獅子座が示す創造と愛への衝動、射手座が示す拡大と理解への衝動として、個人的かつ人間的な方法で表現される。これら三つの星座には、目的に対する深い感覚、そして「生命の活動（肉体・情動・知性）は創造的自己表現への衝動のためだけに存在する」ということを事実として受けとめている。火の星座にとって、世界とは、探求し、活動し、理解し、愛し、必要ならば破壊して新しいものをつくるべき舞台なのだ。価値は意味の中にのみ存在するものであり、意味とはすべての経験の中に求められるものなのである。

こういった火のエネルギーは、他のエレメントの気質にはまったく理解されない場合もある。特に、地の気質には受け入れられない。地の気質といえば、正確な観察を旨とし、形を高く評価しながらも、その形の意味を見つけられないからだ。火のエレメントは自己中心的で、自分の権力の拡大を狙っているように見えるかもしれない。事実、火のエレメントの人にはそういうタイプが多い。このタイプは、自分が神であることを直観的に知っているのだろう。だが、他の誰もがそうではないことを忘れているのだ。火の気質の短所は、生命の細部に対する鈍感さなのである。他人の感情も生命の細部のひとつなのである。ユングが、心の機能の軸上において、直観と感覚を正反対の位置に配した理由はここにある。一方は、体験の目的と関わるものであり、もう一方は、体験の外観と関わるものだからだ。火は常に目的を追求する。そして目的を発見するのだが、その目的を示唆する無数の美しい形の価値には気づかない。火のエレメントの人は生まれた時から、何よりも自分自身の人生の目的に最大の関心を抱いているのである。

火の星座かハウスにある土星は、意識のパーソナリティと自己の直観的認識を隔てる壁を暗示する。この壁は、人生の目的と意味に対する感覚を喪失させてしまうことが多い。火のエレメントにある土星は、現実的な問題よりも哲学的な問題をもたらすように思われがちである。だが、どのエレメントにあろうと、土星はそのエレメントの意味と領域を理解し、経験することの重要性を明らかにするのである。火の星座かハウスに土星を持つ人にとって、自己を意識することはきわめて重要な問題なのだ。自分ではどうすることもできない自己中心主義は、人生の意味と目的の追求にともなうフラストレーションの副産物なのである。しかし、その人は「自我が強すぎる」わけではない。いわゆる利己主義とは別物なのだ。むしろ自我は弱すぎるほどで、人生に対する自信を失ってしまう傾向にある。その人は自分が重要であるかどうか過度に敏感になることで、この喪失を埋めようとするのだ。土星の影響は牡羊座で失墜《フォール》し、獅子座で損なわれる《デトリメント》。そもそも土星は火のエレメントとは折り合いが悪いのである。

土星をカルマの主と見なすことは簡単だ。だが、土星を単なる苦痛をもたらすものと考えたり、土星のせいで負債を抱えていると考えているようでは、土星の全体像を捉えることはできない。土星を成長のプロセスを導くものと考えれば、土星が人生のあらゆる領域を抑制するように働く理由は容易にわかるはずである。火のエレメントにある土星がもたらす絶望感と虚無感は、権力を拡大させてきた人生に対する罰、つまり悪いカルマであるとも考えられる。だが、この解釈は、人生の目的がないことに悩む人にとっては、あまり役に立つものではない。むしろ、努力を重ね、直観力を育てることによって、自分の本質を見極め、グループ内における自分の役割、そして一生のうちに果たすべき自分の役割を理解するための試練と捉えるべきではないだろうか。そして、もはや意味のない価値観を打破し、迷信に基づく価値観を一掃すれば、錬金術が黄金を生み出すのに似た気質を発達させることができるのである。

土星が損なわれる《デトリメント》星座では太陽が高揚する《エギザルト》。意識のパーソナリティは、太陽に象徴されるより大きな自己との遭遇によって強化されるからだ。土星が損なわれる星座では、太陽が格式《ディグニティ》を保ち、太陽が失墜《フォール》する星座では、土星は高揚する。この神と悪魔にもたとえられる敵対する両者は、バースチャートでアスペクトを形成していようといまいと、互いに相手を意識しつつめぐりつづける。太陽と土星は同一の原理の異なる顔であり、心理学的には意識のパーソナリティと無意識のパーソナリティに関連している。太陽の顔は外側の世界を向き、土星の顔は太陽を向くと同時に、その裏にある人間の集合的無意識の闇に向いている。火の星座かハウスにある土星は、火の星座とハウスの支配星である火星と木星との永遠の争い（しかし本当の意味での争いではない）の別の側面を示しているが、それは太陽との争いに集約されているといえる。

火の星座かハウスにいる土星の影響は「精神的な停滞《スピリチュアル》」とされるが、これは適切な表現といえよう。日常生活においては、自発性と自己表現の欠如、生命力への内的信頼感の欠如、目的の喪失感といった形で現れる。意志あるいは目的・愛・知性という三つの基本的性質は、秘教的には神の属性と見なされるが、これは人の心の基本的属性でもある。ユングは愛のファクターを「エロス」、知的活動のファクターを「ロゴス」と呼んだ。そして、意志とは愛と知性のエネルギーを導くためのファクターだと考えていた。この見解は、キリスト教やヒンドゥー教の三位一体説と類似しているように思われる。ヒンドゥー教では、創造の神ブラフマー、繁栄維持の神ヴィシュヌ、破壊の神シヴァに、これとまったく同じ性質が与えられているのである。占星術における火の三星座にも、これら三つの基本的エネルギーとの照応関係が見られる。牡羊座か第1ハウスにある土星は、目的意識を持った意志、ないしその感覚の発達と、獅子座か第5ハウスにある土星は、創造性ないし目的のある愛の理解の発達と、射手座か第9ハウスにある土星は、直観的認識ないし叡智の理解と発達と、結びついている。火のエレメントにある土星の定義としては、これは高尚すぎるように思われるかもしれない。しかし、人生の目的に対する直観的理解を発達させる機会を示すシンボルの説明として、この定義は実に適切であるといえよう。

*土星が牡羊座か第1ハウスにある時

一般に、第1ハウスは、その人の物質的肉体や、外的な環境と関わる際のパーソナリティを示すとされている。また、その人の人生において興味を覚えるようになることがらや、人生を意識的にコントロールするための方法を形成し発展させるような深いレベルでの体験も、第1ハウスに示されているという。第1ハウスには二つのエネルギーの流れがある。これまでにも指摘されてきたように、第1ハウスは一種のレンズのようなものだ。外的環境での経験がその人の内面に到達するには、必ず第1ハウスを通過することになるし、その人自身の性質が外的環境に到達するためには、やはり第1ハウスを通過しなければならない。バースチャートに現れているファクターはすべて、他者に認識されたり、形となって現れたりする前に、第1ハウス、特にアセンダントによる条件付けという調整を必ず受ける。チャート上の四つのアングル［アセンダント、ディセンダント、MC、ICのこと］はすべて、外界に対する内的人格の内と外への流れと関連している。この四つの解放点の中で、最も明確なのはアセンダントだ。第1ハウス全体は、その人の物質的な容姿と関連している。生来の姿がどのようなものであれ、その人は肉体を通して、タイプ（肉体という言葉にさらに大きな枠組を与えるもの）に従って表現せざるをえない。アセンダントと第1ハウスは、ユング派の言う「ペルソナ（仮面）」と同一であることが多い。ペルソナを自分を表現するための媒体として効果的に用いるためには、その人の心の隠された無意識と調和させておかなければならない。

アセンダントは、単なる仮面と見なされることが多い。その人の内的な現実とは、ほとんど関係がないというのだ。ペルソナという発想は、アセンダントの機能を理解する上では有用である。ペルソナはギリシャ悲劇の仮面と同じく、世界に向けた自己の表明だ。人はペルソナという心の構成要素を洗練させた仮面を通して、長年かけて開発した方法に従い、自分の演ずる「役」を宣言するのである。ペルソナはアセンダントと同じく、ある程度まで成熟しないかぎり、完全に開花させることはできない。ペルソナに示される「役」は、その人にとって最善のものであり、最も有益なものの統合であることが理想である。そして、自分の物質的な現れと不釣り合いにならないよう、正しく仮面をかぶることが望ましい。その仮面は、その人の自然な変化の結果ではなく、その人が理想とするありかた、その人が成長を果たした時の姿なのである。第1ハウスは、バースチャートの中で最も未成熟の部分であり、変化の途上を示すハウスだからだ。

その人が、外的な環境と、自分の動機となっている無意識の世界との、不安定な均衡点に立てるかどうかは、仮面の現れの強弱、仮面が確たるものを表しているか、仮面に柔軟性があるか、仮面を適切にかぶっているか、によって決まる。外的な環境にせよ、動機となっている無意識の世界にせよ、どちらか片方に引っ張られていれば、もう片方に反動が起こってしまう。その人は互いに引き合う力のバランスを保ち、常に中心にいなければならないのだ。自分が選択した「役《ロール》」になりきってしまうと、自分の「役」に自らを委ねてしまい、自分の心の隠された面、それもあまり信用できない面のなすがままになってしまう。逆に外的な世界を無視し、自分自身の闇に引きこもろうとすれば、環境のなすがままになり、環境に支配されてしまうのである。アセンダントの重要性は、この視点から推察できるのではないだろうか。アセンダントの機能を発展させるためには、自分自身とのバランスがとれるように、バースチャートの示す方向との微妙な均衡を内部で保ち続ける必要があるのだ。

このように、伝統的な占星術的解釈に心理学的解釈を加えてみると、バースチャートの第1ハウスにある土星の影響について、何らかのヒントが得られる。伝統的に、土星は世俗的な価値観の強化と追従に結びつけられてきた。それは、第1ハウスにある土星が、本人が意識しないかぎり、仮面を固定し、仮面と同化しきってしまうという形で影響を及ぼすのと同じである。その結果、まわりの雰囲気や影響に対して内的な脆弱さが生じ、その人は内的人格を外に向けて表現することに著しい困難を覚えるようになる。仮面は牢獄となり、もはやはずすことができなくなってしまう。そして、仮面をかぶったまま、ゆっくりと窒息させられていくのだ。

牡羊座か第1ハウスにある土星の特徴として、よい意味での「自己主張をしない」ことが挙げられる。もちろん、意志の強化や環境をコントロールしたいという欲求はある。しかし、これは自発的で自己信頼に基づく主張というよりは、むしろ自己防衛を目的とした策略に近いものだ。攻撃を恐れるあまり、先制攻撃を試みることもある。コントロールしたいという欲求は、攻撃の証拠を残すことなく環境を操作すべく、曖昧かつ間接的な方法で表現される。これは土星の特徴である欲求と恐怖の結合だ。人当たりがよく、冷静で洗練されたふるまいを学習している人でも、土星が第1ハウスか牡羊座にあると、土星の気質である内向性と頑固なまでの不器用さが明確に現れてしまうのである。

土星がアセンダントとコンジャンクションを形成していると、しばしば出生時に困難がともなうことになる。肉体的な困難である場合が多いが、心理的な困難の場合もある。偶然の一致なのかもしれないが、それにしても符合する例があまりにも多いのだ。これについては、第1ハウスに土星を持つがゆえに、自己を外界にさらすことへの抵抗感が強く、それが出生時にまで及んだものと考えれば、納得がいくのではないか。土星を第1ハウスに持つ人は、生命に深く関わりすぎると痛手も大きいことを学習している。そして、ペルソナに根本的な脆弱さがあり、そのために内なる自分のパーソナリティという殻に閉じこもってしまう。その結果、外界からの攻撃とコントロールに弱くなってしまうのだが、本人もそのことは自覚している。だから、その人は自分の弱さが露呈しないように、あの手この手で身を守ろうとするのである。土星を第1ハウスに持つ人は疑い深く、自己信頼が低く、バリヤーを張って他者を見る傾向がある。このバリヤーは目には見えないのだが、人生がもたらす現実の衝撃を完全に防御できるほど強力だ。また、慢性の疾患に悩まされていることも多い。これは特に、身を守る術を知らない子供時代に現れやすいようだ。自分を信じられず、自らを同化させている自己も仮面であって、全体としての心ではない。土星を第1ハウスに持つ人には、独特の生命感のなさや淡泊さが感じられることが多いが、これは自分自身の心から意図的に遠ざかろうとしていることに由来しているのである。

土星は牡羊座では「失墜《フォール》する」と考えられている。ならば、牡羊座は土星にとって困難な星座であり、ことを容易には運べない位置ということになるだろう。特に厄介なのは、その人が自分の外的生活と内的生活の双方の流れから切り離されやすい傾向である。その人は心の中の狭くて不毛な場所に取り残されてしまう。そのため、外的世界を直視するための目的の設定とその意味付けという大きな流れに到達することが、非常に困難になってしまうのだ。しかし、私としては、土星は忍耐強く洞察力のある人に対して、重大な手がかりを与えているのだと解釈したい。それは、土星の意味を理解し、土星が象徴する生の機能を発展させるための手がかりだ。「失墜」の位置にある惑星は戦っているのだ。そのことを理解して慎重に対処すれば、その戦いがその人に自分の意識の領域を理解させ、さらには拡大をもたらすのである。これは土星においては、特によく当てはまることだといえよう。土星が強く求めているのは、自由であること、一番であること、そして未知の領域を探索し、未知の挑戦を受け、自分が存在するからには自分の目的の達成は保証されているという認識を満喫することの喜びだ。土星を牡羊座か第1ハウスに持つ人は、こういった自由と喜びを努力によって達成できる可能性を秘めているのである。

第1ハウスか牡羊座にある土星も、やはり過補償を行なう。人生を最大限に活用したいという欲求と、環境に傷つけられ、支配され、押しつぶされてしまうのではないかという不安とがせめぎあい、それに対して、二種類の無意識の反応を示すのだ。

ひとつは、争いを避けるために控え目にふるまい、圧力、攻撃、直接的な対立を招く状況から常に身を引くというもの。この反応を示す人は感情に起伏がなく、怒りをおもてに表さない。だが、これは肉体にとっては、大変な負担である。怒りの矛先が内側へと向きを変え、自分自身を傷つけてしまうからだ。これは、偏頭痛や心身症などといった形で現れることも多い。土星の影響による「控え目」というのは、本当の意味での「謙遜」ではない。負けると確信しているために、戦いに参加することを恐れているのだ。土星が牡羊座か第1ハウスにあると、「利他的」であるというが、そもそも利他的であるためには、まず譲るべき自己がなければならない。土星が牡羊座か第1ハウスにあると、恐怖心と折り合いがつくまで、自己を真の意味で受容し、表現することなどできないのである。土星を第1ハウスに持つと、自分が望むものは決して手に入らない、人生は永遠に自分を裏切りつづけると感じてしまうことが多い。それは自分が望むものを求めようとしていないからだ。求めていたとしても、自分はそれに値しないという思いを抱いているのである。こういったタイプの人は、意志を持つこと、意志を活用することを恐れている。そして、自分自身の意志を恐れるあまり、自分が「意地」や「わがまま」と考えているものを他者に投影してしまう。しかし、土星を第1ハウスに持つ人は——そのことを選択しさえすれば——コントロールされた強い意志を持つことができるので、自分自身の「シャドウ」の部分と折り合いをつけることができる。その人はフラストレーションや欲望をコントロールし、自分で自分のパーソナリティを強みとして鍛える方法を身につけたことに気づくだろう。土星は牡羊座で「失墜」し、火星は山羊座で「高揚」するが、エネルギー的には、同じ強さを持っている。目的の定まった、コントロールされた強い意志は、土星がもたらすものの中でも特に前向きの性質なのである。

もうひとつの過補償は、激しい攻撃性となって現れる。その人の第一印象は、火のように激しい気性の持ち主にしか見えないことだろう。激しい気性の持ち主ではあるが、実に社交的で、権力をもって状況を支配することもできれば、計算を働かせて状況を支配することもできる。その人の哲学は「攻撃は最大の防御」。他人をコントロールして、初めて自分をコントロールできるという発想なのだ。しかし、仔細に観察してみると、こういうタイプの人も、実は内気で不器用であることが多い。人生を存分に楽しむこともできず、火のパーソナリティの特徴である豊かさと充足を味わうことに困難を覚えているのである。

意志を活用することは、人間なら誰でもできるはずだ。しかし、どれだけ活用できるかは、その人の自己認識と自己統制力に比例する。人生は予測不可能なものであり、それに対して大多数の人が恐怖感を抱いていることであろう。これは、自分の心の根源と豊かさに無意識でいることと大きく関わっている。自分の弱さに直面すると、たいていの人は無力感を覚えてしまう。だが、ある程度の心の統合を達成している人なら、人生に対処する準備が整っているものだ。なぜなら、そういう人は人生の目的を悟っているからだ。自力で人生を切り開くためのエネルギーの存在については、さらにはっきりと認識していることだろう。牡羊座か第1ハウスにある土星は、表面的なパーソナリティと豊かな内的人格との接点が欠落していることを示している。そのため、牡羊座か第1ハウスの土星が強調するのは、無力に対する恐怖である。この恐怖があるからこそ、その人は自分のアイデンティティだと信じるものについて、より深く探求するようになる。アイデンティティを象徴する第1ハウスにある土星は、より深い知識、より深い統合、そして意志をより生産的に活用する探求などと密接に関わっているのだ。

＊土星が獅子座か第5ハウスにある時

第5ハウスの大きな傘の下には、愉悦、娯楽、恋愛、子供、創造性、自己表現、思索、投機などがある。世俗的なハウスの守備範囲としては、相当に広いといえるだろう。このハウスは自我のシンボルである太陽を反映しているので、その人の「自己感覚（selfness）」の現れと考えたほうがわかりやすいかもしれない。第5ハウスでは、その人は他の何者でもないその人自身であり、感情、欲望、思想、活動に自分の本質を浸透させることができるし、妥協を迫られたり、妨害されたり、歪曲されたりすることがない。第5ハウスは個人のアイデンティティのハウスである。誰でも、第5ハウスの活動、つまり創造的な自己表現を通して、自分のアイデンティティの意味を理解するようになるのだ。獅子座と第5ハウスは、他者に認識される自分と自らの自己認識の双方に大きく関わっている。「愛のハウス」と解釈されることもあるが、「ロマンのハウス」と呼んだほうが適切だろう。干渉されることなくアイデンティティを表現(あるいは投影)し、愛を経験することによって自分の内的中心を垣間見る場所でもあるからだ。愛とは、ひとつの元型であると同時に、自己の元型でもあり、この二つをバースチャート上で区別することはできない。わかるのは、これらがどのように扱われ、どのように表現されるか。そして、ともに第5ハウスと関連しているということだけだ。

第1ハウスや第9ハウスと同様に、第5ハウスも、直観力に関係があり、さらに自分の全体としての心の目的とその全体性に対する直観的認識とも関係している。牡牛座は、その人が環境との相互作用を通じて目的を直観的に理解することを表している。獅子座は、その人が自分の創り出したものに現れている自分の姿を自分自身と捉えることによって、全体性(wholeness)を直観的に理解することを表している。こういった理解が、完全で独特な「私」の体験へとつながっていく。この体験は、知性を通じてでは到達できないものだ。知性を通じて到達しようとすると、自分と自分自身を体験することとの間の障壁を増やすことになり、無意味な観念のかたまりになってしまう。その人は創造的行為を通じて、自分を自分自身として直観的に捉える。この心理的体験の重要性を過小評価すべきではない。これは創造の動機のひとつなのである。

一般に、獅子座のパーソナリティは自己中心的と解釈される。だが、正確には、自己を中心に求めているというべきだろう。その人は自分の行為のどこかに、必ず自己との直接的遭遇や直接的体験の可能性を感じる。その結果、すべての行為が劇的な意味を持つことになるのである。その人は自分の重要性を誇張する傾向があるために批判されやすい。しかし、自己の正体を突き止めるまで、何者も自分や他者に対して価値ある存在とはなりえないと悟ることは、実に有意義なのである。その人は第5ハウスを通じて、自分のアイデンティティの断片を内包する表現によって、少しずつ自分を理解し始める。これは必ずしも芸術的な創作活動とは限らないが、少なくとも直接的な自己表現であるはずだ。何ものにも妨げられることなく自己を表現し、自分自身の意味を理解しようとする領域は、誰の人生にでも必ず存在する。それは芸術の分野かもしれないし、学問の分野かもしれないし、情動的なものかもしれない。あるいは、「子供をつくる」ことかもしれない。

ここで、「子供をつくる」という行為について改めて考えてみる必要があるだろう。一般に、「出産」まで、つまり「つくる」プロセスの前半は重視される傾向にあるが、親となった者たちの自己教育と自己認識を深めるという、「つくる」プロセスの後半は無視されてしまう。これは、「つくる」プロセスの後半において、現実の親子関係では欠落しがちな「謙虚さ」が求められることによるものだ。現代社会の子供たちは、両親の人生で意識されていない性質や表現、あるいは解放を許されなかった性質や表現を、両親に代わって実現する手段にされている。子供たちは、両親の自己認識を得るための手段とは見なされず、思うとおりの形につくりあげ、好きなものを何でも入れることができる空の容器にされているのだ。

創造行為は、必ず自己認識を深めることへとつながるものである。だが、プライドが認識を歪める可能性があるため、これは常に賭けになってしまう。美術であれ、音楽であれ、作品には必ず創作者の意識の断片が含まれている。それは、鑑賞者のためのものではない。たしかに、鑑賞者は、創作者が神性へと到達する錬金術的変容の一部を担うかもしれない。だが、創造の目的は、創作者自身が自らの心をより深く認識することなのだ。これは難解な発想かもしれない。われわれが神の愛について考えるとき、あるいは芸術家による不滅性への追及について考えるとき、ここで述べたような難解な発想は避けようとする。だが、第5ハウスの土星について深く理解するためには、創造的行為とそれが心にとってどのような意味を持つのかということを深く考えてみるべきではなかろうか。

土星が獅子座か第5ハウスにあると、その人と自己認識の間には一時的な壁が存在する。その壁は、その人のシャドウで構成されている。創造の流れは、しばしば壁によってせきとめられてしまう。仮に創造の流れがせきとめられなかったとしても、その結果もたらされる自己認識の経験がせきとめられてしまう。流出と内的変容との循環が妨げられるため、自分のエネルギーが流出しているにもかかわらず、その見返りを何も得ていないと感じることが多い。自分の能力不足という感覚のために、鑑賞者との関係をつくりあげることが全くできないのだ。このことは、創造行為のみならず、ロマンティックな恋愛にも当てはまる。土星を第5ハウスに持つ人は、他者から最低限しか認知されたことがないため、自分の創造物の中に自分を見出すことが容易にはできない。これは、愛されていない子供、無視されている子供、あるいは両親の付属物として扱われている子供の典型的な徴候だ。自分のアイデンティティとその意味が、うわべだけの親子愛にのみこまれてしまっているのである。土星を第5ハウスに持つ子供が両親から受ける愛情は、子供という概念自体に対する愛情にすぎないことが多い。

個性の基礎をなす「自己」に対する愛情であることは、めったにないのだ。このような子供は、他者に自分が認知された経験がまったくないので、成長すると、自己を自分自身と認識することや、自分の内的な意味に触れることに困難をきたしてしまう。獅子座か第5ハウスに土星を持つ子供は、たとえ天賦の才能に恵まれていたとしても、結局は自分は無能で無意味な存在だと考えるようになってしまうのである。

土星を獅子座か第5ハウスに持つ人は、子供を持つことをためらったり、子供を持つ能力を欠いていたりすることが多い。子供を持ったために、負担、義務、苦痛をもたらされることもあるだろう。これは第5ハウスの伝統的な解釈である。自分を愛することも、自分の価値を理解することもできないため、誰も自分を愛してくれないのではないかと恐れを抱き、愛することを自制してしまう。劣等感にとらわれて他者をうらやみ、そのために他者から拒絶されてしまうこともある。また、無用に緊張したり、自発的行動ができない人もいる。そういう人は、人間とは常に自分の行動を規制するものであり、緊張を解くことなどできないと思っているのだ。あるいは、自分を愛する人が自分をどのように思っているのか、むやみやたらと知りたがる人もいる。だが、無理に知ろうとするために、失敗を繰り返してしまう。その強引さのために、助けの手を差し伸べてくれる人を遠ざけてしまうこともあるだろう。その人は、しばしば激しい悲しみに襲われる。その悲しみは、自分を愛し、自分の存在意義を理解し、人生に安定と意味を与えてくれる内なる中心を発見する能力が欠如しているためにもたらされたものなのだ。

第5ハウスの土星は冷淡で非情だと解釈される。しかし、そのような外観は土星の特徴であり、見たとおりに解釈してはならない。心が冷たいように見えるのは、自分の弱さを守るために非情を装っているからなのだ。この装いの下には、自分の重要性を理解できない小さな子供がいるのである。第5ハウスの土星は、強い自己中心主義と、自分は重要であり、尊敬されており、羨まれており、人気があると感じたいという激しい欲望を表に出すこともある。羨望は、第5ハウスにある土星の最大の特徴といえる。自分の中心を発見できない人は、他者の有意義に見える人生を激しく妬むからだ。第5ハウスに土星を持つ人にとって、他人の芝生は青く見える。愛情や友情や好意を自然に引き寄せてしまうような人は、特に妬みの対象となる。人気を得るために多大な努力を払い、受け入れられないと、打ちのめされ、悲嘆にくれるのだ。太陽の司る星座にいる土星は不器用である。だから、この位置に土星を持つ人は厳しい試練を受けることになるだろう。普段の装いのままではなく、自分の内的な中心を見つけて自己同一化を果たす必要があるからだ。普段の装いを取り去ってしまうと、その人は裸にされ、力を失ったように感じることだろう。だが、ここで提供される機会は実に重要なものである。内的中心の発見に成功し、パーソナリティの焦点を自我《エゴ》から自己《セルフ》へと移すことができれば、本来なら子供だけが享受しうる無垢な喜びを取り戻すことができるからだ。この喜びは生命と普遍的な愛の存在に対する、人間の生来の信頼に由来する。ひとたび自分のアイデンティティの秘密を発見してしまえば、二度と失われることはない。しかも、獅子座の最も魅力的な性質である自然な高潔さと輝きを常に表現することになる。その人はついに自分自身を認めたのだから、もはや他人に認められるか否かに一喜一憂することはないのだ。こうして自己と接触した人は、誰でも同じ反応を示すことになる。外的生活のある面が抑制されていたとしても、自発的な喜び、生命力、伝説やおとぎ話の英雄の持つ生来の誠実さを取り戻すのだ。この喜びは無意識のものではない。このプロセスは意識されたものであって、退行ではないからだ。意識的な洗練もしくは繊細な識別能力、無意識の高潔さもしくは頼もしさの二つは、パーソナリティの中で融合して一つになる。これは大いなる挑戦であり、重要な機会である。これを実行すれば、第5ハウスの土星がもたらす苦痛と孤独に対するバランスを保つことができるのだ。

第5ハウスに土星を持つと、過剰なまでの自信と、活動に支障をきたすほどの内気さが混在することがある。これは実に興味深い現象だ。自分自身を過大評価すると同時に過小評価しており、自分自身を明確に認識していない。そして、自分自身の評価を常に他者に投影してしまうので、他者を正しく理解することができず、結果として恋愛ではいつも失敗してしまうのである。愛情を表現することはできないが、無視されることにも耐えられない。一般に愛情というものは形式化あるいは記号化された行動として表現されることがあるが、その人は形式や記号のみを重要視することによって、他者から愛情を受けようとし、その愛を固定化しようとする。そのため、忠誠と名誉こそがその人にとって重要なものとなる。その人は愛情よりもむしろ、認められることを求めている。第5ハウスの土星が、芸能界の仕事と結びつけられるのも当然といえよう。獅子座自体は、このような他者からのフィードバックを必要とはしない。自分は自分でありさえすれば充分なのだ。だが、獅子座にある土星は自分を見えなくするため、自分を人々の賞賛の中に探さなければならないのである。

土星が第5ハウスにあると、心は自身の現実化——ユングの言う「個性化（individuation）」のプロセスへと向かう。このとき、意識のパーソナリティは、アイデンティティの源となる「ごく普通の活動」に慰めを見出すことを許されない場合が多い。たとえば、その人に目的や存在意義の感覚を与えてくれる子供を持つことをあきらめなければならなかったり、最初から子供ができる可能性がなかったりするのだ。恋愛も、期待しているような理想的な形になることはない。恋人の目は、その人が自分の価値を感じられるような「失われたきらめき（missing flash）」を反射することはないからだ。また、創造的表現も、目標を達成することなく失敗してしまう。やがて、その人は自分自身の内部に自分を探し求めるよう駆り立てられることだろう。もはや他の手段は残されていないからだ。失望の背後に隠れた目的を悟ることは、叡智へと到る最後の機会なのである。

土星が第5ハウスにある場合も、やはり他の場所にある場合と同じ程度の過補償が起こる。土星を第5ハウスに持つ人の多くは、人生に真剣にならないよう必死に努めている。だが、第5ハウスの土星ほど、繊細で感じやすく、愛情に対して真剣なものはない。拒絶や虚無感への恐怖は、愛についての考えかたに、忠誠、義務、誠実、責任といったものを無意識のうちに植え付けてしまう。その人は、充分な愛を永遠に保証してくれるような確固たるものを求めることだろう。だが、どれほど努力したとしても、その人は愛を信じることができない。自分を欺き、軽薄を装ってみても、それに騙される人はいない。第5ハウスの土星が重荷を背負い、何かを求めていることは、どうしても表に出てきてしまうのだ。このことが、その人を深く傷つけるのである。

第5ハウスの土星と協調できなければ、この位置関係は不幸な結果をもたらす。星座、アスペクト、ハウスのどの組み合せであっても、土星と太陽が一緒になると、影響力はさらに増大するからだ。この配置は、すべて自己の発見と関連しており、ベールが剝ぎ取られるために痛みをともなう。われわれの人生は多くのもの――自分の感情、信仰、預金残高、子供、才能、恋人など――から成っていることを幼いうちから教え込まれているが、自己というものに関しては教えを受けていない。土星を第5ハウスに持つ人は、他者にあまりにも多くを望むため、孤独に陥り、悲嘆にくれてしまう。その人は豊かな愛情と献身を与えることができるのに、確実な見返りが望めないかぎり、与えようとはしないのだ。この無意識の物々交換に気づきさえすれば、そこから自分を解放することができるだろう。ヒトラーのバースチャートでは、土星は獅子座にあるが、獅子座はちょうどMC［南中点］に当たっており、土星の影響力をさらに強めている。よく知られているように、ヒトラーの誇大妄想は、この土星の位置とも関係があったとされている。実は、ふつうの人であっても、土星が第5ハウスか獅子座にあれば、世界征服とはいかないまでも、重要人物として認められたいという願望を抱いているものだ。舞台の中央に立って、賞賛の眼差しで見詰められたいと願っていながら、ひどく内気なために表に出ることができない。そして、その願望が成就しないと、家庭内で暴君となったり、神経症になってしまう恐れがあるのだ。

土星が第5ハウスにあると、人を簡単には愛せなくなってしまうことがある。底なしの水瓶のように、愛情や注目をいくら集めても決して満足できないのだ。だが、自分の進むべき道は、自分の内側にある自己に向かっているという事実を理解すれば、どのような好機が自分に提供されているのかが見えてくることだろう。心が開かれている人は、いついかなる瞬間においても喜びを抱き、意義を感じているものだ。これは古臭い神秘主義的幻想に思われるかもしれないが、経験に基づく心理学的事実であり、さらに洞察力と忍耐力をもって心理学的手法を応用すれば、さらに自分を進歩させることも可能である。こうなれば、自分を完成させるために、もはや他に必要なものはない。なぜなら、自己とは完全なものだからだ。このモチーフは、多くの神話やおとぎ話に描かれている。自己こそが、竜が見張っている財宝、美しいお姫様の指輪に隠されている宝石、つまり容易には手に入れることのできない宝物なのである。この宝物の発見は、土星を獅子座か第5ハウスに持つ人だけの特別な使命のように思われる。土星が獅子座か第5ハウスにあると、この宝物以外のものでは決して満足できないからだ。

＊土星が射手座か第9ハウスにある時

第9ハウスは長い旅のハウスとされる。ひとつは物質的な身体による旅。もうひとつは、意識を豊かにし、知性の視野を広げるものを求める内面への旅である。この伝統的な解釈の中には、双子座－射手座軸と第3－第9ハウスの二重性が明確に現れているのではないだろうか。なぜなら、水星と関連する第3ハウスの活動が、情報収集を対象としているのに対し、木星と関連する第9ハウスの活動は、情報が最終的に視座に組み込まれた時に姿を現す意味の発見と対応しているからだ。これらは、われわれが知性と呼ぶ認識機能の二つの側面なのである。

伝統的な定義によれば、第9ハウスは「規則」のハウスでもある。旅に二種類あったように（身体の旅と知性の旅）、規則にも二種類ある。一つは、人がつくった社会の組織化に関する具体的な規則。社会を望ましい形で発展させ、その構成員に最大限の保護を与えることを目的とするものだ。もうひとつは、スピリチュアルな法則性とでも言うべきもの。これについては、まだほとんど解明されていない。というのは、この法則性が行動にどのように反映されているかは観察を通じてしか、理解することができないからだ。心理学の用語を使うなら、この法則性はユングが定義した狭い意味での元型ということになるだろう。スピリチュアルな法則性は人生の産物ではなく、単純に生命に内在しているものだ。神秘主義的な観点からすれば、生命の存在理由といえるだろう。残念ながら、心理学の他に、この法則性についてわれわれが知りうるのは神学的解釈からだけである。神学では、元型のパターンは「神の意志（Will of God）」とされ、この意志を特定の教義やイデオロギーに従って解釈しようと試みられている。この法則性が自然の本能的なパターンであれ、人間の知的で道徳的な思考の組立てであれ、生命の漠然としたパターンであれ、ここで簡潔に定義することは不可能だ。第9ハウスの領域はきわめて難解である。なぜなら、第9ハウスは生命そのものと意識に働いている法則性の直観的認識と関連しているからだ。第9ハウスを理解するには、直観の訓練が必要とされる。第9ハウスが理解できれば、人類全体にあてはまるパターンのみならず、ひとつの生命の背後にある意味をも知る手がかりになるだろう。第9ハウスはキャデントハウス［第3、6、9、12ハウスのこと］なので、伝統的に「弱い」と見なされる。だが、キャデントハウスとは、MCが明示するように、人生における有意義な理念と表現が誕生する場所なのだ。そして、第10ハウスは、第9ハウスの示す意識に蒔かれた種から育つのである。

第9ハウスは、射手座が表す興味深い二重性を示唆する、象徴的な視座に満ちている。射手座の気質からすると、人であれ、物であれ、経験であれ、額面どおりに受け取れるものは何もない。すべては、より幅広く根源的な経験や元型のシンボルなのだ。小さなものに反映された大きなものを見つめ、最も小さなものに無限の意味を求める。この絶え間のない二重性の知覚は、木星と射手座、そして第9ハウスの基本的な性質だ。木星は直観のシンボルである。ユングは、これを意識の機能（人、物、経験の本来的な意味を、分析することなく、生命全体の意味という大きな枠組の中で瞬時に捉える認識方法）と解釈した。これは古代の錬金術の格言「上なるものは下なるもののごとくある」（あまりに濫用され、陳腐になってしまったが、よく考えれば複雑な意味を次々と生み出し続けている表現である）を現代的に解釈したものだ。

第9ハウスは直観的な意味の認識に関わっているので、宗教や哲学とも関連があるということになる。個人のバースチャートでは、第9ハウスは「道（path）」との関わりの質と頻度を示している。「道」とは、心理学的にいえば個性化よりも広大な意識への道、秘教的にいえばイニシエーションへの道を意味する。用語や視点は異なるものの、この二つは互いに関連しているのだろう。これは第9ハウスの二重性の証でもある。心理学と秘教という二つの世界は、一般には対極にあると考えられているが、いずれも意味の探求という同じ領域に属しているのだ。

第9ハウスと射手座を媒体とする場合の土星は、その人の人生観全般や、人生の意味を発見する能力に明白な影響を与える傾向がある。土星に心理学的な意味を与えてシャドウや無意識の元型「トリックスター」と結びつけようと、秘教的な意味を与えてルシフェルと呼ぼうと、同じことである。土星が第9ハウスにあることによって発生する行動パターンは、圧迫、過補償、幻滅と苦痛、探求、そして結果として起こる内的な理解とコントロールという「いつもの道」をたどることになるのだ。この場合の苦痛とは信念の喪失であり、探求とは人生に確固たるものと意味を与える新しい精神的・道徳的価値の枠組へと向かうことである。また、ここで提供される機会は、心の全体像と意味を自分自身で直観的に認識する可能性と関連している。この認識は、深層心理学でいう「至高体験」を通じて得られることが多い。至高体験こそ、ユングが想定した個性化のプロセスの目標であり、その後のさまざまな発展をみせた深層心理学の目標でもある。瞑想やヨガでも、これを目的とする修行が存在する。至高体験がどのようなものであれ——一瞬の閃光として現れようが、長時間かけて徐々に増加した直観的機能の流れが一つに集約されたものであろうが——第9ハウスの土星がこの体験の可能性に関連していることに変わりはない。しかし、土星を第9ハウスか射手座に持つ人だけが、この直観的認識の流入を体験できるという意味ではない。ただ、土星をこの位置に持つ人や、土星と木星がアスペクトの関係にある人は、精神的成長を果たす上で、この認識の追求が他の人たちよりも必要になるということなのである。第9ハウスの土星が、表面的価値や神学的教義だけでは充分ではないことを示しているせいで、心がこの認識の追求に躍起になっているといえるかもしれない。土星が第9ハウスにある人は、われわれが神と呼ぶものの直接経験へと駆り立てられているのだ。

第9ハウスの土星も例によって偽装する。よくある偽装は「何も信じない人」だ。「何も信じない人」の不可知論や無神論は強迫観念のようなものであって、論理的分析や実証主義的・合理主義的気質の副産物ではない。自分をより難解なものへと駆り立てる内なる衝動に対する恐怖や反発と関連していることが多い。この傾向は、幼児期の厳格な躾や、それにともなう幻滅によって与えられることもある。第9ハウスの土星は、厳密に調整された正義感と、グループとしての人類の苦境に対する鋭い感性と関わりを持っている。しかし、抑鬱の傾向や、自分自身の未来に希望を持てない傾向があることも多い。全体としての自己に直観を介して接触することに困難を覚え、虚無感や未来に対する恐怖を抱くようになることもある。第9ハウスに土星を持つ人は、自分の辛い体験を通じて、他者によって人生や正義についての解釈を信じているだけでは不充分であることに気づく。他者の権威にひどく幻滅したため、世俗的なものであれ、スピリチュアルなものであれ、自分自身を信じる以外、いかなる権威も認められない場合も少なくない。これは、第9ハウスに土星がある場合の、幻滅と再生のプロセスの第一段階だ。その人が成長を続けるなら、シンボルとしての世界の意味合いを直観で認識する能力の発達は、自分自身が何よりも直接的で信頼できる権威となることを約束するのである。

第9ハウスの土星と厳格な躾にさらされる子供時代には、明らかなつながりがある。こういった躾や教育は、成長すると幻滅を感じるようになることが多い。その人は、現実には内的で主観的な価値を、正統的な宗教の儀式、組織、整合性の中で具体的に意味付けようと試みる。これは第9ハウスに土星がある人の典型的なパターンであり、こうすることによって精神的保証を得るのだ。その人は自分自身を認識することより、意味付けるためだけに、こういった枠組に頼るのである。教会や父親など、自分よりも上位の権威は、規則に従って人生を構築するための公式を与えてくれる。その人に期待されるのは規則への盲従であって、自分の内なる権威によって人生の法則性を理解するための内的探求を始めることではない。他者の誠実だが狭量な視野がその人自身の見解となり、結果として視野狭窄という牢獄に閉じ込められてしまう。他者の意見は役に立たず、失望することになってしまう。結局のところ、自分自身に頼るほかはなく、自分の信念の枠組を新たに構築しなければならないのだ。

土星は欧米の宗教——特にカトリック、モルモン教、ユダヤ教——と相性がよいようだ。こういった傾向を非難すべきではない。宗教は人間の内的欲求や認識に応じてつくられたものであり、時代の要請があって形成されたものだからだ。こういった傾向を問題にすべきなのは、宗教の解釈の硬直化が始まったときである。硬直化は、善意はあるが想像力のない人々によってもたらされることが多い。第9ハウスの土星が示しているのは、宗教に根源的な悪があるということではない。宗教の解釈が、やや形骸化しているということだ。宗教について、土星が特に重視するのは、規則、組織、罪、罰、知ることのできない神の意志であって、個々の人生、性質、内的な意味付け、成長については軽視する傾向がある。問題のある解釈は、両親によるものである場合が多い。土星的な倫理や信念にどっぷりとつかった子供時代は、罪の意識を育みやすいのだ。その人は、人生の内的・精神的な意味を決定する権利は自分自身にある、ということに疑いを抱くようになる。これは成長を妨げる有害な状況である。その一方で、この状況は、第9ハウスに土星を持つ人にとっては、自分の存在にまつわる謎を解こうとして、哲学や心理学を研究する誘因になることも少なくない。第9ハウスの牢獄は見えにくい。希望や信念を喪失する、あるいは視野を築く土台となる有意義な主観的関係が持てない、といった形をとることが多いようだ。土星は希望への根源的な欲求を否定することで、その人が自分の必要とする体験を自分で発見しなければならないことを示すのである。これは直接的な体験でなければ充分ではない。第9ハウスの土星のもたらす機会が目指すものはこの体験なのだ。

第9ハウスの土星の偽装は、土星がとりうる偽装の全範囲に及ぶ。つまり、合理主義的思想家の徹底した懐疑主義、狂信者の狭い視野、実践的神秘主義者の鍛練と探求、そして自分の信念を裏付けるものなら何でも信じようとする人の無防備な騙されやすさなどだ。こういった偽装の背後には、人間の存在の曖昧な領域に光を当てる知識を、じかにスピリチュアルな体験をすることを通して個人的に獲得したいという内的な衝動がある。これを「法則性との戦い」という。やや、的はずれの概念のように感じられるかもしれないが、この名称は妥当である。おそらく、この名称は、自分の内的な確信と、環境によって与えられた信念や格式ばった装いとの間に戦いがあって、本人がその戦いに巻き込まれている状況を表しているのだろう。こういった内的な価値観と外部の見解との戦いは、バースチャート上の土星のある場所では必ず発生する。土星が第9ハウスにある場合、戦いの場は、情動的価値観が加わると理想へと変容する理念の領域だ。射手座の気質は、よりどころとなる理想がなくては生きていけない。これは、第9ハウスが際立っている人についても言えることだ。そして、土星を第9ハウスに持つ人は、この傾向が独特な形で明確にあらわれる。そういう人には、よりどころとなる理想も必要だが、その背後にある理念も理解する必要がある。これは、情動が関与しないきわめて純粋な直観の産物だ。こうした直接的な理解がなければ、その人は希望を失い、抑鬱状態に陥ってしまうことだろう。あるいは、過補償のひとつである逃避を図ろうとするだろう。

第9ハウスの土星は、深遠で洞察力のある知性と関連があるとされる。土星を意識している人は、この性質を大なり小なり表現しているようだ。しかし、そのような人にしても、何の停滞もなくその状態にたどりついたわけではない。土星が知性に与える硬直化の影響から解放されるためには、真向から対立する経験をしなくてはならないのだ。その人は、きわめてスケールの大きい疑問について、きわめて貴重な解答を見出す可能性がある。それは誰の力も借りることなく、自分独りでやり遂げなければならない。土星は他者の権威を許容しないのだ。土星を第9ハウスに持つ人は、自分自身が自分自身の司祭、教皇、救世主にならねばならぬことを理解する。すべての道徳的・倫理的価値観は自分自身の内にあるからだ。その人は、正反対のものの上に張られた、一本のロープの上を歩かなくてはならない。そこで必要とされるのは、すべての道徳的・倫理的価値観は相対的なものであり、世界は本質的に道徳的である、という事実に対する鋭い感覚である。すべての理想や概念は、全体にとっては一部にすぎないのだから相対的なものであるということを悟った後も、全体の成長への奉仕をする責任はその人の肩にかかっている。これはまさしく綱渡りだ。ロープの片側に落ちれば、夢のあきらめをともなう灰色の虚無感がある。反対側に落ちれば、権威を象徴するあらゆるものとの果てしない戦いがある。そしてロープを渡り終えた先に待っているのは、射手座が最も容易に表現できる性質、すなわち喜びとともに経験される自由なのだ。

第5章　バースチャート上のアスペクト

かつての占星術では、アスペクト［惑星同士がホロスコープの上で形成する特定の角度のこと］とは円の360度を、調和と完全の数字である三、あるいは不安定と分離を表す二で分割したものとされていた。前者は「良い」アスペクトで、後者は「悪い」アスペクトと解釈されていた。古い占星術の教科書を見ると、「ひどく傷つけられた」あるいは「悪いアスペクトをなす」惑星という表現が出てくる。この表現は、その惑星が特に土星とスクエア［90度］、コンジャンクション［0度、合］、オポジション［180度］を形成しているときに多く使われていたものだ。今日では、このような善悪の発想も、かなり成熟した見地にとってかわられており、本質的に「良い」エネルギーや「悪い」エネルギーは存在しないとされている。惑星が表す心理的機能はそれぞれ相応のしかるべき位置を占めており、この機能やエネルギーの活用と表現が建設的な結果を招くか、それとも破壊的な結果を招くかは、その人の価値観の枠組次第で相対的に決定されるというのである。バースチャート上のアスペクトはいずれも、全体としての心の形成において、何らかの目的に奉仕し、何らかの働きをしている。アスペクトの中には、統合するには一層の努力が必要であったり、内なる不安を増大させるものがあるが、その人の成長と意識の発達を促進するのは、むしろこういった困難なアスペクトなのだ。美の基準が人によって異なるように、「良い」アスペクトも人によって異なる。幸福、安楽、安心こそが人生の最大の成功だと考える人もいれば、さらなる挑戦や、成長へと駆り立てるような内的な葛藤を大歓迎する人もいる。すべてのコンタクト［惑星同士がアスペクトを取ったときにこう呼ぶ］は、さらなる統合の機会をもたらすのだから、結局のところ何が重要であるかというと、二つの惑星がコンタクトするという事実なのである。中世の占星術などに見られる古い世界観では、神と悪魔が地上の支配権をめぐって戦っており、人間はその二つの超越的な力に翻弄される存在とされている。心理学では、神と悪魔は人間の内なる存在とされており、永遠の敵同士ではなく、自我と呼ばれる心的現実の二つの面と考えられている。占星術では、この二つの面は太陽と土星に関連しているようだ。

アスペクトの性質は、この二つの惑星が備えている固有のエネルギーを変化させることはない。両者のコンタクトの「吉凶」は、心にたやすく統合される種類のものなのか、意識的に調節する努力が必要なものなのかどうかを暗示するだけだ。重要なのは、コンタクトそのものなのである。バースチャート上のすべてのファクターは、他のすべてのファクターと微妙なバランスを取り合っている。自分自身を知ることができるかどうかは、自分に関する一見ランダムな情報をすべて集め、人生の目的の成就に必要なものとして機能させる能力にかかっているのだろう。心の中には、余計なものや「悪いもの」、あるいは「不運なもの」はひとつとして存在しない。不運があるとすれば、全体としての自己の価値を無視すること、あるいは、自己の価値を無視したために全体を分裂させてしまって、価値として受け入れられずに捨てた（あるいは捨てたと思っている）心の断片を放置しておくことなのだ。土星の位置に対しては、誰もがこのような態度をとってしまう傾向にある。というのは、土星の位置は、あまり思い出したくない記憶や性質に対応しているからだ。ものごとがうまく運ばないとき、悪いのは不運な人生であって自分の心ではないと考え、他者にその原因を投影してしまうとき、「思い出したくない」ことが生じるのだ。土星が取るアスペクトの大半、特にスクエアのときは、土星は外的原因とされ、周囲にある何かがその共犯者とされる。つまり、スクエアにともなう内的葛藤と不安の原因にされるということだ。土星から逃れようともがけばもがくほど、土星は猛烈に追いかけてくるのである。

つまり、コンジャンクションであろうと、スクエアであろうと、トライン［60度］であろうと、パラレル［赤緯が同じ］であろうと、あるいはクインタイル［72度］であろうと、土星は土星なのだ。土星なのだから、簡単に扱えるはずがないのである。土星の機能は成長を促進させることであり、人間を先へ先へと駆り立てるものは、フラストレーションと苦痛しかない。バースチャート上の土星のアスペクトは、どれも重い十字架である。まさにフラストレーションと限界と喪失を運命づける「凶星」だ。しかし、土星のアスペクトを好機と見ることもできる。土星がコンタクトする惑星はいずれも、その意味をより深く、そして意志をもって表現する可能性をその人に与えているのではないだろうか。そのためには価値観を入念に再検討し、他者に押しつけられたものを慎重に排除することが必要である。これは苦痛に満ちたプロセスだ。土星とアスペクトを形成している惑星は安楽な道を通ることはできないのである。人生の意味や目的を発見できるのは、「ひどく傷つけられた土星」を持っている人である場合が多い。そういう人は、内的な現実を土台に築かれた価値の探求を義務づけられているからだ。表面的な経験を重視する人に、経験の全体的な把握の重要性を教えるのは不可能である。しかし、人生を存分に生き、自分が生きていることを実感したいと願う人にとって、土星のアスペクトほど有用なものはないだろう。

＊土星と太陽のアスペクト

太陽と土星は心理学的な意味では対極に位置するように思えるが、このペアはパーソナリティというひとつの単位を構成している。二つの機能、つまり自我とシャドウは、神話においてはテーセウスとペイリトオスのように、英雄とその仲間として表現される。あるいは、パルジファルと赤の騎士のように、英雄とその仇敵として表現されることもある。真の成長へと踏み出すには、太陽と土星の機能を意識の認識の中に統合しなければならない。ところが人間の知性は、対極に位置するものを、同じ意味を持つものとして考えることに慣れていない。だから、土星に象徴される自分の闇の面が、太陽に象徴される輝かしい潜在的な可能性を解放するための道であるとは、容易には理解できないのである。

グノーシス派の教義では、イエスとサタナエルは神の双子の息子であり、いずれも世界の構築とその展開に不可欠な役割を担うとされていた。両者は人生と心の光と闇のシンボルだったのだ。現在のわれわれが考えているような、ごく狭い意味での善と悪という原理を象徴するものではなかったのである。アスペクトの有無に関わりなく、バースチャート上の太陽は常に土星に対抗する存在とされている。われわれは、太陽と土星が自分の二つの側面であることを発見しなければならない。このように認識するためには、自我の意識の観点からのみ物事を見ているようではいけない。バースチャートを別の角度から見なければならないのである。要は視点を変えることである。太陽、そしてその対極にあって補完する土星。この二者のつながり（ハウス・星座・アスペクトによるつながり）は、成長のプロセスにおいて、何らかの方向転換といった重大局面に遭遇することを示している場合が多い。太陽と土星がアスペクトを形成していたら、統合のプロセスは加速され、より緊急性を帯びると同時に、ますます困難になることだろう。全体としての心は完璧さと自己決定を激しく求めるが、これは太陽‐土星のコンタクトが存在しなければさほど必要ではないものだ。このコンタクトは、自分のパーソナリティの構成要素をもとにして、統合され研ぎ澄まされた手段を生み出し、それを意志を完成させるために用いる機会にめぐりあう人の証なのである。太陽‐土星型の人は、戦うことによって人生を生き抜いていく場合が多い。大切なもののためには努力を要することを、人生の早い段階で気づくからだ。穏やかで外交的なパーソナリティの持ち主であっても、太陽‐土星コンタクトには自分を抑えコントロールしようとするエネルギーが秘められている。その人は実に慎重で、自分を守ることに力を尽くす。人生の一撃でノックアウトされないように、人生から身を守らねばならないことに気づいているのだ。太陽‐土星型の人は義務感の強いタイプが多い。おそらく、それが自然な自己表現なのだろう。しかし、一方で奔放な子供のままでいられるチャンスが実質的に存在しないため、人生にも努力の休止を許す寛大さがあることを無条件では信じられない。このような強い自己決定という反応は、太陽が土星の司る星座にあるとき、土星が太陽の司る星座にあるとき、太陽が第10ハウスにあるとき、土星が第5ハウスにあるときにも見られる。解釈はそれぞれ微妙に異なるが、いずれも自分を自分でつくり出そうとする配置である。その人は自力で人生の意味を見出し、自分のアイデンティティを発見しなければならない。他人が見つけたものでは、決して満足できないからだ。

太陽－土星型の人は大成功をおさめることが多い。ただし、大成功がもたらされるのは、サターン・リターン［土星回帰：土星がバースチャート上の全ハウスを通過して元の場所に戻ってくること］が完了し、必要な実践的経験がなされた後のことである。その一方で、太陽－土星型の人は大失敗することも多い。アルコール依存症の人のチャートには、太陽と土星のアスペクト、特にオポジションはきわめてよく見出される。その人のコンタクトが正確なものであるなら、激しい野心を示すか、あるいは逆に野心などまるでないふうを装うことだろう。野心がないように装うというのは、土星の典型的な現れかたである。とても果たせそうもない自分の内なる野心の存在を知ってしまい、その苦痛から逃れようとするのだ。目的達成を阻む障害を乗り越える人もいるが、みずからの失敗を正当化するために無意識のうちに障害をさらに大きくしてしまう人もいるのである。どのように現れるにせよ、太陽－土星型の人はある種の有利な条件を与えられている。しかし、結局は、自分が価値を見出すもののために、努力しなければならないのである。その人は常に自分の運命の主人となる機会を与えられている。だが、その達成に満足することはめったにない。重要なのは、達成するプロセスにおいて自ら獲得する力と自己信頼、つまり、統合され、明確な形をとった意識のアイデンティティをつくり出すことなのである。その機会を活かすことができなかったら、失敗は単なる実生活での失敗よりもはるかに深刻なものとなる。失敗を受け入れられるようになるまで、相当の時間がかかる場合も少なくないのだ。

太陽‐土星のコンタクトは、たとえ調和のアスペクトであっても、子供時代の環境に問題のある場合が多い。直接的に関わっているのは父親との関係であり、父親を通じて何らかの失望を体験することが暗示されている。父親があからさまに冷淡な態度をとる。子供を拒絶する。義務、形式、物質的価値ばかりを重視する。あるいは、愛情も深く、子供にも優しく接するのだが、頼りがいのある父親の役割を演ずることができないために子供に失望をもたらすこともある。病気のために父親の役目を果たせなかったり、子供の負担になってしまう場合もあるだろう。拒絶する冷淡な父親、そして優しいが頼りない父親——この対照的な父親像に加え、両者の間に位置する父親像も考えうる。土星が形成するアスペクトの外的表現は常に不確定だからだ。だが、意味するものは常に同じである。それは、心の男性的側面、自我、意識のアイデンティティは、その人自身が新たにつくり出さねばならないということ。自分のアイデンティティを父親から受け継いだり、父親に求めたりすることはできないからだ。

太陽‐土星のコンタクトと父親‐子供の関係の破綻との関連性は、人間関係の形成において重大な影響を及ぼす。特に女性にとっては、このコンタクトの持つ意味は大きい。彼女の男性との関係、そして彼女自身の心の男性的側面との関係は、父親との関係における失望や破綻に影響されるからだ。彼女は男性に敵意を抱き、それをあからさまに表現するようになるだろう。あるいは、無意識のうちに敵意を抱いていることもある。彼女は自分の本能的な部分や感情的な部分しか表現することができない。そして、男性的な決断力や意志を、父親の代役となるパートナーに頼って生きることになるのだ。このコンタクトの心理的パターンは漠然としていることが多いが、だいたいは軋轢の発生している場所を示している。その軋轢を検証し理解すれば、彼女の関心は自ずと無意識と内的価値観の世界へと向かうことになる。洞察力をもって慎重に対処すれば、女性のチャート上における太陽‐土星のコンタクトは、意志に根ざした決断や創造することへの努力を開拓し、通常の女性の心では到達することができない全体性を育む機会を与えてくれるのだ。

男性のチャート上に太陽‐土星のコンタクトがあると、自分の能力を自分自身と父親に対して証明しなければならない場合が多い。彼は父親との関係の破綻を人格的欠陥のしるしと感じるからだ。これは野心をかき立てる動機のひとつである。多くの場合、闘争は外面に現れ、強制的な形で自分の成功を立証しなければならなくなる。だが、彼が求める成功とは、物質的なものではない。彼が求めているのは、自分の重要性を感じ、自己信頼の感覚を得ること。自分自身の男性性を受容すること――これは性的な意味ではなく、より一般的な意味での男性性だ。そして、自分の内的中心への信頼を可能にすることとなのである。太陽‐土星型の男性にとっては、一般的な男性が何のためらいもなく受け入れている自分の重要性とアイデンティティのシンボルでは不充分である。彼は、価値に関する自分の定義を発展させ、人生の方向を定め、それをコントロールする能力を経験しなければならない。矛盾しているように思えるかもしれないが、太陽‐土星のコンタクトは相続した財産と地位、そして貧困と機会の欠如という正反対のものを表している。いずれの場合でも、彼が自分の価値観とアイデンティティを現実のものとすることを望むなら、彼はそれを自力で手に入れなければならないのである。

太陽‐土星の強いコンタクトがある人は、幸福や安楽に罪の意識を覚えることがある。自己否定が必要だと感じていることさえある。自分の夢の成就が目前ともなると、軽率な判断や機能的疾患によって身の破滅を招こうとするなど、この傾向はますます激しくなるのだ。厳しい宗教教育にさらされた子供時代を過ごすと、こういった精神的な罰を自らに科すようになることがある。太陽‐土星のコンタクトが招き寄せる無慈悲な環境は、ヨブが遭遇したような無慈悲な神となって現れることがあるからだ。太陽‐土星型の人は、土星的な性格の強い宗教のシンボルに引かれることが多い。人間は神を自分自身の姿として解釈する。だから、太陽‐土星型の人の神は太陽‐土星的性質を持つのである。このような太陽‐土星のコンタクトの現れは興味深いものだが、物質的環境や父親として現れるケースでも内的な意味はみな同じである。神、父親、成功する能力、自分の役割――どのように解釈しようと、太陽‐土星のコンタクトの存在は、その人が自分のアイデンティティを独力で探し求める運命にあることを暗示しているのだ。

太陽‐土星のアスペクトの現れる形は無数にある。太陽は自己表現の形式の個人的なシンボルであるが、人間はみな異なる形式を持っているからだ。ただ、太陽と土星は相補的な性質を持つため、このコンタクトは実はごく単純なものである。太陽‐土星、金星‐火星、太陽‐月という相補的な組み合わせは、二つの機能の統合によってこそ心の必要が満たされるという、元型的単純性を暗示する。意識のアイデンティティにおける太陽‐土星のコンタクトは、まさにその一例といえよう。

＊土星と月のアスペクト

月‐土星のコンタクトについては、一般的には倹約と用心という土星の美徳にも結びつけられているものの、伝統的にはあまり評判のよいものではない。このコンタクトは、病的性質、制限と抑圧、情動的表現の抑制と困難、内向的性格、想像力の欠如などに悩むパーソナリティを示すとされる。土星が月にもたらす傷と結びつけられるこれらの性質は、ありふれたアスペクトに対するものとしては深刻にすぎると思われるかもしれないが、月-土星型のパーソナリティに対しては充分に正確な解釈である。だが、月-土星のコンタクトは悲観的ではない解釈も可能なのではないだろうか。倹約と用心も突き詰めてみれば、月-土星のアスペクトに関連する不愉快な性質の過補償なのだ。

月はその流動的で移ろいやすい性質にふさわしく、さまざまな解釈が可能である。心理学的な視点に限ってみても、月の象徴体系へと通じる意味はいくつも存在する。月が人間の心の女性的側面（感情、感覚、母、無意識あるいは心の闇の面）のシンボルであることは、ほぼ定説となっている。偉大なる月の女神は、古い神話の豊穣の女神や大地母神でもある。そして、その元型は女性による意識的な表現と、男性による無意識的な表現において大きな力を保っている。また、象徴体系、夢、雰囲気や幻想が語る言葉も月と関わりがあるのだ。人生についていえば、月は子供時代のシンボルとされる。人間の性格を育てる土台のシンボルということだ。バースチャート上の月は、子供時代の家庭の雰囲気や母親との関係を率直に語ってくれることが多い。行動についていえば、月は本能的な習慣のパターンや自然で無意識な表現方法と結びついている。月は最も抵抗の少ない道筋とされる。だから、星座、ハウス、アスペクトを通じて現れる月の性質は、親密な人間関係の中で現れたり、本能が行動を支配しているような状況で現れやすいのだ。

秘教の古い教えによれば、現世の月は前世の太陽と同じ星座に位置しているとされている。この教えは、あまりにも単純すぎて、実際の解釈にはあまり役に立たないかもしれない。転生という概念はまだ証明されていないし、転生を証明するホロスコープのパターンの情報は実質的には存在しないのだ。しかし、この教義を象徴体系の観点から考えてみるのは、それなりに意味のあることだろう。というのは、月は、その人の子供時代、遺伝的に継承したもの、ルーツとのつながりを象徴し、安心感や過去とつながっているという感覚への欲求が明確に表現される領域を示すからだ。月は、両親がどのようであったかを象徴し、そして、へその緒のつながりがもたらす安心感の代替物としての情動的調和や本能的親密さへの切望が最大になる場所を象徴しているのである。

「ソフト」なアスペクトも含め、月‐土星のコンタクトが暗示しているのは、子供時代の経験が土星の方針にそって構築されるということ、そしてそれは、義務と適切な行動が極端に重視されるということを意味する。月‐土星のコンタクトは、経済的苦境による辛い子供時代をともなうこともある。また、物質的にはありあまるほど快適だったのに、情動的表現の温かさや自発性を欠いた子供時代の場合もある。母親はほとんど感情を表に出さない人物であるか、あるいは失望の元凶となることが多い。月‐土星型の人は、遠い昔（感情を直接表現する以外に意思の伝達手段を持たない年頃）に感情のコントロール方法を学んだことを示す明確な刻印を持っている。これは情動を抑え込んでしまうということであり、陰鬱な孤独をもたらすことが多い。見かけ上の安定感があったとしても、近寄りがたい感じは容易には破られないのだ。月‐土星型の人は、外観は冷静で有能に見えるのだが、ほんとうにその見かけ通りかどうかはわからない。月‐土星のコンタクトは、自分を有能に見せようとするパーソナリティをともなうことが多いが、これは土星特有の価値観の置き換えによるものだ。他に自分を表現する方法がないため、自分を有能に見せようとする方法を発達させるほかなかったとも考えられる。月‐土星型の人は、深い孤独と渇望に悩むことも少なくない。この渇望とは、情動的な絆という安心感への渇望であり、それは血縁や継続性のイメージを与えてくれる家族でなければ満たすことのできないものだ。また、出自、伝統、現実の一組織としての家族への渇望もある。月が土星と密接なアスペクトを形成していると、家族は単なる組織以外の何物でもない場合が多い。単なる組織としての家族を重視する人は、逆説的にそういった家族に対する失望感があることが普通だ。

月‐土星型のパーソナリティの形成においては、子供時代の家庭生活が重要な意味を持つ。月と土星は、両親の影響とつながりのあるバースチャートの垂直軸［MC、IC軸］と関連するからだ。また、月と土星は、過去の経験を土台に築かれている無意識の領域や行動パターンのさまざまな面とも関連している。月‐土星のコンタクトは両親のいずれをも表しうるが、思いやりにあふれた両親を表すことはまずない。「楽しみよりも仕事」という傾向が強いことが暗示されているのである。あるいは、両親が宗教的観念に基づく厳格な道徳的雰囲気を漂わせていることもある。義務を重視する無慈悲な神を奉じる宗教システムに服している人にも、このコンタクトが見られることが多い。こういった両親は、本人たちにしてみれば悪気はないのだが、子供にとっては負担であるし、失望の原因になってしまうのである。

月‐土星のコンタクトが示す心理学的行動は男性か女性かによって異なる。また、土星の外的表現も、バースチャートの他の部分の傾向によって、土星の典型例である閉鎖的で抑制された情動的気質が現れることもあれば、土星の過補償としての感傷的で見るからに大げさに振る舞う気質が現れることもある。だが、土星が孤独によって力を育もうとすることに変わりはない。月‐土星型の人は、自分のルーツからも、心のルーツからも切り離され、自分で独自の継続性と情動的安心の感覚を発展させなければならなくなる。不幸な子供時代を送ることが多いため、楽しかった子供時代の記憶に引きこもることもできない。成長しないでもすむように、身を隠すことができる情動的な「巣」を与えてもらえるように、他者に依存することもできない。といって、自分の本能に頼れば、たいてい期待を裏切られる。こうしてその人は人生のある時点で、あることに気がつく。それは、成熟した人間になるためには、一切の退路を断たねばならないということだ。家族という組織、そして品行方正な規範は、自分を自分たらしめるのにもはや充分に機能しない。こうしてはじめて、太陽に象徴される意識的な意思決定の能力をさらに発展させる機会を得るのである。これは抵抗の少ない安楽な道がふさがれていることによるものだ。こうしてみると、バースチャート上の月‐土星のコンタクトは、その人が意識的になり自らの考えを持つ存在になりつつあることを意味していると思われる。その人の心の全体構造は、進むべき方向や行動の決定を自分の感情に頼ることを許さないからだ。

男性のチャート上の月は、パートナーとなる女性の選択に関係する。パートナーの選択には、その男性の母親の気質や、彼と母親の関係が影響を与えるからだ。彼自身の女性的側面のシンボルとしての月は、妻や恋人に投影される傾向がある。月とは、人格として表出した男性の無意識の内にある「アニマ」像を知る手がかりなのだ。また、月‐土星のコンタクトは、その男性にとっては、自分自身の無意識との関係、そして、自分の女性的側面を体現するシンボル的な女性との関係の双方に問題があることを暗示する。彼の感情的側面は無理に抑えつけられる傾向にある。抑えつけられた感情

(feeling) の代わりに、月 - 土星コンタクト特有の常に行儀のよい情緒 (sentiment) が表現されるのだ。しかし、月が常に満月や新月でありつづけることがないように、感情も常に行儀よく振る舞うということはない。月が象徴するのは感情経験の全体であり、月 - 土星型の男性はその全体性を脅かされているのである。感情を表現することのみならず認識することさえ許されないため、月 - 土星型の男性は本能的で支配的な性質の女性を引き寄せやすい。彼の心への統合を阻まれた月の女神が、彼の目の前に現実の女性となって現れるのだ。彼が内面で気分や感情のなすがままになってしまっているように、彼は女性のなすがままになってしまう。これは彼の感情の脆弱さと幼稚さによるものだ。中世の占星術師は、男性のバースチャートで土星に影響を与える月を、不幸な結婚の予兆と解釈していた。これは、ある意味で正しい解釈だといえよう。

男性のチャート上に月と土星のコンタクトがあると、さまざまな機会がもたらされる。中でも特に重要なのは、自分の感情と折り合いをつけることができる可能性だ。月 - 土星型の男性は女性のもたらす失望に苦悩する。そして、自分の感情を女性に投影し、そうすることによって感情を表現しようとするのだが、それは意味がないことを悟るのだ。これを彼は身をもって体験しなければならない。これこそが自分自身を過去の支配から解放する手段なのだ。彼は自分の感情と向かいあい、それを理解することによって、生まれ変わることができる。現実の女性を通じて自分の女性的側面を表現する普通の男性よりも、完全な人格に近づくこともできるだろう。このように、男性のチャート上にある月 - 土星のコンタクトは重要である。だが、実に多くの男性がこの試練を回避し、孤独と脆弱さを忘れるために日常的な事柄に没頭しようとする。しかし、自立という土星の贈り物は、失敗や失望の直後にもたらされる。自分自身に問いかけたり、内的な叡智や力を育てるきっかけとなるのは、失敗以外には存在しないからだ。月‐土星のコンタクトは、真の情動的自立を実現する可能性をもたらす。家族の絆がもたらす安心感は幻想にすぎない。血の絆があるからといって、情動的サポートを受ける権利があると考えることは非常に危険である。両親には先立たれ、パートナーは去っていくかもしれず、子供も成長して去っていくだろうからだ。月‐土星型の男性は、こういった外的存在を自分に縛りつけておこうとして、結局は苦痛や失望を招くことになる。しかし、内的な安定を実現し、創造と直観の源泉を掘り当てたとき、彼は他者の愛情を求めなくてもいいことに気づく。求めずとも、それを思うままに受けることができるようになる。というのは、彼は見返りとして与えることができるものの、すなわち全体的な人格を持っているからだ。

女性のチャート上に月‐土星のコンタクトがあると、一般に不健康と結びつけて解釈されるが、これは当たっているようだ。多くの場合、疾患は器質性ではなく機能性のものである。あるいは、心理学の揺籃期（現在もまだ幼児期程にしか進んでいないが）にフロイトが「ヒステリー」と命名した疾患の場合もある。通常の経路では自由に表現することのできない情動がショートし、肉体に打撃を与えるのだ。月‐土星のコンタクトがもたらす疾患は、生い立ち、義務感、拒絶されることや侮辱を受けることへの恐怖が原因となり、自分を自然に表現できない人の抑圧された感情を表していることが多い。また、情動的な失望が肉体で表現されている場合もある。いずれにせよ、この問題の原因は肉体ではなく感情にあるのだ。

月は、女性のチャート上では特に重要な惑星である。感情が意識の中で最も発達した機能であり、女性はその経路を使って自分を表現することが多いからだ。男性性のシンボルである太陽は、女性の心の中では意識されないことが多く、認識と自己表現を求める統制された意志と欲求はしばしばパートナーに投影され、パートナーによって現実のものとなる。男性もまた、自分で認識していない感情を、自分より情動的表現に富むパートナーによって現実のものとする。月‐土星のコンタクトは、感情という経路による表現が困難であることを暗示している場合が多い。そのため、女性は自分の女性性から切り離され、自分を女性だと認識できなくなってしまう。これは、子供時代における母親との関係が、拒絶、孤独、無能感という思いを育みやすいものだったことを示している場合もある。月‐土星のコンタクトがある女性は、自分自身の心の「空間」をつくり、自分の母親のイメージや役割とは全く無関係な自分自身の女性性を発見する必要がある。女性のチャート上の月‐土星のコンタクトは、ユングのいう「マザー・コンプレックス」を示している場合も多い。この用語はさまざまな形で誤用や乱用が繰り返されているが、いずれにしても、彼女の母親や母親像が膨大なエネルギーとなっていることを示すのである。子どもを産むか料理をする以外にとりえのない過度に本能的な女性。そして、自分の身体が生物学的に女であることをひどく嫌う過度に攻撃的な女性。この両極端な二種類の女性はいずれも、マザー・コンプレックスに関する心理学の解釈と、月と土星の形成するアスペクトに関連しているのだ。

月が土星とアスペクトを形成している女性は、男性の場合と同様に情動から解放される機会が与えられる。もちろん、女性の情動からの解放は男性のものとは異なるが、機会という点では基本的に同じである。真に自立した個人である女性は少ない。多くの人は自由なふうを装って過補償しているだけなのだ。自分自身の女性性や、精神的な女性性のシンボルとしての母親と、意識的な形で完全な調和を達成している女性はほとんどいないのである。月－土星のコンタクトがある女性には、この神秘を体験し、理解する可能性が与えられている。これは、心全体の発達という意味において、控え目で慎重であることよりもはるかに重要な、このコンタクトからの贈り物なのである。

＊土星と水星のアスペクト

土星とアスペクトを形成する水星は、思考の深さ、賢明で注意深く周到な知性、優れた商才を示すとされる。その一方で、ふさぎ込みやすい傾向、狭量で融通のきかない視野、すぐに言い逃れをする性癖をともなうとも考えられている。このアスペクトは、特に「ハードな」アスペクトの場合、吃音などの言語障害や、聴覚障害とも関連があるようだ。また緊密なコンジャンクション、スクエア、オポジションは、愚鈍さや知性の欠如と関わりがあるともいう。だが、水星－土星のコンタクトは、あまり重要ではないとはいわないが、他の惑星がかかわっていたり、アングル［アセンダントによって定まる四つの点、アセンダント、ディセンダント、MC、ICのこと］に位置しないかぎり、総じて対処はそれほど難しくはないとされている。

水星－土星のコンタクトが重視されるのは、人の成長のある段階、すなわち論理的思考を身につける時期だけと考えてよいだろう。この論理的思考という能力は、誰もが活用しているわけではない。つまり、このコンタクトは、火星、金星、月が土星とアスペクトを形成している時によく見られるストレスや情動的フラストレーションは、引き起こさないということだ。冷静な理性、常識、仕事や商売や知的探究への傾倒のシンボルである水星は、アスペクトの性質によらず、土星とは抵抗なく調和する傾向にある。この二つの惑星の組み合せが、機転、抜け目のなさ、交渉技術と結びつけられるのは当然といえるだろう。

ところが、実際には、このアスペクトの好ましくない面に苦しめられている人が少なくない。これは、特に知的な気質の人に顕著なようだ。その人はコミュニケーションにおいて激しいフラストレーションを覚えていたり、自分の知的能力の不足を感じていることが非常に多い。こうした感覚は、ひどくなると吃音などの原因となることもある。吃音の改善に催眠療法が有効であることからも明らかなように、吃音の原因は心理的なものなのだ。水星－土星のコンタクトは、脅えや抑制が働いたために現れる愚鈍さを示していることも多い。虚言癖もまた、水星－土星のコンタクトの悪い面のひとつである。だが、土星のことだから、こういった歪みや過補償の背後に、相応の知性、感性、複雑な性格があることは間違いないだろう。水星－土星のコンタクトの特に厄介な面を経験した人ほど、土星が与える知的な成長と輝きを手に入れる機会を活用できる可能性が高いのである。

水星は、きわめて重要な機能を象徴する惑星である。というのは、水星はバースチャートに秘められた潜在能力と外的環境との交流をはかる手段であると同時に、外的環境から情報を集収する手段を表しているからである。自己献身を重視する秘教の一派の教えによれば、知性、すなわちさかしさ《マインド》は「真実を殺す者」であるという。だが、ものごとを理解し、識別する能力を発達させないかぎり、人間は自分の経験も、自分自身についても理解することはできない、とも教える。この能力がなければ、人間は他の動物と変わらず、単なる本能の生物になってしまう。どれほどの壮健さや能力、才能に恵まれ、それを育むことができたとしても、知性の使い道を広げなければ、人間は自分の才能を他者と交流させることができないし、他者を理解することもできない。「エネルギーは思念に従う」という格言は正しいのだ。すべてのものはまず思考の段階で基本的な理念として始まり、それから現実の段階で実体となるのである。これは見かけほど難解な発想ではないのだ。水星は確立された知性を象徴する。水星なくしては、経験を覆い隠す情動の海から逃れるすべはなく、経験したことを理解することはできない。また水星は分析と識別する能力の象徴でもあるので、自分自身を理解することもできなくなってしまう。水星は二つの星座を支配しているので、バースチャート上の二つのハウスを支配していることになる。水星の意味を軽視してはならない。人は知性を発展させるとき、周囲から入手した情報を援用して思考や方向性を形成する。だが、土星が水星とアスペクトを形成しているとよくあることだが、この情報源が閉ざされていると、人生に対する態度や考えかたを発展させるには、自分の内的な認識や自分自身の経験に頼らざるをえない。これはしばしば時間を要するが、これらの認識や体験は直接的なものであるだけに、人生を理解するにはより有効な手段なのである。

水星-土星のアスペクトは、知性や確実性の不足という感覚を示す。子供時代に、両親が「子供は自分で考えることはできない」「子供自身の考えと年長者の考えが対立したときは子供は服従すべきだ」という態度だと、この傾向はますますひどくなる。子供はこういった体験を避けるようになり、やがて自分の能力を信頼できないという代償を支払うことになってしまう。水星-土星型の人は総じて学校の成績はよくないが、これは愚鈍さや独創性のなさが原因ではない。自分は愚鈍だと思い込んでいるために、失敗を犯すまいとして行動が遅くなり、その結果、周囲から知性を過小評価されてしまうのだ。水星‐土星型の人は、知的な業績を過剰に重視することで過補償をはかろうとすることもある。ただし、これは「苦もなく鮮やかに」という水星の気質ではなく、むしろ忍耐と努力の賜物だ。また子供時代に、内気さや恐怖心のために、発声に困難を覚えることもある。これは周囲への関心の欠如と見なされてしまう。あるいは、深く思考する性質を隠すために、沈黙を習慣とし、土星の特徴である寡黙さが現れることもある。さらには、恐怖のためにフラストレーションと無能感が激しくなり、それがさらに恐怖を煽り立ててしまうという「悪循環」が発生することもある。この悪循環は土星のアスペクトの典型的な問題だ。

水星‐土星のコンタクトは、不完全な教育や妨害された教育、あるいは学歴詐称としばしば関連している。水星‐土星型の気質の人には、要領がよいだけの知性の持ち主と競争させないようにして、日常生活で実践的レッスンを積ませるのが効果的である。そうすると、補完的に日常的な作業に関する能力に熟達することも少なくない。水星‐土星型の気質の人は、抽象的な概念を前にすると怖気づくことが多いため、現実的だが想像力のない人間に育つこともある。自分よりもよい教育を受けていたり、自分よりも知性のある人物に出会うと、居心地が悪いように感じてしまう。そして、自分よりも有能な知性を無意識に恐れ、それから身を守るため、しばしば冷笑的な態度をとるのである。水星‐土星型の人にとっては努力以外の方法で何かを習得することは難しい。どのような情報であっても、実際に自分で体験し、完全に理解するまでは、それを信用しようとはしない。この傾向は科学的態度と共通しているため、現代人には受け入れやすいものだろう。ところが、水星‐土星型の人は経験を無理に画鋲で止めようとするので、経験の持つ本来の意味が失われてしまうことが多い。概念や事実の背後に隠された意味の直観的認識と知性とを結ぶ橋を土星がふさいでいるために、真の意味付けと理解ができないのである。これは水星‐土星型の人にとって、最も厄介な問題だ。知識を習得し、完璧な教養を身につけても、形式の背後にある生命は失われてしまうのだ。

バースチャート上に強い水星‐土星のコンタクトがあると、単に経験を通じて実践的知識を積み重ねることではなく、深い意味での自己教育の機会を暗示していると考えられる。形式の積み重ねに埋もれた意味の骨格を探求したい――この内的な動機を土星は象徴しているのである。そして、すべての体験の真理や意味を見出したいという衝動は、水星‐土星のコンタクトの影響下にある認識の領域に向けられている。概念や感情やものごとを理解するというのは、それらの正体を突き止め、分類することを意味する。つまり、意識の中の適切な場所に置き、使用する時に備えて正しいラベルを貼っておくということだ。この情報処理のメカニズムの内部を観察すると、毎日の生活や生涯を通じて人が常に行なっている、経験を関連づけ分類する際の高速ネットワークを知ることができる。凡庸な人は、経験をあらかじめ構築された既存の枠組に沿って意味付けるが、思慮深い人は、こうした枠組を使わず自らの認識力で人生を評価するのである。

この枠組は、必然的に限界のある自分自身の経験ではなく、自分のものとして取り入れた他者の経験で構築されている。そこでは、もはや経験そのものの意味は失われている。その経験は集団の中でのみ喚起され、集団にアイデンティティを与える。思考に悪影響を与えるのは情動であり、張りめぐらされた幻想の網が取り払われた時、現実に機能しているメカニズムを理解することができる。おおかたの人の思考は思考ではなく意見であり、その場合、水星は独立した創造手段ではなく、他者の意見の単なる貯蔵庫になってしまっている。そして、おおかたの人は意見を持っており、これらの意見は自由に入手したり授与することが可能だ。だが、独創的に考えたり、情動的価値基準ではなく、個々の経験に内在する意味に基づいた独自の枠組を構築する方法を知っている人は非常に少ない。人間の心の全体性を垣間見るための手段である知的な能力と、直観的な能力の間に橋をかけることは、思考にとって真の自由を意味する。水星‐土星が強いアスペクトを形成する人は、他者の意見を真実として蓄積するという通常の方法は取れないので、自分にとっての真実を努力によってゆっくりと蓄積していくことになる。程度の相違はあるものの、他者とのコミュニケーションの自由な流れが閉ざされているため、自分自身の枠組を築かざるをえないのだ。その人は現実的で、想像力が欠けているようにも見えるが、幻想に対して鋭い感覚を持っている。真実が微妙に相対的なものであることを捉える感性は、その人を正反対の行動パターンへと強制的に追い込むため、その人は「強迫的嘘つき」になる。その人は真の知識の枠組を意識的に求めるものの、あまりにも努力が必要なために絶望することになる。あるいは、優秀な政治家のように意見を操作する達人になったものの、土星からの叱咤に耐え続けねばならなくなる。絶対的な真実や偽りというものはなく、真実と偽りの間に直観力の解放へと至る細いロープが張られているのだ――こういって土星は叱咤するのである。

水星‐土星のコンタクトを理解することは困難であるが、さらなる研究が必要だろう。このコンタクトは、知性を分類の手段としてではなく、完全に異なる方法で使用する機会をもたらすからだ。形式の背後にある意味に集中し、それを理解する鍛練を積んだ指向性のある知性ならば、それを内面へと向かわせ、心の奥底の闇を探らせることができる。自分自身の心の奥底を理解する手段は他にはないのだ。しかし、この方向に発達した知性は、もはや単なる評価を下す手段ではなく、独立した観察者となる。知性が単なる意見で満たされたとき、水星は「現実を殺すもの」となる。これは「価値とは相対的なものである」と認識することであり、この認識には独特の苦痛をともなうのである。この苦痛は、情動的フラストレーションが個人的なものであるという意味での個人的な苦痛とは違う。しかし、情動的ではなく知的な方向へ進もうとしている人にとって、このコンタクトの持つ意味は大きい。真実と偽りとを区別する標識が存在しなくなったとき、その人は自分の内面をさらに深く探究し、自分自身にとっては何が真実で何が偽りかを決定せねばならなくなる。限りない自由は、この決定を引き受ける責任を受容することにかかっているのである。

＊土星と金星のアスペクト

土星と金星のコンタクトが、内省や自己理解に向かおうとしない人のバースチャートにあると、このコンタクトの対処には相当の苦痛をともなうことになる。この傾向は、特に女性に強く認められる。伝統的な解釈によれば、男性にせよ、女性にせよ、このコンタクトは結婚や恋愛の破綻や不幸を暗示するとされている。結婚や恋愛の破綻により、幻滅、苦々しさ、恐怖、拒絶に対して極度の神経過敏が残る。その結果、以後、どのようなロマンティックな出会いがあろうとも、その人は何も信じることができず、身を遠ざけてしまうというのだ。この解釈は当たっているとみてよいだろう。だが、この行動パターンを解読する手がかりは、最初の失敗（これは実につらいものである）だけではない。子供時代や、両親、特に異性の親との関係に、さらに重要な鍵が隠されているのだ。これは、以前からすでに指摘されていることで、決して新しい解釈ではない。土星は両親と関連するため、土星と個人的惑星のコンタクトはすべて、この性質を帯びているのである。

金星は、一般的な意味での幸福、平穏、自分や周囲との調和などを実現できる能力に大きな影響を与える。金星‐土星の組み合せほど、人間の幸福の破壊者となるアスペクトはないだろう。そこにはいたらないまでも、このアスペクトは、拭い去れない不満感、「自分は決して幸福にはなれないのだ」「人生に楽しいことなんて何もない」といった感情を抱かせるのである。このコンタクトは、たとえトラインやセクスタイルといった「調和」のアスペクトであっても、女性は自分自身の女性性や女性としての価値に対する基本的態度を攻撃され、男性は女性に対する基本的な態度が影響を受けることになる。秘教を奉じる人は、個人的な人間関係はスピリチュアルなものの探求においてはさほど重要ではないと主張することだろう。しかし、金星‐土星のコンタクトを持つ人の場合、孤独と拒絶はその人の一生を台無しにしかねないのだ。チャート上のディセンダントによって象徴される人間関係の大切さは、決して軽視してはならないのである。ディセンダントはチャート上の重要な要素のひとつなので、その人の人生においても重要な意味をもつ。太陽‐土星のコンタクトは、自分自身の意味や人生における役割が問題となる、きわめて抽象的で広大な舞台背景を持っている。それに対し、金星‐土星のコンタクトの舞台は密接な人間関係の領域であり、このアスペクトの弊害は最終的にはベッドルームというプライベートな空間にまで及ぶことも少なくない。金星‐土星のアスペクトは深刻な不幸と孤立をともなうことがあるが、その埋め合わせとして、欲求ではなく、完全な相互の理解と自由な選択に基づく、深く有意義で永続的な関係が築かれる大きな可能性がある。このコンタクトを持つ人は、結合の神秘を手に入れることができるのだ。その人は多くのものを失うかもしれない。人生の大半をパートナーなしで、あるいは真のパートナー関係なしで過ごさなければならなくなるかもしれない。しかし、永遠に続く真の関係への鍵はその人の手の内にある。天秤座は土星が高揚《エギザルト》する星座であり、金星‐土星のコンタクトはそれに近いのだ。いや、人間関係こそ自己認識と成長への道であるということは、むしろこのコンタクトのほうが雄弁に語っているのではないだろうか。

金星‐土星のコンタクトと性的抑制、特に不感症など性的防衛との関連性については、めったに言及されることがない。「愛の悲しみ」という言葉には、こういった悲しい経験も当然のように含まれると考えられているからだ。だが、金星‐土星のコンタクトは、自分に対して正直であろうと努力しないかぎり、建設的な方法で意識的に活用することはできない。土星が形成するすべてのアスペクトに言えることだが、無意識の働きには、その人の意識的なパーソナリティや努力に対する相補的な態度や感情、あるいは正反対の態度や感情を取らせるようしむける傾向があることを考慮する必要がある。金星‐土星型の人がセクシーで情熱的に見られたいと熱望しても、無意識の中にはすべてを犠牲にして身を守らねばならぬほど激しい恐怖が潜んでいるのだ。

金星‐土星の組み合せは、子供時代の家庭生活における情動的な激しい苦痛と拒絶を示している。これは、誰も互いに触れ合おうとはせず、愛情や思いやりを表に出そうとしない家庭といった形で鮮明に現れることもある。また、スキンシップもあり、山のようなプレゼントが与えられ、物質的快適さを整えようという努力が払われているにもかかわらず、子供を真に理解し、愛することがない家庭のような、ちょっと見ただけではわかりにくい形で現れることもある。このアスペクトがあると、親は「自分の子供だから」という理由だけで子供を愛しているに過ぎず、その子供の個性を本当に評価して、好意を抱いているわけではないのだ。この種の「愛」は、金星‐土星のコンタクトと関連していることが多い。これは、責任を負うことを望んだからではなく、「誰でもすることだから」という理由で子供をもうけた親に特に多く見られる。金星‐土星型には、この他にも似たような複雑なパターンがいくつもあるが、いずれの場合も真の愛が欠けた家庭が関わっており、片方もしくは両方の親から無意識のうちに敵視されることを示している場合も少なくない。その子供は、どれほど罪悪感を覚えようが、家庭に混乱を起こそうが、独り立ちできる年になったら、できるだけ早いうちに両親から離れた方がよいだろう。家族という檻にとどまっている期間が長くなればなるほど、あとで強い無力感を抱くようになるからだ。

金星は「愛情を表現し、それを受ける」という能力を象徴するが、その能力は、子供時代に本当に愛されたことがほとんどなかったため、歪んでしまうことが多い。その人は身を守ることが習性になってしまっている。そして、やがて異性との関係を作ろうとするときに、自分の歪みを元に戻せなくなっていることに気づくのである。その人には「愛されたい」という、強迫的な激しい欲求があるが、これは土星の特徴である冷淡さや防御と同じく、金星‐土星のコンタクトにともなうものだ。また、このコンタクトの持ち主は、「愛されていない」という感覚を抱くことも多く、その結果、愛情を表現することに困難を覚えるようになるとも解釈されている。その人に可能な愛情表現とは、少しばかり高圧的で、時として所有権を主張し、満足はしないが過度に敏感で傷つきやすいという、三、四歳の子供によく見られるような方法だけだ。このように愛情が麻痺し、幼児のように不器用な状態にとどまってしまう一方で、防衛メカニズムなど他の気質はそれを取り囲むように成長してしまう。金星‐土星のコンタクトがあると、幸福を探求しているうちに、苦痛をともなわない愛を追求する横道に迷い込んでしまうため、相当に洗練された愛情表現という形をとることもある。しかし、この領域における情動は、実質的には子供の頃のままなのだ。

自分が望まれていないことを恐れるあまり、破壊的な行動をとったり、人を悩ませたり、すねたり、泣きわめいたりすることで、愛情への欲求を表現する子供は珍しくない。この構図を金星‐土星型の大人に当てはめ、冷淡さを装う技術を付け加えてみると、その人の特異な情動を理解するための手がかりが得られる。もちろん、金星‐土星型の大人すべてが、そのように行動するわけではない。だが、自分を美しく飾ったり、自己顕示的な振る舞いで重々しさを装っていても、こういった気配は確かに存在するのだ。男性の場合、人と触れあうことに対する脆弱さを表面に出す人は非常に少ない。現代社会では、男性が愛されないことへ恐怖感を持っていると認めることは、とうてい許されないからだ。そこで、彼は、金星‐土星型の伝統的な外観を好んで身にまとうことが多くなるのである。他者の情動的な痛みに心を動かされない冷淡さ。どれほどの保証があっても最後は必ず裏切られると思ってしまう、疑い深さや嫉妬深さ。口汚く、依存心が強く、相手にするに値しないような人への忠誠心。子供時代の彼が人間関係において情動的成長を妨げられていたことを考えれば、誰かを愛することができないという、このアスペクトの解釈の背後に隠された意味がわかってくるはずだ。われわれが「愛」と呼ぶものは、現実には欲求と情緒の表現であり、それは、子供時代に自分の目で見て、経験しておかねばならないものであるということだ。金星‐土星型の男性は、情緒の世界に直面すると不器用になってしまうことが多い。そのような世界には慣れていないので、ひどく落ち着かなくなってしまうのだ。その人にとって愛とは犠牲とつながるものなので、愛そのものを避けるか、さもなければ愛に必要不可欠と信じている犠牲に自分自身（あるいはパートナー）をしてしまうだろう。

女性のホロスコープにある金星は、愛のシンボルであるのみならず、女性性そのもののシンボルでもある。この女性性とは、月の支配領域である女性性の身体的側面ではなく、美、調和、優雅、魅力を表す理想のパートナー像である。金星は母親ではなく高級娼婦の元型であり、この二つの顔（金星と月）は一体となって個人的レベルでの女性の原理を象徴する。金星‐土星のコンタクトは、女性（社会的な定義と彼女自身の内的な定義の両方の意味において）としての自信に影響を及ぼすので、金星‐土星型の女性はビジネスという競争世界に身を置き、人の上に立つことが多い。彼女が成功へ駆りたてられるのは、仕事そのものや責任を負うこと、創造的自己表現などを愛しているからだけではなく、自分は女性らしい能力を全く発揮することができないと感じているためでもある。彼女には、男性性の支配する世界しか残されていないのだ。金星‐土星のコンタクトを持つ女性は、それに無意識なままだと、自己の中心を発見し、真に解放された女性と自分を同一視できない。むしろ「女性として振る舞うことはできない」と思い込んでいるため、女性であることを恐れる場合が多いようだ。この二つの女性像は外見上はよく似ていることが多いのだが、典型的な金星‐土星型の女性は、どれほど魅力的な容姿でも、強い劣等感を抱き、自分は魅力がないと思い込んでいる。また、モデルとして活躍したり、現代版の高級娼婦（昔日の高級娼婦ほど魅力的ではないにせよ）となる女性も少なくない。彼女たちにとって、愛され、賛美され、美しいと思われることは、他人には窺い知ることができないほど大切なことなのだ。これは解放ではなく、むしろ恐怖の虜になっているようなものである。金星‐土星のアスペクトが、同性から嫌われる女性をつくり出すという評価を得ているのも当然だろう。自分の内にある女性性を蔑み、恐れるため、他の女性の憤慨や恐怖を買ってしまうのである。

売春は金星‐土星の極端な面を象徴しており、常に孤独がつきまとうことから、この現れかたは女性にとって最もつらい形といえるだろう。独身主義の女性は、この対極に位置するように見えるが、実際には見かけほど対照的なものではない。いずれも、自分の行動パターンのもとになっているものの自覚がないまま、深い情動的な関わりという苦痛から逃れる方法を見出した、という点で同じなのだ。土星が要求する意味での「愛する」ということは、何かを犠牲にすることである。なぜなら、土星の求める愛は、幻想を抱くことも、個人的欲求の充足に基づいたものであることも許さないからだ。金星‐土星のアスペクトを持つ人の多くは、愛というものの深い部分を発展させ、人間関係のより有意義な側面について学ぶ機会が与えられていながら、代償を払うことを恐れているのである。売春婦にせよ、独身主義の女性にせよ、現代の専業主婦が体現している金星‐土星型の典型的な女性とも共通する部分がある。専業主婦は、家や自動車を持ち、結婚生活が破綻しても生活費を受け取れる保障がある、という安心と引き替えに、自分の魂と夢を売っているのだ。彼女がパートナーを選んだのは、愛しているからではない。その関係に意味を見出したからでもない。この人なら安全で、自分を傷つけたり、自分の脆弱さを痛感させることはないという理由からなのだ。土星のもたらす負債の支払いを逃れた女性たちに、怒れる神の罰が下ることはない。目的のない人生に対する永遠のフラストレーションと孤独感だけで、支払いは十分なのだ。

土星は過補償を行なうことがあるが、金星とコンタクトを形成している場合でも、実質的に孤独な状態にあるために、フラストレーションを引き起こすことがある。これは、金星‐土星型の人にとって、パートナーが情動的、精神的、身体的に「劣って」いるため、負担となっているような場合に見られる。金星‐土星型の女性の場合、夫や恋人が軽蔑の対象となったり、不幸の元凶となったりして、負担になってしまうことが多い。だが、彼女は夫や恋人の元を去らず、そのパートナーと関係を続けている口実を並べ立てる。みずから科した受難というのは、金星‐土星のコンタクトがもたらす典型的なものだ。「私は彼に何でも与えているのに、彼は私を虐待するだけだ」という嘆きは、金星と土星がアスペクトを形成している女性が必ず口にする言葉である。こういった状況において、金星‐土星のコンタクトが、その人を欺く性質があらわになる。この種の心理パターンからその動機を読みとるのは、濁った湖の底を見ようとするのと同じくらいに難しい。良い結果が得られるのではないかと、金星‐土星のアスペクトに取り組むには勇気がいるのだ。だが、このアスペクトの現れかたはあまりにも不愉快なので、隠された勇気の源を引き出すには技術も必要である。最も大切なのは、土星の求める責任を引き受けることなのだ。どの土星のコンタクトについてもいえることだが、「愛の悲しみ」は気紛れな運命の無慈悲な手によるものではなく、自分の無意識のパターンに対して自然に反応した結果なのだから。

金星‐土星のコンタクトにともなう精神的葛藤を考えると、このコンタクトに良い面は存在しないように思えるかもしれない。しかし、少なくとも土星については、与える苦痛に比例して恩恵をもたらすという法則があるようだ。金星‐土星のアスペクト、中でもコンジャンクション、スクエア、オポジションのある人は、難しい問題を抱えることになる。特に本質的に感性が鋭い人やロマンティックな人にとって、このアスペクトは非常につらいものだ。その人が、自分の味わう失望のパターンをつくり出すのに手を貸してきた自分自身の内部にある動機を率直に見つめるなら、その人は自分についてだけでなく、愛や人間関係について、実に多くのことを学ぶだろう。こうして得られた知識は、自分の無意識を他者へ投影することを最小限にとどめ、最大限に誠意を発揮することによって、完全に意識された自由な関係を築く助力となる。自由に心から愛する人だけが、金星とアスペクトを形成する土星からの贈り物の価値を理解できるのだ。まずは、自分自身を愛せるようになることが大切なのである。

金星‐土星のコンタクトのある男性は、女性の場合ほど問題を抱えることはないだろう。だが、男性の場合、このアスペクトは女性全般に対する不信感を象徴していることが多い。「安心できるパートナー」という典型的なパターンが成就され、義務と言いつつも、現実には受難と呼ぶべき状態が発生するのである。女性に対して激しい怒りや敵意を抱いていることもあるが、その怒りの背後には女性に対する恐怖がある。このタイプの男性は、女性を支配下に置くことで安心感を保っているため、知性や個性を表現する女性に対しては嫌悪感を抱く。だから、このアスペクトは女性解放運動の嫌悪する「男性優越主義」へと向かいやすいのである。その一方で、女性解放運動の過激派が、やはり金星‐土星のアスペクトを持つ女性だというのは皮肉としかいいようがない。宇宙は無限の寛大さと忍耐をもって、「類は友を呼ぶ」ということをわれわれに教えてくれているのだ。

金星‐土星のコンタクトは、さまざまな意味できわめて重要である。このコンタクトの発揮する力を充分に理解するためにも、その微妙な意味合いの探究は無意味なことではない。このアスペクトをバースチャート上に持つ人は、明確な徴候を持っていることが多い。また、占星術の正統的な解釈では金星は大きな力を持たない個人的惑星とされているが、金星－土星の強いコンタクトとなると、その人の全体的な人格を形成してしまうこともある。この事実は、金星が伝統的に考えられてきた以上に重要な惑星で、装飾や愛情よりも深い意味を持っていることを意味しているのではないだろうか。秘教の教えによれば、金星は地球の双子の姉妹、あるいは第二の自我を表し、二一世紀には、占星術においても、シンボルとしても、はるかに大きな力を持つようになるとされている。この教えの真偽について、現時点では証明する方法はない。だが、現代の通説に逆行するようではあるが、有意義な人間関係（それを結婚と呼ぼうが呼ぶまいが）は、金星が象徴する実際の経験と内的な現実という二つの側面から見ても、人生や心の成長にとってきわめて重要な意味を持っている。神話や伝説、錬金術の「結合（coniunctio）」や太陽と月の結婚などを通観すれば、結合と統合のシンボルとして結婚という儀式が、心にとっていかに大きな意味を持つか、感じ取ることができるだろう。宗教的理由からこの関係を避ける人であっても、適切な精神的代替関係は見つけるべきだ。だから修道女は「キリストの花嫁」となり、司祭は「母なる教会（Mother Church）」に仕えるのだ。人間が最も無防備になるのは人間関係においてであり、ゆえに人間は人間関係によって成長と自己認識を推し進めることができるのである。前にも述べたように、土星は天秤座で高揚《エギザルト》する。この影響力は土星が第7ハウスにある時や、金星とアスペクトを形成している時にも、いくらか反映されるようだ。愛と自由な選択に基づく人間関係を築く道は、最も難解な秘教的規律と同様に意味があり、また困難な道なのである。

＊土星と火星のアスペクト

土星‐火星のコンタクトが良い解釈をされることはない。中世には残忍さとサディズムのシンボルとされ、現代でも同じように考える占星術家は少なくない。この配置がもたらす気質の例として、必ずヒトラーのチャートが挙げられる。MCの獅子座にある土星と第7ハウスの牡牛座にある火星が形成するスクエアが突出した、有名なチャートだ。最近では、このアスペクトの明るい面、あるいは建設的な面に注目する理にかなった分析も行なわれ始めている。その結果、火星‐土星のコンタクトは「外在化」しやすく、その人が他者から残忍な扱いを受けるという形で現れる可能性が指摘されるようになった。それでも全般的に見れば、このコンタクトはその人の精神的・身体的な残忍さ、あるいは無情さを示すと考えられている。「投影」という言葉を「外在化」に置き換えてみれば、火星‐土星型の人に対して他者が示す残忍さもまた、その人自身の心の一部だといえるだろう。だからこそ、その人は自分の人生にその残忍さを引き入れることになったのだ。調和のアスペクトを形成する火星と土星は、巧みに組織する力とコントロールされた意志をともなうにもかかわらず、冷淡で利己主義的な気質と評価されてしまう。火星‐土星のコンタクトは、大凶星（土星）と小凶星（火星）の組み合せにふさわしく、無謀さ、事故、暴力、権威者との争いを起こしやすい傾向、敵意や悪意を抱くことを好む性癖などと関連している。火星‐土星のコンタクトが、このようにさまざまな形で多くの人に現れていることを示す出来事は充分に存在する。しかし、だからといって被害を受けたときに、このコンタクトのせいにして、誰かを責めたてることの言いわけにならない。土星が形成する他のアスペクトと同様に、このアスペクトも激しい恐怖をもたらすが、同時に価値観と理解をさらに育む機会をも提供しているのだ。

火星‐土星のアスペクトは、金星‐土星のアスペクトが女性のチャートにおいて問題になるように、男性のチャートに存在する場合のほうが扱いは難しくなる。伝統的に火星と金星が男性性と女性性のシンボルであること、そして、女性のチャート上の火星は、その女性の男性的側面を表しており、自分の意識的表現に組み込まれるより、現実の男性に投影されてしまうほうが多いことを考えれば、これは当然といえよう。男性のチャート上の金星は、その男性の女性的側面を表しており、生涯にわたって現実の女性に投影されることになる。だが、男性にとっての火星は、自分自身の性のシンボルである。その男性が考える自分の男性としての役割、特に性的行為における振る舞いは、一般に火星のある位置が象徴する性質と一致する。ならば、火星に対する土星の影響は、男性としての自分自身を受け入れることと、恋人、侵略者、征服者、指導者としての自分自身への信頼感において明白になると言えるだろう。つまり、フラストレーションをこの部分に感じるということだ。太陽は壮大な創造の原理のシンボルだが、火星は同様の原理の個人的で身体的なシンボルである。現代社会においては、男性性の概念はすっかり歪められ、凡庸でたいていは滑稽な誇示の道具にされてしまった。しかし、心的な事実としての男性性の性質は、それが男性の中にあろうが、女性の中にあろうが、あるいは無生物の中にあろうが、決して力を失っていない。火星が土星とアスペクトを形成していると、この根源的な男性性の原理は常に完全な表現を妨げられることになる。火星‐土星のアスペクトがあると、男性は自分が男性未満の存在であると無意識のうちに感じてしまうのだ。この状態から脱するには、自分は無力だという思いを克服し、自分の男性らしさの意味をより深く理解する必要がある。

　このように考えると、火星-土星の特徴である残忍さと冷酷さも過補償と解釈することができる。そのように解釈したとしても、きわめて不愉快な性質であることに変わりはないが、道徳的に批難すべき問題にはならなくなるだろう。自分を残忍さや冷酷さで表現していたとしても、それを強いられているのであって、好んでやっているわけではないからだ。火星-土星のコンタクトは、やっかいな副作用をともなっている。それは激しい内的フラストレーションと、「自分は軟弱で非力だ」という感情だ。そして、他者の意思を押しつけられ、コントロールされることを恐れるあまり、逆に自分から他者に意見を押しつけようとしてしまうのである。これは、意思を暴力的に押しつける場合もあれば、知性《マインド》を操作するという巧妙な形を取ることもあるだろう。情動の支配として現れることもあるかもしれない。このように、火星-土星のコンタクトは、最も悪い意味での誇張された男性性を暗示しているのだ。

　火星-土星のアスペクトがあると、極端に受身になり、自分の権利を守るための戦いを嫌がるという、前述の例とは正反対の行動を取ることも少なくないようだ。このタイプは、常に他者からの執拗な圧力に屈し、自分の権利を主張できなくなるため、他者に利用されやすい。この形で火星-土星のコンタクトが現れると、男性は女性に支配され、あるいは、そのおとなしさのために肉親の女性から可愛がられることになる。その男性は根深いフラストレーション、怒り、不公平感を内部に抱えており、それはやがて説明できない怒りや暴力の爆発となって現れるのだ。「まさか、そんな男だったなんて。とても感じのよさそうな人だったのに」ということになるのである。また、フラストレーションが内部でわだかまるため、病気、あるいは自己破壊的な傾向という形で、自分自身に攻撃の矛先が向けられることもある。

土星が形成する他のコンタクトと同様に、火星 - 土星のコンタクトもまた、両親と関連があるようだ。火星 - 土星型の人の行動パターンを理解する鍵は、子供時代に潜んでいることが少なくない。幼いころ、親の手によって意志を挫かれる。あるいは、父親の蛮行にさらされる。父親は「俺がそういうのだからそうしろ」という愚かな権威を象徴している場合が多い。そのため、火星 - 土星型の人が成長すると、この種の権威に敵意を抱くようになる。厳しい規律、責任の負担、厳格な宗教教育、罪の意識を抱かせるように仕組まれたひそかな情動的支配により、無力にされたり、自由を制限されることも多い。また、幼いうちの性的好奇心が、抑圧や懲罰の対象となることも少なくない。

火星 - 土星のアスペクトがあると、男性も女性も子供時代に身体的虐待を受けている場合がある。成長してから起こる性的な抑制や困難は、子供時代の辛い経験の代償だ。意志を抑えられていたために、「自分には意志がない」、あるいは「自分の意志は役に立たない」と感じることが多く、そのために意志という概念が過度に重要になってしまう。その人は、外部からの支配に身を委ね続けるか、あるいは、自尊心が危機にさらされるため、きわめて残忍に反撃するかのどちらかだ。火星 - 土星型の男性は「攻撃は最大の防御」という態度を取り続けることが多いが、その根底には苛酷な経験がある。自慢屋であるにせよ、臆病者であるにせよ、このアスペクトを持つ男性が「自分には意志が欠けている」「男性として機能する能力が欠けている」という苦悩の感情を抱えていることに変わりはない。彼は女性を虐待したり、女性を性的に征服する対象として扱う。こうすることによって、自信を強く持つことができるからだ。だが、このような振る舞いから彼が本当の内的自信を感じることはまずない。火星‐土星型の人が、自分自身や自分の人生をコントロールしているという感覚を抱くようになることはまずないのである。

火星‐土星のコンタクトは、性的表現において代償を強要する。これは男性と女性のどちらについてもいえるようだ。火星‐土星型の人の性的行為は支配権の主張のシンボルとなるため、そこには深い意味での歓喜や交流はなく、結果として、フラストレーションが生じることも少なくない。この形で表現される火星‐土星のアスペクトは、金星‐土星のコンタクトと同様に、セックスは肉体とはほとんど関係がないことを意味している。なぜなら、両方のアスペクトと関連する性的抑制は、そもそも情動的なものであり、生物学的な根拠は何もないからだ。この抑制は拒絶・支配・失敗に対する恐怖からくるのである。金星‐土星のアスペクトが不感症と関係があるように、火星‐土星のアスペクトは性的不能と何らかの関係がある。この二つのアスペクトは、さまざまな形で置き換えることができ、引き起こすパターンも似通っている。太陽と月のように、金星と火星もまた一つの心の二つの側面だからだ。

火星と土星が形成するアスペクト、中でも「ハードな」アスペクトは、対処がさらに難しくなる傾向にある。それは、現代社会で社交的魅力が重視されるようになった結果、大昔から人類が行なってきた性別によるロール・プレイングが、完全に表面的なものになってしまったためだ。たしかに、人間の集合的意識は、かつては有効だった厳格な境界線を超えて、ゆっくりと成長し始めた。だが社会的慣習は、この緩慢だが着実な成長に連動して変化するわけではない。強い火星‐土星のコンタクトを持つ男性は、社会が慣習的に求める冷静でありながら攻撃的という役割に馴染めないのである。彼は土星の影響によって自分の内側へと駆り立てられる。自分の生物学的・心理学的男性性の深淵と意味を探究し、心の中にある男性性と女性性の適切なバランスを知るためだ。しかし、このような内観的な姿勢をとることは、現代の男性には受け入れられない。この探究を受け入れた男性は神経症と見なされてしまうからである。自分の意志と目的の表現手段を否定されてしまったら、当然ながら火星－土星のコンタクトにともなう焦燥や激昂は表出しやすくなってしまう。土星は、個人的な意志や力と支配といったものを、より深く理解する機会を提供する。だが、社会的慣習が、この機会の発見を妨げているのである。彼は自分のために広げられた見せかけだけの衣装を受け入れることができない。試着してみたところで意味はないことを知っているからだ。だが、彼は、この失望に代わるものとして、自分自身のセクシュアリティに対する新たな価値観を発見するだろう。自分を外部の世界に表現することが困難であることに気づけば、彼は自分自身の内部（内なる女性的心の世界）へと向かわざるをえない。そして、これは失敗ではなく、偉大な成功であることに気づくのだ。なぜなら、彼はもはや、自分が男性であることを自分自身に対して証明するために他者を支配する必要がないからである。

＊土星と木星のアスペクト

マーク・エドモンド・ジョーンズは、木星－土星のスクエアを「人生がずっとラストチャンス」のシンボルと呼んだ。木星と土星は個人的な惑星でも超個人的な惑星でもない。このような二つの惑星が形成するコンタクトは、運命論的な様相を呈するのではないだろうか。運命論とは言わないまでも、その人の直観的認識と、自由な選択を混乱させがちな経験的観察との分裂とはいえるだろう。土星と木星は、対極にあるにもかかわらず、心的経験の一つの単位、一つの元型、人間の性質の基本面を構成する一対と見なされている。だが、「すべての惑星は土星の対極にある」という解釈が登場し、カメレオンのような土星の性質を最も明確に表す論理的な仮説として、実証的研究が進められている。いうなれば、土星はすべての惑星のあらさがし役といったところだろうか。

惑星と神話の関連性を調べると、必ず興味深い事実が見つかるものだ。なぜなら、神話には、特定の文化の趣向や価値観といった装飾的要素を排除した、人間の経験の骨格が隠されているからだ。木星は太陽の代理となるものであり、知的な経路に向けられた太陽の創造的エネルギーを象徴している。神話のオリュンポス山を支配する神はユピテル（Jupiter＝木星）であり、太陽のシンボルはいささか影が薄い。エジプトのファラオ、イクナートンの時代に最後の絶頂期を迎えた太陽神は、ヘリオスとアポロンという、神としては低い座に追いやられてしまったのだ。崇拝の中心が、古い太陽信仰から、神々と人々の主神ユピテル（木星）という限定された存在へと移動したのは、おそらく人間の集合的無意識の中で何を重視するかが変化したことの反映だろう。人間の心で価値観の移動があれば、それは必ず神話に反映されるものなのだ。生命を支配する広範で非人格的なエネルギーから、神性と人間性の両面を統合した人間に近い神という元型への価値観の移行には、重要な意味がある。ユピテルとは一種の太陽神、つまり基本的に家父長制社会の集合的無意識から現れた家父長的な空の神なのだ。より正確にいえば、木星も太陽もこの神聖な人間、つまり人間が到達しうる最高の成功のシンボルとなる、天界の存在の元型といえるだろう。そして、木星のほうが太陽よりも到達が容易というわけだ。

神話では、ユピテルは父親のサトゥルヌス（Sturn＝土星）を倒し、タルタロス（冥界）に閉じ込め、兄弟のプルートーン（Pluto＝冥王星）に見張らせる。予言によれば、ユピテル自身もいずれは父と同じ運命をたどるという。つまり、彼自身の息子、それも半人半神の息子の手にかかるというのだ。ギリシャ・ローマ時代には、ユピテルは打ち破られることなく、父親の運命を踏襲せずにすんだ。しかし、この予言はついに成就された。二千年間の魚座の時代に、天界の神の元型は、キリストという半人半神へと進化したのだから。

最も基本的な解釈によれば、木星‐土星のコンタクトは、人生の目的を達成するための直観的な認識によって得られた信念か、環境の力と一体化し支配されることに対する恐怖か、どちらかの選択を象徴するという。スクエアとオポジションは、希望と絶望という両極の間で揺れる浮き沈みの激しい気質と関連し、金星と土星のアスペクトに次いで自殺という選択をすることが多い。木星と土星は、天文学的にも、占星術的にも、大きさも重さも互いに拮抗しているといっていい。そのため、二つの惑星は互いの輪郭をくっきりと浮かび上がらせる傾向があり、鍛練や経験的理解の影響を受けていない盲目的楽観主義と、未来の幸福や意義への希望を全く抱いていない盲目的悲観主義の間を往復することになる。このパターンを変える方法の存在に気づいていない人は、パーソナリティの内部に木星の不品行と土星の卑しさが交互に顔を出すことになる。木星と土星の領域は、月・水星・金星・火星を個人的惑星とする観点からすると個人的ではない。しかし、木星‐土星のコンタクトの影響は、個人的生活において強く感じられることが多い。コンタクトの影響を受けるのは、その人の基本的な人生観、その人の内的な哲学だからだ。人生観とは、その人の行動を決定し、意識的な行動の背後にある動機として機能する価値観のことである。

木星－土星のアスペクトは、伝統的に金銭的な成功や失敗とも関連づけられる。この領域に対する二つの惑星の影響は大きいが、これは直接的影響というよりも、むしろ副産物に近いものだ。一般に、木星と土星が形成するセクスタイルやトラインは、物質的幸福への偏向があると解釈されている。木星が土星に悩まされている人の絵は、やっとのことで糊口をしのいでいる人の姿で描かれることが多い。仕事上の判断ミスや投機の失敗による損失も、木星と土星がもたらす苦痛と関連づけられる。こういった解釈と、木星がいつまでも「大吉星」と解釈されていることにより、木星－土星のコンタクトは物質的領域にのみ影響を与えると安易に結論づけられてしまうのだ。

しかし、木星は、物質的意味よりも、精神的意味が強いハウスと結びついた精神の惑星である。木星と物質性との関連は、木星の影響の強い人が「自分は人生から最高のものを受け取るに値する」と信じ、実際にそれを手に入れてしまうという点以外には見出せない。土星にしても、たしかに世俗的な顔を装い、個人的野心という山を登っているように見える。だが、土星が象徴する心理的機能や元型は、日常的な領域での成功よりも、自分を物質的同化から切り離すことに関連しているように思われる。このような二つの惑星の組み合せは、その人の幅広い人生観と、人生の意味に対する直観的理解に、より客観的な新しい価値観をもたらす機会と関連しているのではないだろうか。木星－土星型の人は、本質的な自己と直観的に接触する能力が欠けているために、失敗を恐れる。その結果、人生においては、自分の能力や知性からすると、相当にレベルの低いものしか手に入れられない。そして、崇高な野心を犠牲にして、矮小な目標と安定した収入という凡庸な人生を手に入れることになってしまうのである。しかしそれは、不運ではなく、その人の基本的な態度が原因で、次から次へと金銭的な失敗を繰り返すことにもなる。

木星の心理学的な意味での機能は、直観・独創的な発想・表象化の能力に関わりがある。直観の能力とは、シンボルの意味に反応するものである。われわれが経験や人物の本質的な意味、つまり「魂《ソウル》」を分析することなく理解できるのは、この能力があるからだ。意味付けという内的世界の直接的な経験は、「信念（faith）」を構成する。信念は演繹的推論や実際の経験の上に築かれるものではない。信念とは、通常の定義とは異なり、真実を求めるという意味での「確信（belief）」とは違うものなのだ。真の信念を持つ人は、論理的ではなく直観的な方法で、自分の経験には意味と目的があること、その意味と目的が叡知とさらなる目的を内包するあるパターンに従って開示されていくことを知っている。木星の影響の強い人は、緻密な論理を持たないという意味では、知的ではないかもしれない。だが、この人は自分の経験の最も深い闇に包まれた部分を照らすランプとなる、信念と献身という能力を持っているのだ。

木星と土星のコンタクトは、「これこそが人生の目的だ」と直観的に感じているものを実現するために、自分の信念を現実の生活に側したものに変換させねばならないという心理的要求を暗示しているようだ。この過程の初期の段階は苦難に満ち、とても目的実現の機会が提供されているようには思えないことが多い。現実の生活は、直観的に得た信念に整合するどころか、矛盾するものを求めているようにも思える。自己防衛と自己利益が必要なために、信念を捨てねばならないことも少なくない。

木星‐土星のコンタクトの現れのひとつとして、土星（あるいは悪魔）にすべてを売り渡し、人生の目的の探求を放棄してしまうことがある。その人にとっては、衣食住、社会的地位、感情の特に弱い部分の防衛という現実のほうが、はるかに重要かつ切迫した問題なのだ。このような態度は、放置すれば鬱屈したものになってしまう。その人は人生半ばにしてすべての喜びを失い、何の満足感も与えることのない無意味な日常作業をひたすら続けることになるからだ。その人は食べるために生き、生きるために食べ、物質的意味で大きく成功しても、その引き替えとして魂は売り渡してしまっている。土星は、心の中でこの取引に抵抗しようとするので、その人は代価として徒労感を経験することになる。木星が象徴する機能の抑圧は高くつく。なぜなら、心理学的にいうと、その機能は無意識の領域へと追いやられ、そこで力を貯えて、抑制のきかない不合理な行動パターンとなって噴出するからだ。この表現方法を選択した木星‐土星型の人は、騙されやすさや迷信深さという呪縛に直面することになる。誤った「虫の知らせ」に基づいた判断ミスをともなうことも多い。人生に意味が見出せないため、重い鬱病にかかることもある。木星‐土星型の極端な現れが、抑鬱的で自殺につながりやすい気質なのは、こうした理由によるものなのだ。

木星‐土星のコンタクトには全く正反対の現れかたもある。これもまた、実に興味深いものだ。このアスペクトの潜在能力をゆっくりと開示していく人は、その過程で両極端に揺れるのである。このコンタクトを持つ人が、土星の要求、すなわち真の努力を強いられることや、直観的に察知したものを現実化させ、それを経験することを強いられることから逃れようと試みたとしよう。その人は、最後の小銭までかき集めて食いつなぎ、決して訪れることのない幸運で運命が切り開かれることを期待するという、木星‐土星型に典型的な人になることだろう。その人は木星型ではない。主観と客観の両面で、このアスペクトの潜在能力に気づいていない木星‐土星型の人なのだ。真に木星型の人であれば、必ず幸運を経験する。だが、実際には木星‐土星型の人が幸運を経験することは少なく、頻繁に友人から救済されることになるのだ。その人は土星の内なる声の要求が、最後には聞こえるようになるだろう。このような現れかたから、木星‐土星のアスペクトの人が時として不誠実と評価される理由がよくわかる。不誠実とは、不道徳と同様に曖昧な概念だ。この日常的に使われる単語が、いかに時と場合によって違うか、その危険性を知るには、商取引における「誠実」と、飢えに苦しんで市場からリンゴを盗む人の「不誠実」とを比較してみるとよいだろう。木星‐土星のコンタクトの不誠実は、その人の態度と関わっている。この不誠実とは、「見返りを与えなくても、何かを手に入れることはできる」と頑なに信じている人の天真爛漫さに過ぎないのだ。

木星‐土星のコンタクトは、個人的な道徳と大いに関係がある。これは対処に危険がともなう問題である。というのは、このコンタクトが統括する道徳の領域は、性的行動の範囲にとどまらず、魚座の時代にその区分が宗教上の問題となった相反する概念、たとえば誠実と不誠実、利己主義と無私無欲など、幅広い概念にまでわたるものなのである。木星‐土星のアスペクトが提供する機会とは、個人が自分で判断する善悪の基準を構築するためのものだ。その判断がその人の行動の善悪に照らしあわされてゆくことになる。ほとんどの人にとって、善と悪という問題はそれほど重要なものではない。道徳論や倫理学でも、善と悪の概念は疑問の余地のないものと思えるためか、あるいは、さほど重要とは見なされないためか、まったく問題にされない。しかし、木星と土星がアスペクトを形成している人にとって、これは生涯にわたって重要な問題となる。心の中に、正しい行動規範という理念と、それに妥協したいという執拗な衝動があるからだ。その人は、二つの対立する見解が意識の内部でせめぎ合い、その争いを解決しなければならないという状態に陥るだろう。その人は、自分の善と悪を受け入れ、「なぜ善と悪の両方が必要なのか」「善と悪はどのように機能するのか」という問題を理解するため、対立する見解を統合し、一つのものとして理解する機会を与えられる。この統合には、その人を幻想と幻滅から解放する力がある。その人は、自分には、平和という内的感覚や、物質的に豊かな人生を実現できる実用性があると思えるようになるだろう。これは決して「ささやかな成功」ではないのだ。

*土星と天王星のアスペクト

土星の外側の「一オクターブ上の」惑星は共通した性質を持つため、一つのまとまった働きとして考えてみる必要がある。土星外惑星は、ユングのいう集合的無意識、現代の深層心理学のいう超《トランス》個人的《パーソナル》な無意識と関わりがある。つまり、三つの土星外惑星は人間を、集団よりもさらに大きな心の単位に属するエネルギーとの接触へと導くということだ。秘教的にいえば、土星外惑星は個々の意識ではなく、魂の意識（soul consciousness）と関連のある成長への衝動のシンボルと考えられる。これは、土星外惑星が個別に影響を与えることはないという意味ではない。三つの土星外惑星の象徴する心の機能を経験することには広範にわたる意味があり、より根源に近い元型的な性質を持つのではないかということなのだ。この経験は、人生全体を形成する大きな成長をもたらすとともに重大な危機をも引き起こし、土星の軌道より内側にある惑星が示す限定された個人的領域ではなく、全体性に対する認識のレベルをより発展させるものとなるだろう。

土星外惑星が、その人の属する集団や世代の全般的な傾向を表すことは、すでに定説となっている。土星外惑星がパーソナリティに特定の個人的性質を与えることはめったになく、あったとしても、太陽か月と強いアスペクトを形成している場合か、アングルとコンジャンクションの位置にある場合に限られるとされる。おおかたのチャートでは、土星外惑星は「音のない音符」、つまり比較的不活発なポイントと見なされる。これらの星が本質的に「凶星」となりうるのは、トランジットやプログレッションを形成する惑星、あるいは他者のバースチャートに刺激された時だ。このときの土星外惑星は、物質的・情動的安心感に破壊をもたらす外的環境を媒介とし、コントロール不能な宿命として振る舞うように見える。たしかに、土星外惑星は破壊的であり、その意味では、この解釈も間違いではない。しかし、肉体や感情、知性の安楽や幸福にとって破壊的あるいはマイナスとなるものは、心全体にとっては、その必要を完全に満たす建設的なものなのだ。この事実が理解できれば、土星外の三惑星の意味が徐々に見えてくるのではないだろうか。

小さな自我の意識で人類の集合的な心全体をコントロールできるかどうかを考えれば、天王星、海王星、冥王星が表すエネルギーは、当然のことながらコントロール不能ということになる。惑星をコントロールするなどということは、自分の内側に目を向け、無意識に内在する力を感じたことのない人が述べる仮説に過ぎない。荒れ狂う海に囲まれた小さな島に立ち、自然の力に命令を下そうと試みている人を想像してみればいい。惑星を「コントロールすること」について論じるのは、それと同じことなのである。これら三惑星のエネルギーは、本質的に有害でも不吉でもない。このエネルギーは全体としての自己や心に奉仕するものである。害をなすとしたら、自らを解放しようとする内なる自己に意識的に抵抗しようとした場合だけだろう。天王星、海王星、冥王星をコントロールしようなどとは考えないほうがいい。これらの三惑星を理解し、それらが象徴する心の全体性（wholeness）と包括的な意識に対する無意識の衝動に協調しようとするほうが賢明なのである。

現在、「破壊者」というと、文字どおりの意味でしか理解されていない。しかし、いかなる神話にも「破壊者」は必ず存在する。ヒンドゥー教では、破壊神シヴァは三位一体の一部として重要な位置を占めている。天王星、海王星、冥王星は、いずれも破壊者だ。なぜなら、その人に自分が属している集合的な心という大きな単位を垣間見せるため、その人の個人的な自我の土台を揺さぶるからである。土星は個人的な自我の最も外縁の部分を象徴する。土星は、自分は集合的な心によって他の人間と一緒くたにされてしまうという屈辱的な考えを受け入れなくてもすむように、土星外惑星の力を内側に入れまいと戦っているのだろう。だが、この個人的な意識の構造には、崩壊を引き起こす致命的な傷がある。崩壊が起きれば、集合的な心のエネルギーは間違いなく一気に流れ込む。この集合的なエネルギーの流入によって何が起こるかは、二通りの可能性が考えられる。もし、このエネルギーの流れを理解できて、集合的無意識が要求していることを人々に伝達する送信機の役割を演じることができたなら、その人は天才と呼ばれるだろう。その人は元型を人格化するという天性の才能を持ち、人々はその人が創造したものの中に自分たちの最も深い内的な衝動の反映を見ることができるからだ。もし、自分自身の考えと集合的なエネルギーの流れとを区別できず、この流れを自分自身のパーソナリティだと思い始めたなら、その人は狂人と呼ばれるだろう。その人は元型を伝達するのではなく、元型そのものになろうとし、現実との個人的な接点を失ってしまうからである。天才と狂人は紙一重といわれるが、土星外惑星は、その紙一重を隔てた天才と狂人の双方と関連しているのだ。

土星外惑星が示すのは人間の経験における重要な領域だ。それにもかかわらず伝統的な占星術では、天王星とスクエアを形成する土星は「重要ではない」、海王星とコンジャンクションを形成する土星は「その人にとっては大した意味はない」、冥王星とトラインを形成する土星は「その人が生まれた世代との関係しかない」と解釈されている。また、土星‐天王星のコンタクトは「突然のカタストロフィを引き起こす」、土星‐海王星のコンタクトは「虚偽を育む」、土星‐冥王星のコンタクトは「死、破壊活動、犯罪組織と関連がある」のだという。しかし、人類は、天才と狂人の二種類だけで構成されているわけではない。誰の人生においても、集合的無意識のエネルギーが、個人の日常的な生活に影響を及ぼす時が必ずある。誰にでも天才や狂人になる瞬間はあるのであり、単にそれが長続きしないだけのことなのだ。われわれが自身の真の姿を経験する状態に最も近づくことができるのは、この瞬間なのである。この経験は、深層心理学では「至高体験」と呼ばれている。「宇宙意識（cosmic consciousness）の経験」と呼ばれることもあるが、人間の集合的な心を内的な主観的認識によって理解することを意味する場合には、「至高体験」という言葉のほうが適切であろう。これは極めて個人的な経験だが、人生を広範な視野から認識するという観点から見れば、パーソナリティを喪失する瞬間、あるいは「死ぬ」瞬間とも考えられるだろう。この経験こそ、土星外惑星が司る領域なのだ。そして、個人的意識の構造の傷を大きくし、この経験へと向かう強い流れをつくり出すのが土星外惑星と土星とのコンタクトなのだ。木星‐土星のコンタクトも至高体験や自己認識の領域と関連するが、土星外惑星が経験に持ち込むような、古代的で非個人的で破壊的な感覚はともなわない。木星には、破壊的な要素は存在しないからだ。土星外惑星がすさまじい力で人を成長へと駆り立てるのは、この破壊的側面も一因なのだろう。

土星外惑星の司る領域は、自分の欲望にとらわれた世俗的な人にとって手の届くものではない。しかし、世俗的な人であっても、土星外惑星の影響は受けている（それを意識の内にとどめておけるかどうかは別問題だが）。自我の意識が、このエネルギーを理解できるほどに育っていないからといって、土星外惑星が影響しないわけでもなければ、無意識の中で反応が起きないわけでもない。知覚のレベルが土星の境界線をいまだ越えていない人間にとって、土星外惑星は闇の中で機能しているようなものだ。だが、知覚できないからといって土星外惑星の意味が失われることはないのである。地下の洞窟で暮らしている人は、日の出にも日の入りにも気づかないが、それで日の出と日の入りがなくなりはしないのと同じことなのだ。われわれは理解できないものがあると、それは存在しないのだという発想をしがちである。土星外惑星にとっての悲劇は、存在に気づかれにくいために、これらの惑星が象徴する内的衝動の動機までもが完全に無視されたり、「神秘的たわごと」と見なされてしまうことだ。仮にこの動機が、経験を重視する心理学研究の対象となったとしても、多くの人々は依然として「神秘的たわごと」と思い続けるだろう。しかし、天王星、海王星、冥王星が個人的生活に流入すると、悲劇と破壊をもたらすことが多いのは、その無意識の動機のためなのだ。これは運命ではなく、その人が自分の内なるリズムと内なる解放を見ようとしないことがもたらした結果なのである。

昔日の占星術では七つの惑星しか用いなかったため、土星外惑星は無視されていたと考えられている。たしかに、昔の占星術では、土星外惑星の存在は意識されていなかっただろう。個々の土星外惑星の発見は、新しい民族的意識や集合的意識の出現と時期を同じくしていると思われる。これはユングのいう「共時性」、つまり内的解放と外的環境が偶然ではなく何らかの意味によって結ばれ、同時に発生する現象の実例といえるだろう。世俗的なレベルでいえば、天王星の発見は電気・工業時代の黎明期と、新たな政治体制をもたらした二つの大きな政治的革命と一致している。また、内的なレベルでいえば、人間の集合的意識が、友愛、自由、個人主義という理想を掲げ、自然の力を知性によってコントロールしようとする段階まで発達した時期といえる。

だが、われわれの先達は（未発達の段階にとどまっていたとはいえ）土星外惑星のエネルギーの存在に無意識のうちに気づいていたらしい。これらのエネルギーは、それぞれの意味に対応した形をもって、神話の中に登場しているのだ。ローマ神話に登場する三神は、目に見えず、神秘的で、隠されており、容易に近づくことはできない。ウラヌス（天王星）は息子クロノス［土星と同一視されることもある］によって去勢され、権力を奪われたあと、オリュンポスから姿を消してしまう。ウラヌスは死んだのか、そもそも神が死ぬことはありえるのか――そういったことすら明らかにされていないのだ。ウラヌスの血からは復讐の女神たちが生まれ、切断され海に放りこまれた男根からは愛の女神ウェヌス（金星）が生まれるなど、ウラヌスは間接的な形でのみ残っている。プルートーン（冥王星）は冥界を支配し、そこから出てくることは滅多にない。冥界から出てくるときも、ベールをまとって身を隠しているので、人間の目では見ることができない。ネプトゥーヌス（Nepture＝海王星）もまた、海の底という隠された世界の支配者であり、ギリシャ神話の海神ポセイドーンのように地底に隠された洞窟から大地を揺さぶっている。神話には、集合的無意識を純粋な形で表現する力が備わっている。なぜなら、神話とは何世紀もかけて蓄積されたあらゆる解釈の粋を集めたものだからだ。天王星、海王星、冥王星が持つ「隠された」あるいは「未知の」という性質は、これらのエネルギーの認識が無意識のものであることを暗示しているのである。

土星と天王星は大古からの仇敵であるため、パーソナリティの安楽という観点からすると、土星と天王星のアスペクトは容易なものではない。「物質の束縛から逃れたい」、「創造的思考の力を解放したい」、「知性によって自然の力をコントロールしたい」という衝動は、形式と自分を同一化させ、集団が関わるものすべてから距離を置きたがる土星の傾向とは、容易には融合しないからだ。水瓶座のパーソナリティには、直観的に認識される観念的な洞察と、形式と論理の重視という両極端な気質の内的争いが見られるが、これは、その人が土星と天王星の両方の支配下にある場合と考えられるだろう。思考をあたかも有形の物質のような実体として認識し（天王星の影響の強い人の目にはそのように映るのである）処理する能力は、現代では珍しい才能である。これは、思考が実体となり、想念に集中する力が物質をコントロールする力となる魔術と形而上学の世界に関係するものだ。最近では、思考には物質に作用する力のあることが、科学的実験により証明されている。これは、天王星の表す洞察力を裏付けるものだ。心霊現象研究やホメオパシー（健常者に投与すると特定の疾患を起こす薬物を、その疾患の患者に少量ずつ与える治療法）などの「逸脱した」治療方法から、人間は物質的肉体だけでなく、微妙で捉えがたいエネルギーによっても構成されていること、思考はこうした微妙なエネルギーに働きかけ、その結果として肉体的な健康にも影響を与えていることなどが、例証的に判明しはじめた。天王星は、発見から約二百年が経過したいま、その真の意味を人々に明かそうとしている。二百年という年月を費やして、われわれは意識の領域で元型の衝動を感じられるようになったのだ。この新しい目で見ると、土星は全く違ったものとなる。土星 - 天王星のコンタクトが人間に与える選択肢は、天王星にともなう創造的な洞察力を埋もれさせるか、それとも表に出すか、いずれかにあるのではないだろうか。

平凡なパーソナリティを持つ人の人生では、土星 - 天王星のコンタクトは、極端に因習的な行動と極端に独自性の強い自己表現との間を頻繁に行き来する傾向がある。因習と自己表現は、土星と天王星との関連を表現するときによく使われる言葉だが、このアスペクトを理解するには、これらの言葉をよく吟味する必要があるだろう。土星にともなう因習は、自己防衛と孤立を促すような社会と、パターン化した行動と関わりがある。これは、水のエレメントの強い蟹座にみられる特徴である社会と個人の欲求に応えるための器用な適応、といったものとは異なる。かつて実際に行なわれ、意味を持っていたというだけで、ある行動様式を重視せざるをえなくなってしまうということだ。土星にともなう因習は、心とともに成長するのではなく、生命のない形骸化した儀式となって固着してしまう。だが、これは土星そのものの影響ではない。土星を意識していない人が、無意識に土星に反応した結果なのだ。天王星の影響の強い人が示す個人の自己表現は、外的環境から習得したのではなく自らの直観で認識した考えや、様式化された因習に対し、より真実に近くより現実的で、より実質的なものと感じられる考えに基づいている。この考えには集団の安全や幸福が組み込まれており、必ずしも自己中心的な考えではない。天王星の場合は、決して自己中心的な発想はしない。天王星は自分自身のためではなく、集団のために、そして集団の手本として戦うのだ。土星の規範は、過去において機能したとしても将来においても機能するという保証はない。それに対して、天王星の規範は精神の中にのみ実体を持ち、直観的な洞察の中にのみ示される。これが土星と天王星の規範の違いだ。土星‐天王星のコンタクトがある人は、片方だけでは不完全であることに気づかないまま、どちらかの惑星とだけ手を組もうと試みる。

おおかたの人は天王星をより深く意識しようと努めていない。そういう平凡な人にとって、天王星のもたらす洞察力を全体性という見地から捉え、その洞察力を自分の人生の基礎となる理念として活用する能力は、無意識の中でのみ働いており、今はまだ意識の中へゆっくりと現れ出ようとする過程にある。やがて、天王星のエネルギーは突然の危機となって現れるだろう。それは自らの直観で認識された理念と、公権力や両親などによる因習的な意見（opinion）を象徴するあらゆるものとの戦いだ。天王星は偶然性という姿を装い、社会的価値観や伝統を基盤とした考え方の見かけ倒しの安定性と堅固さを、一気に粉砕する事件を引き起こす。自力で考えたことのない人、精神を天まで伸ばすのではなく地面に縛りつけてしまう人、こういった衝動を意識的な形で表現することのできない人は、外的な突発的な出来事により無意識が引き起こす内部からの爆発に翻弄されてしまう。仕事での挫折、突然の裁判沙汰、結婚の破綻、事故といったトラブルはいずれも、人生の虚飾に取り込まれてしまいがちな自分をそこから解放したいという欲求を象徴している。このような外的なトラブルという仮面を通して、集合的衝動としての天王星は、個人の心に作用し、その存在を知らしめようとしているのだ。

土星‐天王星のコンタクトは、いまこそ思考の源を再認識すべきときだと告げているのではないだろうか。その人は、まずは独力で考えることによって精神的に大人になったことを宣言し、環境に対して自分の魔法の力を証明するという難題に直面することだろう。このコンタクトの影響は大半が無意識であるため、明確には見えないかもしれない。だが、いずれにしても、人生のどこかでこの難題は必ず突きつけられる。難題を意識的に受け止めなかったとしても、その人はそれを受け止めることを自らに強制すべく、何らかの方法を考案することだろう。そして、それが偶然性を招くのである。もし、共時性の法則と関わりのある惑星があるとしたら、それは天王星であるに違いない。

土星‐天王星のコンタクトがある人は、実行に移すかどうかは別として、無政府主義者・社会的逸脱者になることがある。土星は規則性のなさを脅威として激しい恐怖感を覚える。天王星の洞察には事前に明確な提示がないため、土星には混沌としたものに映るのだ。これこそが観念の世界の現れである。この恐怖は、規則性に固執する人を生み出すのに手を貸すことだろう。あるいは、この恐怖が一因となって、規則性から解放されていることを証明したいという欲求に駆られる人もいるかもしれない。いずれも集合的心の力の凄まじさに対する無力感に由来する強迫的な行動だ。その人は、自分の所属する集団から選択を迫られているように感じる。自分を取り巻く、強大で、個人的な感覚とは乖離してしまっている社会構造の代表者となるか、それとも抵抗者となるかという選択だ。その人は通常、自分のパーソナリティの半分を集団に同化させようとする傾向がある。社会の時代的な傾向から孤立しようと試みても、その人は孤立をのがれるために自らが無意識のうちに引き寄せてしまっている外的環境に必ず服従させられるだろう。その人が気に入ろうと入るまいと、不自由であろうとなかろうと、集合的な心はその人を呼び寄せる。そして、その人は個我を守る鎧のどこかを犠牲にして成長し、自分もその一部である広大な生命を幅広く理解できるようになるのだ。

土星‐天王星のコンタクトは、厳密にいえばパーソナリティには何ら痕跡を残さない。このアスペクトは、パーソナリティ自体とはそれほど関係がなく、むしろ、集団、あるいは個人とコンタクトした時に心に引き起こされるものとの関係に意味があるからだ。自分の生きる社会の時代精神自体を表現する人もいれば、その時代精神を自分も担っていることに意識的に気づく人もいるだろう。その一方で、自分自身の苦しみやその集団的な側面を理解しないまま、未来の社会の形成に盲目的に手を貸す人もいる。土星外惑星の象徴する理念に対する感受性と、その理念を現実世界で意識的に実行する能力との間には、明らかにつながりがあるようだ。その人に感受性が欠けている場合であっても――つまり、その人の感知できる範囲が狭く、自分を取り巻く広い世界の重要性を意識的に理解できない場合であっても、土星‐天王星のコンタクトはその人に働きかけ、その人の自我の構造を犠牲にして、その人を集団の中に引っ張り込む。だが、その人は自分に何が起こったのか理解できない。ただ、運命の残酷な手につかまれたように思うだけなのだ。

土星とコンタクトを形成する惑星は必ず犠牲を求められる。この犠牲の本質は、パーソナリティのシャドウと明るい意識の道徳的争いを解決するため、両者の中間点をより広い意識の視野から捉えようながすことにある。つまり、争いの起きている場を移動させることによって、両者を広い意味あいの中に包み込み、争いを鎮めようとするのである。このような手段で対極にあるものの争いを解決しようという考えは、心理学と秘教の双方に共通する基本的な考えかただ。このテーマは神話でも取り扱われている。その一例として、ヘーラクレースとヒュドラーの戦いの物語が挙げられよう。ヒュドラーは通常の方法で退治することはできない。そこで、ヘーラクレースは自分の膝に絡みつかせておいて、ヒュドラーを日光にさらしたのだ。これは仕事を完遂する方法の完全な変更である。土星のコンタクトはすべて、相手の惑星とその惑星が象徴する心の衝動の明るい面と、常にその対極にある土星の暗いシャドウの面という正反対のものの戦いを暗示している。もがき続けることで戦いのレベルは高められ、その経験から一人の人間が成長できる段階にまで達するだろう。だが、そのためにはまず戦いを観察し、その性質を見極めなくてはならない。土星のコンタクトの与えてくれる機会の活用に取りかかれるのはそれからなのだ。

土星‐天王星のコンタクトがもたらす戦いは、孤立した自己と、思考を共有することによって統合された一団もしくは有機的組織としての集団との間に起こるようだ。ここで、集合的なものの一部でありながら個人であり続けることは可能か、という昔ながらの論点が浮かび上がってくる。土星‐天王星のコンタクトを持つ人にとっては、この正反対のものを統合できると証明することが、心の役割なのだろう。その人の心は「豊かで実りある個であろう」と自分を駆り立てつつ、同時に集合的なものの一部であるという意識を持ち、自分の仕事が全体の発展に貢献することをも求めている。今までは、この正反対のものの融和を身をもって示すことは実に難しく、戦いは統合を達成することなく、どちらか一方を犠牲にする政治的イデオロギーとなって終わっていた。この戦いは、土星的なものすべてを憎悪する過激な個人主義者と、個人の権利は守るが個人主義者には同調しない、古い社会通念の崇拝者をつくり出す傾向がある。土星‐天王星型の人は、この二種類の規範、完全に相反するように見える二つの主張の統合という自分自身の問題を解決しなくてはならない。それは、人間性によって結ばれた人々と協力して、自分自身の内的統合と同様のものを集団内に築くためだ。この種の統合は、水瓶座のパーソナリティを持つ人からの特別の贈り物といえる。次の時代の到来とともに、この贈り物はすべての人に届くに違いない。

*土星と海王星のアスペクト

海王星は、天王星とは異なる集合的無意識の一面を象徴すると考えられている。海王星は非個人的な集合的心の衝動を象徴し、その衝動を満たすため、個人のパーソナリティの一部を犠牲にすることを求める。天王星は集合的・元型的な思考・理念(idea)と関連するが、海王星は集合的な感情(feeling)と関連する。天王星による集合的心との一体化は、創造的知性の力によって起きるが、海王星による一体化は情動的同化や共感の結果である。海王星は、個人の欲求をより大きな全体の欲求の中に沈めたいという、心の内の衝動を象徴する。海王星とは、本来は男性ではなく女性の原理であり、集団の情動的反応のシンボルなのではないだろうか。この意味では海王星は破壊者である。というのは、海王星は集合的心の欲求を満たすため、人間の基本的な個人的情動的欲求の敵となることが多いからだ。この解釈は心の範囲を純粋に感情的な基盤に限定してしまうことになる。海王星は無意識の全領域、特に集合的無意識と結びつけられることもあるが、実際には、無意識の海は意識のあらゆる機能(感情、思考、感覚、直観)を産み落とす母なのだ。海王星は完全に非論理的な惑星であり、知性により分化されたものを浸食し、その人を感情的単体としての集合的心に同化するよう駆り立てるのである。

海は、その深さ、絶え間ないうねり、神秘、そして生命の始まりと終わりや出現と消滅の場のシンボルという重要性からして、海王星を表すのに実にふさわしい。このような元型と折り合いをつけようと試みるのは困難、あるいは、深遠なことに思えるかもしれない。いずれにしても、土星外惑星は知性によってたやすく解釈できるようなものではない。海王星が象徴するエネルギーは、一つのキーワードで説明することはまず不可能なのだ。この惑星のバースチャートにおける真の意味を明らかにするには、神話や心理学と関わる要素を一つ一つ解読していく必要がある。生命の源である海と、そこでの溺死という相反する意味を、海という一つのシンボルとして理解するには直観が必要であり、知性のみでは無理だろう。海王星は非個人的な力であり、溺死と似たような作用をする。その人は集合的な感情の海に溺れ、個的な情動的反応を喪失する。独立した感情的存在としてのその人は存在しなくなってしまうのだ。この経験は、情動を喚起された群衆の反応の中に見て取ることができる。そこでは、個人は独立して存在することをやめ、完全に理性を失って一つの感情的反応しか示さない単体となっているのである。

土星は孤立することを望み、現実の経験を通して独自のパーソナリティを構築したいという衝動を象徴している。だから、当然のことながら、土星は海王星の動機の不明な自己犠牲的衝動に抵抗する。土星と海王星には共通点がまったくないのだ。コンタクトを形成するすべての惑星の「シャドウ」を演じようとする土星の傾向は、海王星との不和をさらに悪化させる。海王星は、個に分化されない集団全体の感情や反応性と結びつく惑星なのだ。それに対し、土星は個人を守るために確固たる知性の役割を演じるのである。この両者の争いは、自分自身の利益を守り、独立性を保ちたいという個人の欲求と、自己を超越し、自己を犠牲にするという救済的行為として、人類共通の情動の海で溺れたいという衝動のせめぎ合いということになるだろう。人間を最も深い個人的欲求の否定へと導く海王星の傾向と折り合いをつけるには、まずは集団のための受難や自己犠牲の儀式的行為の意味について考える必要がある。さもなければ、この衝動はあたかも病気であるかのように、「マゾヒズム」などという、安易な命名をされかねない。この種の自己犠牲は神話や民間伝承から数多く例を見出すことができる。これは、自己犠牲により人間が救済され、神のような存在になるか、神々の元へ戻っていくという考えだ。この太古の考えは、決して病的なものではない。なぜなら、この考えは精神的にも心理学的にも有効と考えられるからだ。

海王星は自己犠牲的な傾向をもたらすため、悪い影響を及ぼすと解釈される。たしかに海王星は、人生における儀礼的側面や、全体的な心の衝動と対立する個人的欲求にとっては凶星である。海王星は天王星のように混沌や二者択一をもたらすことはなく、受動的な抵抗や自己の無力化という原理を活用する。土星-海王星のコンタクトの影響を受けているパーソナリティは、人生のどこかで自己崩壊を起こす危険性をはらんでいる。それは、自我を覆う殻のどこかに盲点もしくは根本的な瑕があって、そこから犠牲を求める集合的呼びかけが入り込んでしまうからだ。同情、大望、そして気高くロマンティックな恋愛（これは海王星に典型的なものだ）は、個人的な感情に働きかけ、自らを集団の犠牲にする引き金となる。海王星は、平凡な人間に対しては通常の人間的感情を通して働きかけるが、自己犠牲的行為となると、高揚感、有頂天、恍惚感といった感覚を必ず起こす。海王星にはデュオニュソス的な狂気の香りがあるが、その顔は穏和で献身的という仮面で隠されている。恍惚の瞬間は自己超越の瞬間であり、その人は「神秘的洞察」と呼ばれる、大いなる生命と一体となるきわめて希有な瞬間を味わう。これは、経験したことのある人にとってのみ完全に現実的で、経験したことのない人にとっては全く意味をなさないことがらである。きわめて個人的な経験ということだ。土星の防衛システムを浸食する海王星が心にもたらす影響を明確にするには、恍惚感にどれほど深く溺れているかのイメージを示す以外に方法はない。感情の影響を受けた完全に非論理的な意識は、自分の子供に対して習慣的に捧げている自己犠牲などのように、日常的な行為を通じても起こりうる。これこそが集合的心にとって有意義な愛の行為としての犠牲の意味であり、海王星を理解する手がかりとなるだろう。自己犠牲を捧げた瞬間、一個の人間は全人類と一体となったと感じるのだ。どのような犠牲の方法を選択するかは付随的な問題にすぎない。

土星と海王星の「厳しい」アスペクトは、ドラッグやアルコールと関連することがあるが、これは決して不思議なことではない。ひとたび恍惚を味わってしまえば、その恍惚感は二度と戻ってこないという現実を受け入れるのは困難なのだ。デュオニュソスは耽溺の神である。なぜなら、大多数の人は感情を通してでなければ、グループの生命に触れることはできないからだ。海王星は、ある意味で天王星よりも親しみやすい。おおかたの人は海王星のもたらすものを感じることはできる、しかし理解する方法を知っている人は決して多くはないのである。

土星‐海王星のコンタクトは、創造的な想像力と、その想像力のほとばしりを形にする個人の力とつながりがある。海王星の想像力の核となるものは、それが、色、音、動き、言葉のうち、いずれを通じて表現されたとしても、元型的なものだ。それは、誰もが持っている感情の深いレベルに響く。海王星のコンタクトを持つ作曲家になる楽曲と叙情的歌詞は、聞く人に対して、どの言葉も自分のためだけに書かれたという感情を与えるため、多くの人々の心を打つ。海王星のコンタクトを持つ画家が描く心象は、誰もが夢や幻想で同じ心象を見たことがあるため、親しみやすく、誰の心をも引きつける。海王星の贈り物は、元型的な感情を味わうことであり、土星‐海王星のコンタクトのある人は、自分自身の創造的行為を通してこの経験を人々に伝達する機会を与えられる。その人は、土星‐天王星のコンタクトを持つ人が集団を導く理念を伝達するのとほぼ同じ方法で、元型を伝達する役割を担うのだ。この機会は人生のある時点で与えられることがある。その人は一般的な意味での芸術家でないかもしれないが、集合的な感情の流れへの没入という恍惚感を経験し、それを他人に語ることになるだろう。その人が創造できるのは幻想だけかもしれない。しかし、その幻想の中には、その人がすべての人となり、その人の感情がその人だけのものではなくなる瞬間が必ず存在しているのだ。

その人は幻想への没入の代償を支払わねばならない。このコンタクトによって、自我の一部を侵食されてしまうのだ。その人は、情動的経験においては、もはや自分を完全に独立した個人だと主張することはできない。土星がもたらす孤立感という錯覚と集合的感情を凡庸で情に流され過ぎると見なす傾向は、集合的心の感情が持つ生命力に屈してしまう。これは海王星が感情に溢れた惑星だということではない。海王星は非個人的な惑星なのだ。感情は金星と月の領分である。海王星のもたらす経験は溺死すること、つまり集合的情動の生命へ参入するための洗礼である。集合的心の願望成就のために服従を要求された場合、結果として、その人の個人的願望は取るに足らない無意味なものとなる。

古代の人々が、この経験には浄化の力があり、神の性質を持つ神聖なものだと考えていたことは決して驚くに値しない。

不幸にして、われわれが天王星の暗示する集合的知性という概念を理解し始めるまで、約二百年という歳月が費やされた。海王星をより明確に評価し始めるまでには、さらに百年かかることだろう。これまで海王星は自らをやや歪めて表現しており、ある種の社会現象が証明しているように内的な心の構造に悪影響を与えてきたようだ。それはおそらく、われわれが感情の機能を抑圧し、無意識の中に埋没させてしまおうとしてきたからだろう。そのために感情の機能はひどく歪められ、汚されてしまった。土星‐天王星型の人が自称「革命家」になることがあるように、土星‐海王星型の人は自称「救世主」となる傾向がある。自己犠牲を強いるという集合的な心の持つ神の如き性質は、ここでは土星と関連する力不足という個人的な感覚によって歪められている。その人は、自分を多くの人々のために存在するパーソナリティだと思い込み、自らを犠牲にすることによって、神秘的な方法で他者を救うことが自分の使命だと信じ込むのである。それは、その人の使命なのかもしれない。あるいは、ばらばらになった自分の個人的な自我の残骸を拾い集めようとしているのかもしれない。どちらが土星‐海王星のコンタクトにともなうものなのかは永遠にわからないだろう。なぜなら、このコンタクトはどちらにも解釈できるようになっているからだ。土星‐天王星型の人は法律、組織、社会的因習の領域に引き寄せられるが、土星‐海王星型の人は宗教や霊的な道に引き寄せられることが多い。

残念ながら、自称救世主に蝕まれる人々は存在する。これに比べれば、誇大妄想、中傷合戦、権力闘争、盲目な情動、大げさな感情表現によって蝕まれる人々のほうが救いがあるかもしれない。これは人生の途中にある危険の一つのようだ。天王星は、自分のキャリアの半ばにして立ち止まり、全く別の道を歩ませる原因となることが多いが、海王星の危険はそれよりも認識しにくく、その影響が現れるのはさらに後の段階になる。心理学の用語を使うなら、ある抑制が集合的心の反応を引き起こす、あるいは、集合的エネルギーとの密接な個人的接触を起こす、といえるだろう。土星が境界線をつくる個人的な心と、集合的エネルギーとの遭遇は、すでに何百回も起こっていたとしても、常に危険がともなう。遭遇が、パーソナリティの安定と土星の表す心の働きの理解と統合の前に起こると、必ず海王星の力の膨張が発生してしまう。海王星の力の膨張は、感情に非常に強く作用したときに起こるものだ。集合的感情の生命力を経験するという恍惚感には、そこに破壊的な面もあることを忘れさせる作用があるため、海王星の影響下にある人は簡単に幻惑されてしまう。この意味をよく理解するには、魚座を通して海王星の持つ力に触れてきた、この二千年間について考えてみるといいだろう。この二千年間とは、愛、慈悲、厚情、自己犠牲というキリスト教的概念と、それに寄生する宗教的不寛容、狂信、蛮行の時代でもあったのだ。

われわれはまだ海王星を完全には理解していない。多くの人が信ずる宗教的な象徴体系と、われわれが惹きつけられるものの傾向を通して、ぼんやりと感じているだけだ。これらは集合的無意識の底流が外に現れたものである。あるファッションや音楽様式が文明世界を席巻し、社会全体の情動的な衝動のシンボルになったとき、われわれは海王星の作用を垣間見ることができる。海王星は常に感情を通して現れ、われわれの情動的価値観に影響を及ぼす。土星‐海王星のコンタクトは、その人が二つの惑星の原理を統合し、自分のパーソナリティを媒体として、創作活動を通じて集合的感情を表現する機会を与えられることを暗示しているのではないだろうか。この統合は部分的なものではあるだろう。われわれはまだ、海王星を不完全な形でしか記憶していないと思われるからだ。こうした洞察が得られることは、生涯でも数えるほどしかなく、それもおぼろげな形でしかない。だが、それに意識的に反応することのできる人ならば、集合的感情を自分の創造の手段として用いる機会を見つけることができるだろう。

土星‐海王星のコンタクトは、芸術家にとっては大きな意味がある。このコンタクトは、集合的感情の生命力を霊感の源泉として自由に使うことを可能にするからだ。だが、すべての人が芸術家というわけではない。芸術によって自分を表現していない人は、土星‐海王星のコンタクトを表現する別の媒体が必要になる。個人的な人間関係と、その人の精神的な向上心が媒体となることが多い。このとき、パーソナリティが集合的感情に飲み込まれないようにするため、微妙なバランスを常に維持する必要がある。そうしないと、狂気がもたらされてしまう。しかし、土星‐海王星のコンタクトは、この微妙なバランスの維持が可能であることを十分に保証しているように思われる。普通の人にとっては、海王星と土星は情緒と実用性のシンボルであり、意識によって認識している部分は氷山の一角にすぎないのだ。犠牲的行為や集合的感情との接触があるたびに、水面下で自分の感情がゆっくりと浄化されていることには気づかないのである。

芸術作品が持つ力は、集合的な心を呼び集める力にかかっている部分が大きい。この力を獲得するために、芸術家はまず独立した単体としての自分のパーソナリティを犠牲にしなくてはならないのだ。そうすれば、完全な形で達成できるかどうかは別にしても、芸術家は集合的感情の使者、もしくは伝達者となることができる。こうして、芸術は、芸術家をゆっくりと変容させ、犠牲を取り戻させ、そして自らの創造行為によって他者をも救う錬金術的なプロセスとなっていくのである。これは難解な解釈かもしれないが、そもそも海王星とは理解し難い惑星なのだ。われわれはまだ、集合的意識によって海王星を歪曲することなく理解するための感性を育てていない。感性を育てつつある人もいないことはないが、ごく少数だ。意外に思われるかもしれないが、土星‐海王星型の人は、音楽と映画という娯楽産業のスターに多く見られる。これは集合的感情を伝達し、集合的な反応を引き起こす力と関係がある。彼らは、個人的には彼ら特有の個性を持ちながら、すべての人が共有する情動を表現し、何百万という声と対話をする。すべての人がこの方法で天才や狂気を表現できるわけではない。しかし、土星‐海王星のコンタクトのある人は、天才と狂気、海王星がもたらす恍惚への束の間の耽溺を、常に垣間見ているのだ。

＊土星と冥王星のアスペクト

海王星を正しい姿で表現できるようになるまで、まだ相当の道程があることだろう。だとすれば、占星術と心理学の両方において未だに謎の存在である冥王星は、さらにその先ということになる。神話ではプルートーン（冥王星）は冥界の支配者だ。プルートーンと同様の存在は、いかなる神話や民間伝承においても必ず見出すことができる。上位の神々の位置づけかたは神話によって異なるが、死者の魂を司る神はどこでも同じなのである。オリュンポスの神々の中で、プルートーンがひとたび発した言葉だけは、神々も人々も決して変えることができない。死を取り消すことはできないのだ。一度終わったり、定められた期間を過ぎたものは、それが人間であれ、意識の状態であれ、感情であれ、人間関係であれ、社会であれ、どのような意味においても完全に元の形に再生することは不可能だ。生命は永遠に存在し、違う形態をまとうことはできるかもしれない。だが、古い形態は完了しており、生命の内的な性質が変化しているために、元のままに再現することはできないのである。直線的な時間軸に沿ってみると、形態の誕生、成長、結実、衰退、形態の死滅と推移する。その一方で、形態の中の生命は、死滅も時間も超越しており、形態の死滅という出来事によって、より大きな生命へと解き放たれる。これは秘教的な考え方ではあるが、これと同じことを人の心の中に見て取ることができるだろう。最も典型的な例が、人生の最終章に到達しながら新しい章を始めようとしている人だ。生命は存在し続けるが、その生の形は変化しており、本人も変わり、さらに、古い構造に新しい意味を与えるようになるために、以前と同じ生き方を続けるのは不可能となる。時間を一直線に進んでいくものと考えた場合、その人は前に戻ることはできないが、その人の根源的な自己は変わらない。このプロセスは、社会構造、国家、宗教、自然界の終わりと始まりにも見ることができる。人はこの死と再生、そして不変の中心を取り巻く永遠の循環の元型を理解しようと努めるべきだろう。他の二つの土星外惑星と同じく、冥王星が関わるプロセスは、一言で表現するにはあまりにも長大であり、その人のバースチャートに応じて理解するためには、さまざまなシンボルを用いて補う必要があるからだ。死と再生の永遠の循環と時間の超越性を示す最古のシンボルは、自分の尾を食らう蛇、ウロボロスである。出生時に冥王星がある位置は、人が死んで再生する、あるいは、その人がこの元型の経験に最も近づくポイントだといえるだろう。しかし、予備知識として、この死と再生が心の全体的な成長にどのような意味を持つかを理解しないかぎり、この解釈は無意味なのである。

土星と冥王星には共通点が数多くあり、神話や宗教における両者の位置づけや対応関係は重なっていることが多い。いずれも、闇、破壊、ルシフェル、魔王、新しい生命やより広大な意識が生まれ出る混沌の深淵を象徴する獣と関係がある。惑星の位階において、冥王星は土星の唯一の友人である。それは「この友人さえいれば、向かうところ敵なし」と俗にいわれる類の友人だ。土星と冥王星は、心における同一のプロセスの二つの段階のシンボルである。いずれもその人を闇へと誘い、いずれも火の試練が与える苦難と浄化によって叡知を獲得することを暗示している。そして、いずれも苦闘によってのみ実現する意識の成長のプロセスと関わっている。内的な灼熱の地下世界へと導くのは外的な価値観の崩壊であることを考えれば、土星は冥王星の領域の入口の番人だといえよう。死者の魂をステュクスの川を越えて冥界へと運ぶ渡し守カローンに土星の性質が見られるのはそのためだ。土星とカローンの間には対応関係があり、土星とカローンはいずれも悪魔という闇の顔を持つ「老賢者」とつながっている。これらはすべて、苦痛の経験がもたらす教育的価値を表す存在だ。すべてを失った者だけが「自分は失ったものと同等ではない。それよりはるかに偉大な存在なのだ」と気づくことからも、この事実はすぐに明らかになるだろう。冥界への入口で番をしている三つの頭の怪物ケルベロスにも、「境界の守り手」たる土星との対応関係がある。おとぎ話に登場する英雄は、美しい花嫁を手に入れたり、王国を受け継いだりする前に、数多の竜、悪魔、巨人、人食い鬼などを退治しなくてはならない。これらの怪獣は、どれも土星と冥王星に関連しているのだ。心理的過程あるいは意識の成長の段階は、ことばによって知的に説明することは不可能なため、怪獣というシンボルによる描写が最もふさわしいのである。怪獣退治といった苦難は生きるためのプロセスであり、これらを経験した人は主観的にも客観的にも怪獣の存在の現実性を知ることになるのだ。

土星‐冥王星のコンタクトのある人には、強迫観念が顕著な性質として見られる。このコンタクトの持ち主は、自己破壊的な経験へと向かう、慎重に計画された意図的な行動が見られることが多い。本人はこの行動が強迫観念によって引き起こされることを自覚しているが、自分ではどうすることもできないのだ。冥王星は海王星のように感情と結びついているが、結びつきかたが異なっている。海王星は集合的感情や恍惚感、一体化された情動的経験を通しての無私無欲とつながっているが、冥王星は情動の破壊的側面を経験することによる成長と関わっているようだ。多くの場合、そこには強いられた孤立や喪失、激しく求めるものや愛するものの取り返しのつかない破壊という要素がともなう。激しく求めるものや愛するものとは、人の場合もあるが、より抽象的なもの、たとえば、温めていたアイディア、信念、生き方という場合もある。冥王星のもたらす経験は、苦痛を通して対象から離脱することを学ぶことによって、乗り越えられる場合が多い。その人は、バースチャート上の冥王星の位置に影響される人生の領域で、特に欲求によって強迫観念に苦しむ傾向があるからだ。この強迫観念から解放されるには、その人の中で何かが死ななければならない。この経験から、自分の情動をコントロールする方法を学ぶことができる。なぜなら、その人には他に生きのびる術がないからだ。

冥王星のもたらす、この内なる死を通しての自己統制のプロセスと、土星のもたらす形式への同化と、それに続く幻滅、孤立、覚醒への変容のプロセスとを結びつけてみよう。そうすれば、土星と冥王星がアスペクトを形成していると、自己理解とその結果としての自由をよりいっそう深める機会が与えられることが明らかになる。この機会が与えられるのは、情動的苦痛によって内的な破壊が引き起こされた時だけだ。このとき、その人の内にある何かが、その人をある経験へと駆り立てる。その人は求めるものすべてから引き離され、自己分析を強制され、やがて情動的に引き寄せられる外なる世界の中心を発見するだろう。これはやや劇的なパターンに思えるかもしれないが、実際のところ、土星‐冥王星のコンタクトを持つ人は必ず劇的要素を有している。人生のある時期、彼らは経験の意味を拡張し、それを神話ほどの大きさにまで膨らませる。そこには集合的経験の持つ魔術的・運命的な性質が忍び込んでいるのだ。その人は、そこでりりしい王子様や美しいお姫様という主役を演じ、悪魔や黒魔女、悪い精霊に魅入られる。その人は自分自身であると同時に元型なのである。冥王星が集合的無意識と何らかの関わりがあることを考えれば、このことは理解できるはずだ。

土星‐冥王星のコンタクトは、陰鬱でふさぎこみやすい気質をともなうとされる。自殺や自殺願望とのつながりもあるようだ。トラインとセクスタイルは、「ハードな」アスペクトにも似た激しい内向性と孤独を引き起こすが、それほど差し迫ったものではない。残念ながら、普通の人は自分の内部で何が起きているかを理解できず、強迫観念のパターンの根底にあるものが見えない。多くの場合、これは他者に投影されてしまうので、他者の強迫観念のほうが問題になってしまうのだ。このコンタクトを持つ人にとって、衝動は無意識の内で起こり、その人の意識が同意しようがしまいが、たとえ誰からも助けが得られなくても、自分のパーソナリティを内的な灼熱の地下世界へ駆り立てることに集中するだろう。このコンタクトは断固たる自立をともなうようだ。その人は、自分を駆り立てているものが何であれ、他者に多くの助けを求めればこの経験の価値は無効にされてしまうことを感じている。抑鬱、絶望感、絶え間ない自己探究は、土星‐冥王星型の人に見られる特徴だ。このような傾向は、その人が人生の表面だけを軽薄に生きようとして、過補償を試みたり、挑戦から逃避しようとしたときに、初めて現れることが多い。このパターンは一時的に見られるが、長く続くことはない。心は激しい内向性を示し、深淵への旅を指向するが、この方向性が無意識にとられた場合、その人は苦痛、孤独、自分が引き寄せた悲劇や強い情動的衝撃によって打ちのめされてしまう。土星‐冥王星型の人は、何事も器用にこなすことを自分に許さず、人生を気ままに渡っていくことができない。このような生き方をしようとすれば、その人は自分の内的な構造を破壊し、自分で自分に試練を課すことになる。これが自分の選んだ方向であることに気づけば、その人は協調することができるので、この試練の機会は有意義なものになるだろう。自分の欲求から離脱すれば、もはや人生にその人を支配するものは何もなく、その人は生まれ変わり、人生をより自由に生きることができるのだ。

再生は元型的な経験であり、どの文明の神話やおとぎ話においても必ず見られる主題だ。王や神は秋に死に、春に甦る。英雄は死に、美しいお姫様や魔法の獣によって生き返る。新しい生命の誕生には必ず死がともなう。この元型はキリスト教にも明確な形で浸透している。だが、このテーマはきわめて古いもので、キリスト教だけに見られるものではない。土星‐冥王星型の人は、人生のある時点で心の再生が必要になるだろう。それは一つの独立した態度や一つの人間関係よりも大きな意味を持つ再生だ。破壊されるのは自我をすっぽり覆っていた殻であることが多く、その人は自分の意識の新たな中心を発達させることができるようになる。土星‐冥王星のコンタクトは、パーソナリティの構造を粉砕し、よりよい心のバランスを取る機会をもたらす経験と関連しているのだ。このコンタクトは、通常の認識の枠組から完全にはずれた知覚のレベルにその人をいきなり投入する至高体験とつながっている。そのとき、形態の内部にある生命の意味と、情動的試練の内的な目的が明らかになる。この経験は、人生の途中に情動のどん底へ達する期間をもたらすことが多い。その人は精神的崩壊の瀬戸際にあるか、そこから抜け出そうとしているか、どうしようもなく孤独であるか、あるいは自分の個人的な生活の崩壊を経験していることだろう。この絶対的な孤独のあとに、一瞬の洞察が閃く。これは、その人が新たな物事の見方と人生の目的を定め、自分自身の燃えかすから立ち上がる助力となる。この種の啓示は、土星‐冥王星の密接なコンタクトに共通するもので、必ず激しい苦痛と絶望の後にやってくる。この啓示を得るためには、情動的忍耐の限界に到達し、欲求をあきらめることが必要なのだろう。この経験が持つ癒しの力は疑問の余地がない。これは、何らの宗教的象徴体系が関わらないという意味では、神秘的な経験ではないかもしれない。あるいは、これは「回心（conversion）」の性質を持つものかもしれない。いずれにしても、大した問題ではないだろう。この経験は、死と再生という元型が人の心に作用する力の生きた実例なのだ。

一般に、冥王星は、情動的な重大事件か危機が発生するときのプログレッションかトランジットによって活性化される。どういう因果かはわからないが、冥王星は、死の脅威とは関係なさそうな結婚のときに活発になる。しかし、夫婦生活こそ冥王星が焼け野原にしたくてたまらない領域なのだ。冥王星は、その人の欲求と意志を自分の表現手段とすることが最も多い。冥王星は奪い取り、むさぼり尽くしたいという熱情や衝動とつながりがあるため、性的不一致と強迫観念という地獄は冥王星に典型的な領域なのだ。冥王星が関わっているのは、肉体的なセックスではなく、セックスにともなう心的経験であり、肉体的な行為の背後に隠された意味である。だから錬金術師は、意識と無意識の力との遭遇の説明に結婚という行為、つまり「聖なる結合（coniunctio）」という象徴を用いたのだ。錬金術では、聖なる結合の後には必ず黒化、腐敗、そして卑金属が金へ生まれ変わるのに必要な死が続くとされている。他者との融合を経験することによって、一時的な死と再生の可能性が同時に起こるのだ。無論これは理想であって、錬金術師が金を創れなかったように、実現されることはない。錬金術では、卑金属は「鉛（サターン）」と呼ばれた。相容れない要素や意識と無意識の雑多な混合体であるパーソナリティは、浄化と死のプロセスを通り抜けなくてはならない。そうしてはじめて、パーソナリティはさまざまな神が象徴する内的統合、つまり内的自己を創出することができるのだ。

土星‐冥王星のコンタクトは個人的なものではないが、熱情、不能、嫉妬、フラストレーションなど、激しい情動的作用をもたらすことが多い。より大きな意識への集合的衝動が個人を通して表現されるときは、この形で現れるのだ。このコンタクトがある人は、自分の内的衝動を理解しておくべきだろう。これを無視すれば、その人は内的衝動に過剰に従い、無益な残虐さで自分自身を破壊しかねないからだ。このコンタクトは自己破壊的な惑星同士の組み合せである。とはいえ、これは破壊されてもさしつかえない小さな自己、つまり土星がもたらす自己防衛を象徴する、固い殻に閉じ込もった自己だ。心理学用語を使えば、根から切り離され、融通のきかない狭い見解に従って働く、偏って分化した自我ということになる。この構造が揺さぶられて不安定になれば、一種の死を迎える。その人の意識的な行動基準全体が意味を失ってしまうからである。しかし、変容は、この経験に定められた結果だ。土星‐冥王星のコンタクトは莫大な力を解放し、パーソナリティに注ぎ込む。このコンタクトを軽視してはならない。なぜなら、土星と冥王星の動きは緩慢なため、コンタクトの影響は相当に長期にわたって続くからだ。これは、同世代の多くの人が、激しい自己表現の集合的衝動を持つ土星‐冥王星のコンタクトの同じ影響の下に生まれてくることを意味する。個人にとってこの経験の持つ特別の意味は、他者と分かち合うことで失われるどころか、かえって強くなるのである。

土星‐冥王星のコンタクトは、土星が他の二つの土星外惑星とコンタクトを形成している場合と同じく、いわゆる精神障害と何らかの関わりがあるようだ。天才の要件となりうる感性を持つためには、狂気の可能性に身をさらさなくてはならないのだろう。感性を手段として用いることは、狂気と同じことだからだ。土星は、自己という建物が建設途中に必要とする足場である。建物の完成というのは、意識の解放による自己の開示の達成を意味する。足場は、恐怖から来る無意識の自己防衛メカニズムや、沈黙とプライバシーを賢明に分別を持って守ることなどさまざまなことがらを意味する。内なる建物が完成する前に足場が壊されてしまったら、新しい足場を組まなくてはならない。この作業は一生かかっても終わらないだろう。内的な統合が起こるまで、足場を取り去ることはできないのだ。土星と土星外惑星のコンタクトは、必ずや成長のプロセスを加速することだろう。このコンタクトは集合的であるがゆえに、強力な変容をその人に経験させるからだ。この経験はより大きな成長を、より早くもたらす機会となる。一方で、このコンタクトは足場を壊す危険をもはらんでいる。このコンタクトのある人は、両極端から引っ張られながら進むには、バランスを保つことがいかに大切かを理解しておく必要がある。土星と土星外惑星がコンタクトを形成していたら、感性があまりにも強すぎるので、意識を進歩させるための近道は存在しないと思ったほうがいい。それにもかかわらず、その人は緊急性を感じているため、近道に魅せられてしまう。これは非常に危険な綱渡りである。元型的な力の世界には天使の軍勢もいるかもしれないが、悪魔の軍勢もいるのだ。われわれも錬金術師のように叫ぼうではないか。

「心の闇を浄めよ、感覚のために光をともせ！」

土星と土星外惑星とのコンタクトは、常に創造的表現と自己理解の高い能力を暗示している。このコンタクトは変容と同時に破壊を象徴している。その人が自らの意志で、自分の個人的心の世界だけでなく、より大きな集合的無意識の世界をも探求するなら、その人は自分の内的統合を果たせるだけでなく、自分もその一部である集合的な心の全体性を経験することができるだろう。

第6章　シナストリー（相性判断）

ここまでバースチャート上にある土星を詳しく観察してきたが、相性のためにチャートを比較する際にも土星を安易に無視してはならないことは、すでに充分におわかりいただけたことと思う。何かと何かをつなぎとめるもの、永続的なものは、すべて土星の支配下にある。土星の影響のない人間関係は、時の経過や状況の変化に耐えることができず、当事者に何らかの変化をもたらすことも期待できない。われわれは忘れがちなのであるが、人間関係は幸福を目的として築くものではない。欠落しているものを埋めて充足させるために構築するのだ。したがって、人間関係とは最終目的ではなく、成長のプロセスということになる。だとすれば、苦痛と限界を味わうことなく成長を促進するような人間関係はありえない、ということになるだろう。ただ、われわれは自分自身について無知なために、苦痛にばかりとらわれて、自ら成長を抑制してしまう傾向がある。ほとんどの人間関係では、無意識的な投影が頻繁に行なわれ、自分が向きあっている人が本当はどのような性質なのかを客観的に認識することはめったにない。そのため、人間関係を無意識のレベルから引き出し、内なる統合という意識的な営みに深めてゆくには、必ず苦痛がともなうのである。つまり自分自身に直面することにともなう苦痛だ。この自己認識を得ることによって相互に成長をうながすプロセスをたどりつつ、人間関係は土星の影響下に入るのである。土星が愛と関係する惑星であるとは、ふつう誰も考えすらしないだろうが。

こうしてみると、天秤座で土星が「高揚《エギザイル》」することは、決して驚くに値しない。人間関係はわれわれとっての最も厳格な教師であり、何よりもわれわれの成長を育む可能性を秘めているからだ。現代社会では人間関係を維持する術はさほど重視されていない。人との出会いにおいてトラブルが発生すると、それは土星の「不吉な」性質によるものとされる。対人関係は、肉体や知性のように具体性や論理性を持つ世界ではなく、感情と直観の世界に属するものなので、われわれは相互理解の機微にひどく乏しくなってしまう。だが、構造物の耐久力を測定するには、実際に圧力をかけてみなければならないように、土星の真の価値は、他者からの影響に照らし合わせてみなければ検証することができない。土星は、人間の内的な自己決定力を測る物差しなのだ。土星が象徴するのは、その人が努力によって、はじめて永続的に自分の血肉とすることができるものである。また、土星は、環境に対するその人の防衛力の強さを測るものでもある。これらの力は、その人の心の内的な構造が完成するまでの期間、いやその完成後も、複雑に絡み合った社会の組織を円滑に働かせるために必要になるものだ。

深い縁で結ばれた二人のチャートを比較すると、必ずといっていいほど土星が互いのチャートの間でアスペクトを形成している。土星がロマンティックな魅力を持つ惑星とされることはまずないが、いわゆる愛やロマンティックな魅力を感じることというのは、自分自身が他者に投影したものに対する無意識の反応であることを忘れてはならない。自分の愛する人の特徴だと思い込んで、それに魅了されたとしても、それは自分の心の中にある未だ意識にのぼっていない、異性的な側面なのである。この現象は、分析心理学によって充分に探究されているにもかかわらず、残念ながら占星術では無視されている。おおかたの人間関係は、明確な意識によって相手を選択した結果ではない。人間関係は意識的なものでも選択の結果でもなく、無意識が実にわかりにくいある目的に向けてつくり上げたものなのだといえる。無意識のこの働きは、常人の知能がなすこととしては複雑すぎるように思われるかもしれない。しかし、知能やパーソナリティのなしていることではなく、幻想、気分、激情、夢となって現れる心の部分のことだと考えてはどうか。秘教的にいえば、無意識のレベルで構築される人間関係は、学びと成長の道を進むための魂の選択の結果ということになる。われわれは自己発見の努力を通じて、自由意志による意識的行為として愛する権利を獲得する。一度は苦痛に満ちた失敗をしてみなければ、この努力は実行することはできない。土星がもたらすものは、本来、失敗ではなく、この努力と発見なのである。

シナストリー(相性判断)における秘教的な土星の由来や解釈はきわめて豊富であり、それ自体独立した研究対象にしてもよいほどだ。原初において土星は、「エデンの園」でサタンを演じ、「無知」であることの幸福と引き替えに、善と悪の二元性という知識を人間に与えた。「カルマの主」としての土星の意味は、心理学と秘教が、土星に関して同じ現象を違う用語で説明しているにすぎないことを示している。これは、カルマをパーソナリティの中にある「実質(substance)」と見なし、それが内的な性質に従って外的環境を引き寄せるものと考えた場合、特にいえることだ。出生時の土星の位置が夫の太陽と1〜2度の誤差でコンジャンクションを形成している女性について、夫を「制限し抑圧する」とか、これは「カルマによる因縁」だ、と解釈するだけでは充分ではない。このような解釈では、二人の間で煮えたぎる怒りとフラストレーションを扱う助けにも何にもならないのである。なぜ二人の間にこのような相互対応が起きているのか、二人の無意識の間で何が反応しあっているのかを理解することのほうが、はるかに重要なのだ。そうしないと、この関係はやがて激しい憎悪を生み出し、表面的な意識の安楽を維持するために、互いの感受性が結びつく経路を断ってしまう危険がある。心のエネルギーは、否認されたからといって、失われることはない。妨害された経路ではなく、別の経路を探すだけのことだ。認識されず表出しない憎悪は、無意味な喧嘩や、はかったようなタイミングで現れる身体的症状など、さまざまな形となって再出現するだろう。難しい用語を使えば、この状況は、解放されていないエネルギー、あるいは「実質」を繰り返し発散させる新たなカルマを二人の間につくり出す可能性があるということだ。もちろん、これは二人の間に深い愛が存在しているために起こることである。心理学では、相反する情動の共存は以前から知られていることであった。

シナストリーに関連して土星を分析する場合は、土星が人間の最も脆弱な部分のシンボルであることを考えに入れておくといいだろう。土星は、発達や成熟に欠かせないことがらを抑制したために傷ついてしまった領域を象徴しているのだ。これは、精神や感情など、比喩的な意味の場合もあれば、ビタミンの欠乏によって骨の湾曲を起こした子供のように、文字どおりの意味の場合もある。土星はさまざまな意味で、ユングのいう「シャドウ」、つまり意識的な自我の闇の面と結びついているのだろう。ここには、自己イメージと合わないために抑圧されたり、胎児や赤ん坊のような状態であるために気づかれないことがらが含まれている。「シャドウ」は正と負の両面を持つ。たしかに、「シャドウ」は劣ったもの、あるいは未成熟なものを表現するものだ。しかし、そこには意識的なパーソナリティの完成に必要なものが「胚」の形で含まれているのである。

土星のある星座やハウスは、不足あるいは欠落という感覚を象徴する。欠落感は、土星と他の惑星が形成するアスペクトに反映されているように、パーソナリティの別の面に影響を及ぼす。さらに深く探求してみれば、土星はその人が見たくない部分を鮮明に描き出すだろう。その部分は、その人にとって、不足感やフラストレーションという激しい内的感情との戦いの場である。その人は、アコヤ貝が殻の内側に埋め込まれた苦痛という核を真珠質でとりかこむように、秘密の傷つきやすい部分に触れるものすべてをコントロールしたいという激しい欲求をもって戦いを挑む。「シャドウ」が意識されるのは激しさが表に出る時だけであり、この戦いを、道徳的・倫理的規範に従って意志をもって選択することができるのは、この瞬間しかない。それまでは、恐怖に基づいて強制的に選択させられるのである。以上の事実から、他人のチャート上にある惑星、アセンダントやMC、月の交点、重要な中間点やプログレスされた惑星が、この最も敏感な点《センシティブポイント》に触れているとき、何が起きるかは明らかだろう。その人が適切に内的統合を果たしており、自分自身の無意識の作用を理解していないかぎり、土星のコンタクトに対する最初の反応は「恐怖」なのだ。その人の自尊心、社会的地位、自己イメージは、この感情の存在を認めるのを妨害するほか、この感情が何なのかを自覚することさえ妨害してしまう。もし、この感情を自覚しようと試みれば、その人は自己を理解し、受け入れるまでの長い道程を踏み出すことになる。しかし、外的な達成や「習慣」を重視するわれわれの社会では、自己に対して誠実であることは価値として認められていない。実際のところ、自己認識の道をたどるために他者の助けを借りようとする人は、単に成長を求めているだけであったとしても、「神経症」あるいは「バランスを欠いている」と思われてしまう。ここに、土星のコンタクトの最大の問題が潜んでいる。われわれの社会の傾向や価値観は、このコンタクトの最も前向きで建設的な活用と真っ向から対立しているのだ。というのは、これには「内観」の道が絡んでいるからである。その結果、土星のアスペクトは不必要な社会との軋轢や苦痛を過剰に引き起こしてしまうのだ。

土星の「密接な」コンタクトに対する意識レベルでの反応は、全く不合理な反感や憎悪であることが多い。これは、自分が嫌悪したり恐怖を感じる対象を他者の内に見出すとき、それは自分の内にも必ず存在するという法則を立証するものである。また、土星のもたらす典型的な現象である過補償が示されることも多い。その人は「攻撃者」に魅せられてしまう――そして、無意識のうちに、敵を征服し、敵意を奪うための準備を始めるのだ。驚くべきことに、これは愛と呼ばれることが多いのである。

補償の働きは土星と連繋しており、人間のみならず自然にも内在する。これは、自己や種の保存を指向する生物学的・心理学的機能のことだ。たとえば、最低限の自己防衛の手段しか持たない動物は、種の保存を確実にするため、繁殖率は最大になる。人間の場合でも自己防衛力が最低レベルで、内的バランスが不安定だと、厄介な土星とのコンタクトを形成している人間関係を引き寄せやすくなる。彼らは無意識のうちに、この人間関係の摩擦を利用して、恐怖のせいで自分の内部に構築できないものを、他者を通して構築しようと試みる――これは、しばしばその相手を犠牲にして行なわれる。つまり、彼らは、お節介な惑星が象徴するパートナーの機能を「制限し抑圧し」、時には象徴的な意味で「去勢」までしようとするのだ。こうすることによって、外見的には、相手よりも強くなってしまう場合もあるだろう。支配者と従属者の関係で夫婦関係をスタートさせたにもかかわらず、数年後には上下関係が完全に逆転しているという例は珍しくない。神話において、土星的人物としてのクロノスが父親を去勢し、新たな生命を生み出す機能を奪ってしまうという権力簒奪方法を取るのは、こういった現象を意味しているのである。

攻撃の対象となるパートナーの性質は、本人自身の「シャドウ」の一部でもあるため、随所に再出現するという不愉快な現象が起きる。こうなると、二人の関係が行き詰まったとき、二人はここまでの道程で得たものは何もないことに気づくのである。土星から学ぶべきものは、相手を打ち倒すことからでは得られない。「神経症的な関係」と呼ばれる関係は、このような荒々しい状態から生まれることが多い。先入観なく見渡してみても、われわれの社会における人間関係のほとんどはこのタイプに属している。「子供」や「職業上の必要」といったファクターが注意をそらす手段として使われているため、手詰まりの状態が隠蔽されているだけのことだ。結婚が家族や政治や宗教の問題になってしまう文化とは異なり、愛する人と結婚できる自由がある社会では、家族や政治や宗教の代わりに欲求や恐怖から結婚する。しかし、こうした欲求や恐怖の解消は、必ずしもパートナーの利益とは両立しないのである。

それでも、土星こそ自由への最大の道であるとの考えを持ちつづけるなら、土星のコンタクトが形成されている関係は、二人が自分と相手に対して誠実であろうとするかぎり、大きな成長と自己理解が得られることの証となるだろう。二人はともに、心理的な純潔という夢物語より、はるかに豊かで深いものをもたらす旅に出るだろう。自分の「シャドウ」に踏み込めば踏み込むほど、無意識を従わせることができるのである。「シャドウ」から充分に距離を取り、客観的に観察できれば、「シャドウ」は直接的で予想可能な反応を示す。その結果、自分の好き嫌いの対象を知ることになり、われわれは多大な洞察を得ることができるのである。「シャドウ」は批判や判断の欲求にしたがって対処すべきものではない。合理的な判断力は「シャドウ」の領分ではないからだ。そもそも、この判断力を幾世にもわたって無批判に使ってきたため、われわれは人類の土星的側面に悩まされる結果となったのである。

＊太陽 - 土星のコンタクト

太陽は一般に意識的あるいは理性的な自我のシンボルとされる。太陽は個性、そして目的と判断力の意識的な現れを象徴する。これは特に男性に当てはまるものであり、女性にはあまり当てはまらないことも多い。女性の多くは感情や本能によって人生に適応しており、太陽よりも月を反映するからだ。太陽は女性の男性的側面「アニムス」のシンボルとなる。女性が自分のチャート上で太陽のある星座やハウス、あるいは太陽が形成するアスペクトの象徴する特性を理解し内的統合を果たさないかぎり、彼女は夫や恋人にその特性を求め、彼を通してその特性を現実化しようとするだろう。

シナストリーで太陽 - 土星のコンタクトが形成されている人間関係の大半は、女性の土星と男性の太陽という組み合せである。これは、大部分の女性は自分自身の太陽の性質を自由に表現できておらず、女性と太陽とのつながりはほとんど無意識に押しやられてしまい、そのために太陽の力の影響があまり強くないという解釈によるものである。それでも、太陽‐土星のコンタクトは強力で、人間関係を拘束すると同時に、よく知られているような太陽‐月や金星‐火星の相互交換よりも頻繁に見られるのである。

ある人の太陽が他の人の土星と重なっているとき――コンジャンクションは最も強いコンタクトだが、他のアスペクトでも誤差が許容角度内《オーブ》にある場合、同じような作用をするようだ――は、土星が隠蔽しようとする性質がパートナーによって鮮やかに表現される。アスペクトの誤差によってこの作用の強制力はさまざまだが、いずれにせよこの関係はきわめて激しい反応を二人の間に引き起こす。土星に関しては、許容角度はシナストリーで一般に認められている誤差よりも大きく、完全に正確なアスペクトとなると、運命的な補完性の感情を生み出してしまう。「アスペクトはカルマ的な絆をつくる」とされるのは、この感情によるものだろう。このコンタクトは、カルマ的な絆が本当に存在するかどうか判断する知識を、われわれがまだ持っていないという事実を示しているのではないだろうか。心理学的にいえば、この「正しい」あるいは「運命的」という感情は、二人が自分の無意識をお互いに強く投影しあっている――つまり、現実に愛し合っている――場合に必ず発生するものだ。これがカルマなのか、投影なのか、あるいはその両方なのかは、議論の余地がある。だが、知性の合理的な言葉でも、シナストリーの伝統的な解釈に従っても、説明不能な何かが起こっていることだけは間違いないだろう。付き合いが長くなれば長くなるほど、コンタクトは強く感じられる。たとえ、太陽と土星の間隔が10度であっても、付き合いが長くなれば、このコンタクトは明確になってゆくということだ。

土星には、太陽に対して本意とは言えない敬意や賞賛を示すという面が見られる。土星は自分のうちにある特質をうまく表現できず、また、それらの特性を恐れたり嫌ったりしている。ところが、太陽は、そういったことがらを易々と表現してしまうからだ。土星側の人に自己の認識があれば、その人は賞賛を率直に表現し、パートナーから自己表現の方法を学ぶことができるだろう。偉大なる生命の授与者である太陽だけが、土星の凍りついた身体を温め、これに光を与えることができるのだ。だが、その人が自分の土星に無意識だと、羨望や敵意をあらわにして、自分が損をしてでも相手を陥れようとするなど、自尊心がむき出しになることが多い。土星と太陽は正反対の位置にある星座を司り、それぞれが高揚《エギザルト》する星座が相手の失墜《フォール》する星座となっている。この関係に象徴されるように、土星と太陽は、精神的にも、占星術的にも、本質的に正反対なのだ。また、土星と太陽は、明らかに調和しない二重性を形成している。いずれも全体的な構造の半分しか持っていないのだ。中世の錬金術師は、鉛を「サターン」（土星）と呼び、その中には「ソル」（太陽）と呼ばれる黄金がすでに含まれていると主張していたが、これは錬金術師がこの事実を知っていたことを示しているのである。パーソナリティの暗く破滅的な側面である「シャドウ」は、隠れた味方でもあるのだから、決して無視したり、捨てたりしてはならない。この味方と一緒になって、初めて一つの生命が生まれるのだ。そのため、太陽－土星の絆には、きわめて強い相互依存の要素が見出せる。ゆえに、いかなる苦難に見舞われようと、太陽と土星は関係を断つよりも、苦難を乗り越えることを選択するだろう。

太陽－土星のコンタクトにともなう危険とは、土星側の人が無意識のうちに恐怖を抱いていると、太陽側の人に深くのめりこみ、相手を圧迫しかねないことだ。その人は、自分の大切な欲求を太陽側の人を通して実現しようと懸命になるので、太陽側の人が選択した人生のゴールが目に入らないのである。土星側が親で、太陽側が子だと、被害は特にひどくなるだろう。子供は、自分らしくあることや、自分で描いた設計図に沿って成長していくことを、まず許されない。男性の太陽と女性の土星がコンタクトしていると、その女性は男性が望まざる道を歩む無意識の原動力になってしまう。女性が従順そうな男性に対して物質的優位を保ちつつ、彼女のエゴイスティックな夢を彼を通して実現しているからだ。逆に、男性の土星と女性の太陽がコンタクトしていると、男性は女性の創造的表現を無意識のうちに抑圧してしまう。現実に女性が創造的表現を行なったら、彼女はどれほど偉くなってしまうのだろう――男性はこれを恐れているのだ。彼は彼女が自分の上に立つことのないように、彼女を「裸足のまま台所に閉じ込め」ずにはいられないのだ。彼女自身が本当に彼の上に立つことを望んでいるかどうかなど、最初から考えもしないのである。

いずれも不愉快な状況ばかりだが、ほぼ必然的に発生するものばかりだ。こういった状況の中で、二人が尊厳と自尊心を保つためには、闇の中から秩序を引き出す以外に方法はない。そうすれば、双方が自分の表現したいものを自力で発展させ、自分自身の内的な中心を保ったまま、互いに相手を認めることができるようになるだろう。太陽と土星の関係は、心理的レベルでの親子関係に似ているかもしれない。太陽‐土星のコンタクトがカルマ的なコンタクトだといわれるのは、このような親子関係が現実に存在するがゆえなのではないだろうか。光をもたらし新たな成長を促す、喜びに満ちた永遠の子供である太陽は、親に不死性を授ける手段である。なぜなら、親は子供を通して新たな生を始めるからだ。経験と権威の代弁者である土星は、自らの創造物を守り、導くことができる。つまり、土星側が構造を提供し、太陽側が意味を与えるというわけだ。しかし、土星側の親が自分自身の人生に十分な意味を見出していなかったとすれば、あるいは、フラストレーションの連続の人生を送っていたとしたら、自分の子供を身代わりとして生きようとするだろうし、太陽側の人にも独自の表現をする権利があることを忘れてしまうだろう。

私見ではあるが、太陽‐土星のコンタクトは、たとえスクエアやオポジションであっても、本質的にマイナスであるとも、この人間関係に必ず破綻をもたらすとも思わない。そのように見えてしまうという事実は、この関係が「不吉」であると暗示しているのではなく、この関係にあるとその人たちは人生の感情的側面に対処するときの手際が悪くなるということを反映しているのではないだろうか。多くの場合、そこには戦いがあり、土星側が感じている恐怖と脆弱さを認識できない太陽側にとっては激しい圧力となる。これは、土星側が冷淡で無関心な顔を装うのに長けているためだ。だが、太陽側が進んで手を貸すことで、土星側が自分の本当の問題点に充分に意識的になれるようにすれば、このコンタクトは双方に素晴らしい影響を与えるだろう。土星側は自分自身もより大きな喜びを感じる方法を学びつつ、太陽側に方向性と支援を与え、その人の目標を現実的な形で認識する手助けをすることができる。土星側の人が自分の恐怖を理解できるかどうかは、その人自身にかかっているのである。土星と太陽の絆は、土星の頼りたいという傾向と太陽の頼られたいという欲求に支えられており、永遠に続くものである。二人の価値観が異なっているのであれば、太陽‐土星のコンタクトは警戒を要するものではなく、永遠の関係を暗示する最高のものとなるのだ。

＊火星 - 土星のコンタクト

二つのチャートを重ね合わせた際、土星とコンタクトしている火星は「悪玉」である。一般に知られているように、太陽 - 土星の結びつきは、わずかながらも良い作用を持つとされている。ところが、チャートに火星 - 土星の結びつきがあれば、たとえ「調和」のアスペクトであっても、それは常に苦難を予兆する警告なのだ。このコンタクトを形成しているカップルの中には、なるべく早く別れるべきだと思っている人もいることだろう。火星は肉体的な欲求と情熱のシンボルだから、このアスペクトは必ずセックスにおける拒絶と憎悪を引き起こすと、表面的な解釈をしている人もいるに違いない。それでは、真摯な情動的交わりがある場所に、火星 - 土星のコンタクトが頻繁に見られるのはどういうわけなのだろうか。しかも、これは、強く惹かれあうとされる火星 - 金星のコンタクトよりも頻繁に現れるのだ。さらに、その二人は拒絶しあうどころか、（少なくともはじめのうちは）激しく性的に惹かれあっているように見えるのは、どういうことなのだろうか。このコンタクトは、結婚前には情熱をもたらすが、結婚後は徐々に冷却し、ついには暴力に至るとされている。だが、土星のもたらす極度の脆弱さと、自分の無意識を他者へ投影する傾向を考慮すれば、難解とされる火星 - 土星のアスペクトの作用も徐々に明確になってくるはずだ。

このコンタクトでは、土星のある星座、エレメント、三つの活動宮などの性質が、そこにいる火星の存在によって燃え上がる。これらの性質は完全に成熟し、濃密となり、多少なりとも攻撃的になり、開放的で、やや横柄になる。そして、意志やエネルギーの衝動、あるいはセックスのスタイルや衝動に流れ込むのだ。人間関係においては、セックスのスタイルや衝動のほうが重要な意味を持つのである。火星は情熱を象徴し、土星は恐怖を象徴する。土星側の人が無意識のまま、このコンタクトに捕らえられてしまうと、蛇ににらまれた小鳥のように身動きできなくなってしまうのは当然だろう。その人は、自分の最も表現の苦手な性質（どの性質も性的な意味合いを含んでいる）を堂々と示す人の存在に敏感である。このコンタクトは拒絶させるよりも、むしろ駆り立てる場合のほうが多い。土星側の人は無意識のうちに、自分を威嚇する相手を支配下に置こうと決心することだろう。恐怖は「刺激」という偽装をとる場合も多い。ゆえに、この土星側の「計画」は、本質的には意図的なものではない。だが、挑戦状は叩きつけられ、支配は完遂しなければならないのである。投影は投影した本人によって意識された瞬間、投影ではなくなる。その人は、脅威が相手ではなく自分の「シャドウ」の中にあることに気づき、このコンタクトにやむなく駆り立てられている状況から解放されるのである。

これまで見てきたように、土星は偽装の名人だ。土星は情熱を、激しく燃えさかる火星よりも堂々と、芝居気たっぷりに演じることができる。これは意図的な仮装ではない。正真正銘の情熱なのだ。しかし、その動機は感情のレベルにあり、やや曖昧である。そのため、二人は恋に落ちながらも、いつまでも幸せに暮らすということはない。征服が完了したとき（それは一夜ですむかもしれないし、五十年かかるかもしれない。いずれにしても、火星－土星のコンタクトの真の戦場である寝室で実行されることが普通だ）、土星は情熱を引っ込め、本来の冷静でよそよそしい姿に戻ってしまうからだ。初めて会ったとき以来、無意識が駆りたててきた象徴的な意味での武装は、こうして解除されるのである。

ここで述べたことは、火星－土星のコンタクトにともなう目に見えない心的なプロセスを、極端に単純化したものだ。当事者たちの意識のレベルには、この関係に相互調和と理解をもたらすつながりが数多く見られることもある。このアスペクト自体が、状況を和らげる「ソフトな」クロスアスペクトの場合を除いて、激しく直接的な嫌悪感をもたらす可能性がある（実際にそうなる場合がほとんどである）にもかかわらず、である。人々が自然に惹かれあうということと、この複雑な心理が混ざりあい解釈は錯綜したものとなることがある。人と人は好き合っているからこそ惹かれ合うのだとしたら、このコンタクトの意味はほとんどなくなってしまう。互いに嫌い合っているからこそ惹かれ合うということも、時にはあるのだ。

暴力的な傾向は、無意識の領域の相手への投影と、その結果引き起こされるフラストレーションに現れる。穏やかで温厚な男性、あるいは肉体的暴力や激しい感情によって怒りを表現しない男性が、自分の火星に重なる土星を持つ女性に怒りをかき立てられ、自制がきかなくなるというのも、考えてみれば奇妙なことである。男女を問わず、肉体的な暴力は高い代償をともなうからだ。土星側の人が自分の殻に閉じこもりはじめると、火星側の人は痛烈な情動的苦痛を味わうことになる。最初は情熱にあふれているように見えた相手が急に遠ざかり、いきなり手が届かなくなってしまうからだ。これは、正直な表現を何よりも好む火星側にとっては、実に腹立たしいことである。火星側はパートナーの関心を取り戻そうと、口論や感情的な言動を開始する。このいさかいは本質的には些細なものだが、コントロール不能なほど重大な様相を呈するようになり、肉体的な傷を負わせる結果にいたるだろう。その原因は、火星が冷淡で無関心な土星から反応を引き出そうと試みるためである。いかなる反応であれ、無反応よりはましだと考えるのだ。

すでに結婚している二人で、他の愛に満ちた絆があるときには、火星－土星のコンタクトの摩擦を耐えながら一生を過ごすことになる。この場合には、摩擦の根底にあるものを何らかの方法で理解することが必要だ。また、このコンタクトが親子間で見られる場合も、同様の努力が必要である。さもないと愛情と依存の関係にありながら、無意識のレベルではネコがネズミをいたぶるような状態に陥ってしまうからだ。特に苦しむのは子供の側で、大人になってから情動的な傷に悩まされることになる。関係を断つことが不可能な間柄において、このコンタクトが形成されていると、両者ともに激しい重圧を受けることになる。そして、特に苦しめられるのは、最終的な結果が双方にとって有意義なものになるか、それとも必要以上に苦痛に満ちたものになるかの鍵を握る土星の側なのだ。

火星－土星のコンタクトの厄介な点は他にもある。ヴィクトリア朝以後である現代社会には、うわべは金銭や法律上のトラブル、あるいは金曜の夜に誰がゴミを出すかというような些細な口論の形をとりつつ、実際にはセックスや情動にからむ争いである場合が多々ある。自分の感情を表現することは、土星の側の人のほうが難しい。土星側の人は、自分がどのような感情を抱いているのかすら知らないことが多いからだ。土星側の人は、自分の感情を自分にも相手にも見せようとはしない。土星よりも独立心の強い火星は、土星が自分を包囲しようとする網が狭まりつつあることに気づき、可能であれば逃げ出そうとする。すると、土星は、最も痛みの激しい部分をさらに傷つけられ、よりいっそうの怒りを、今度は意識して蓄積することになるのだ。だが、土星は、相手がどの惑星であろうと、その人に自責の念を抱かせるように仕向ける傾向があり、実際に相手は土星に対して罪悪感を感じてしまう。自分自身をよく知らないでいる人たちの間で、火星－土星の密接なコンタクトがある場合、威圧の神と抵抗の神の結合が得策ではないことをわからせる結果となるだろう。

とはいえ、努力次第では、このコンタクトは必ずしも悲惨な結果になるとは限らない。きわめて有意義なコンタクトになる可能性すらあるのだ。たとえば、性的関係から相互の誠実さを育むといった努力である（不幸なことに、こういった努力はまず見られないが）。どれほど想像力をたくましくしても、土星をセックスの惑星と見なすことはできない。しかし、セックスが障害となっている場合、土星は大きな役割を演じるのだ。土星は、金星とコンタクトしている時はロマンティックな役割を演じ、水星とコンタクトしている時は知的な役割を演じるのと同じで、火星に脅かされている時は性的な役割を演じるのだ。だが、制御と規律と禁欲主義の方向に導く土星は、反セックス的あるいはセックスと無関係と見なされる。土星は前うしろの二つの顔を持つヤヌス神のごとく、あらゆる方向を監視しながら門を守っている。そして、土星の主な防衛手段は偽装なのである。

太陽－土星のコンタクトであれば、その関係から引き起こされる問題について正面から話し合うことができる。しかし、火星－土星のコンタクトの関係から起こった問題は、話し合えば大勢の人に気まずい思いをさせたり、感情を傷つけたりする危険をともなう。これはヴィクトリア朝時代が遺した禁欲主義的道徳感が今も根強いためだが、その根底には二千年来のキリスト教の教義がある。人々の集合的心が成長すれば、セックスにおける誠意を育むことも可能になるだろう。そうすれば、このエネルギーは、人間関係をより有意義なものにするために活用されることになる。心理学は、たしかにフロイトから始まったものかもしれない。だが、個人の無意識は抑圧されたリビドー（性的衝動）に支配されている、という発想は、人間の心を広い視野で見た場合には、もはや機能しない。性的な関係と、広い意味での男性と女性の役割分担は、いまだに社会の成長を妨げる障害になっている。性的な関係を結んでいる二人の間に火星‐土星のコンタクトがあれば、これを手がかりに性的役割にまつわるシンボルに隠された元型を探究し、自己発見へと至ることができるかもしれない。このコンタクトは全体性を実現する最も有効な手段なのではないだろうか。多くの人が無意識にセックスに対してとっている態度につきまとう不足感、罪悪感、混乱は、火星の積極的で誠実なエネルギーによって表出させられ、消し去ることができるだろう。そして、多くの人々の性的表現に潜む本能的な利己主義や感性の欠如は、土星の理解力と奥深さによってバランスを取ることができるだろう。

火星‐土星のコンタクトが、親子など性的な結びつきのない間柄で形成されている場合でも、無意識のレベルには本質的に性的な意味が潜んでいることがある。このことは当然のなりゆきであり、しばしば現実に見うけられる。男の子は、人生の始めの段階から、必ず自分の母親を女性性のシンボルと見なし、女の子は人生の始めの段階から、必ず自分の父親を男性性のシンボルと見なすからだ。親子の絆には性的なつながりがある。ただ、ここでの性は広い意味での性であり、肉体的側面と同時に、あるいは肉体的側面の代わりに情動的側面が含まれている。火星‐土星のコンタクトがあれば、親子のみならず友人関係でさえも性的価値観の投影という面があるようだ。このメカニズムを正しく理解していないと、必ず困難な状況に見舞われるだろう。このメカニズムは通俗的な意味でのエディプス・コンプレックスのことを言っているのではなく（精神分析の教科書に載っているだけではなく、現実の生活においてもよく見られる）、すべての密接な人間関係にはいくつもの流れがあって、この流れは重なり合い、われわれの想像をはるかに越えた複雑さをつくり出しているということを示している。

問題が起こるのは、この複雑さの受容を拒絶し、それについて率直に語り合わないからだ。火星と土星のコンタクトは、本質的に不吉なものでも、必然的に困難をもたらすものでもないのである。

＊水星 - 土星のコンタクト

水星 - 土星のコンタクトは知性の領域に関わっており、人と人の間の情動的な反応とはほとんど関係がない。そのため、このコンタクトは教師と生徒など、主として知性を基盤とする人間関係に多い。ただし、友人同士の間で見られることも少なくなく、情動を基盤とした人間関係にも一定の割合で現れる。このコンタクトは、若干の注意を払うだけで、相当に有意義なエネルギーの交換関係にすることができる。水星と土星は本質的に仲が悪いわけではなく、どちらも一定の冷静な合理性を持っているのである。

だが、自分自身に無意識でいる人にとっては、このコンタクトは他の土星のコンタクトと同様の作用をすることになる。これまで見てきたように、太陽は自発的な自己表現という燦然と輝く能力によって、そして火星は自己信頼と偽らざる性行動によって、土星を脅かす。本来は無害で性別を超えた惑星である水星は、土星とコンタクトすると知的能力のシンボルとなる。そして、アスペクトが密接であれば、土星の影響を受けている人に「自分は愚かである」とか「知性が不足している」といった感情を引き起こす傾向がある。土星が表現を苦手とするものを、水星はコミュニケーションと思考の卓抜した能力を使って容易に表現するのだ。水星の機敏な反応は、慎重な土星の気質を混乱させる場合もある。土星の基準からすると、「水星は不誠実だ」と感じることもある、だが、水星にとっては、誠実さとは相対的なものなのだ。水星側の人は必ずしも知性の発達した人ではないのかもしれない。だが、土星側の人の目には、その人は非常に頭がいいように映るのである。

このコンタクトでは、深い敬意が払われることが多く、敵意はほとんどない。土星は相手の才能に率直な羨望を表すと同時に、優れた共鳴者や批評家となって、水星の無駄に放出されやすいエネルギーに安定感を与え、現実的な助言をする。だが、他の惑星とのコンタクトの場合と同じく、これは土星側の意識の状態に大きくかかっている。このコンタクトは、土星側が相手の機敏さを賞賛し、その発展を支える構造を自発的に提供するという形で現れることが最も望ましい。しかし、土星側の人には、恐怖を感じると、水星側の人を公然と批判し、文句をつけ、強く抑圧して窒息させてしまう危険がある。自分は無能だと感じながらも、問題は自分の愚鈍さにあることを意識の上で認めることができないため、土星側の人はパートナーを絶え間なく批判したり、あるいは無視することによって、自信を粉砕しようと試みるのだ。

水星は土星を退屈に感じ、土星よりも気分のいい仲間のところへ行ってしまう。水星と土星の絆はそもそも知的なものであるため、強い情動的な関係を暗示するコンタクトがないかぎり、両者が強固に結びつくことはない。情動的な関係がある場合、このコンタクトは前向きに対処しないと重大な問題を引き起こすことになる。特に、水星側の人のバースチャートが水星の影響を強く受けているか、水星が乙女座か双子座にある場合は要注意だ。

最近では正当に評価されるようになってきたが、シナストリーで、チャートを重ね合わせる際の水星の意味は軽視されてきた。それでも、コミュニケーションという面からすれば、自分を他者に対して表現する能力のシンボルとしての水星の重要性は明らかだ。両者の間にどれほど困難な問題があろうと、じっくり語り合うことさえできれば解決できる。両者の関係が感情面に偏っていて、考え方や興味に共有点がない間柄だと、互いの心の成長に応じた関係を育むことはできない。かつては燃え上がった性的魅力や情動的な欲求も、二人の間に何も語り合うことがないと、いつの間にか消え去ってしまうことが多い。自分を理解してくれる人を求めて他所の庭に踏み込んでしまう夫もありふれているなら、夫から料理のレシピしか理解できないと思われ、家庭の牢獄に閉じ込められているように感じている妻も、実にありふれた存在である。人間を下位の自然界から隔てているのは知性なのだ。それにもかかわらず、知的に釣り合った相手を探そうとする人には、めったにお目にかかれない。情動と肉体の欲求が自己主張するため、そういった面で一致する相手を探すことに夢中になってしまうのだ。

自分にフラストレーションがたまっていることを特に強く感じる水星側の人は、当然のことながら風の気質が支配的な人である。また、乙女座か双子座の人は、相手とミュニケーションが取れないと、とくに激しくフラストレーションを感じ、神経質になり、不安を抱く。つまり、水星‐土星のコンタクトでは、土星側の人がパートナーの知的エネルギーを縛りつけたり、鈍らせようとすると、問題はますます大きくなるのである。「あの人を愛しているのに、私の言うことをぜんぜん聞いてくれない」という言葉に象徴される方向――あの陳腐で哀れむべき方向へと進む危険性があるということだ。

水星は独自の力をほとんど持たず、中立的で、いかようにも転用可能な惑星とされる。しかし、土星‐水星のコンタクトは、当事者双方の考えかたに大きな影響をもたらしうるものだ。水星は、シャドウを追い払う最も効果的な性質、つまり客観的分析を与えることができる。土星は水星の助けを借りることによって、自己理解をさらに深めるだろう。水星が見返りに何かを要求することはない。逆に、水星は自分が切実に必要とする性質を土星から受け取ることができる。それは集中力だ。このコンタクトは、たとえスクエアやオポジションであろうと、上手に対処することによって、あらゆる人間関係において有用なコンタクトとなる可能性を秘めているのである。

＊金星‐土星のコンタクト

エヴァンジェリン・アダムズ［アメリカの伝説的な占星術家。一八六八―一九三二］は金星と土星のコンジャンクションを「永遠の友情の印」と呼んだ。おそらく、彼女の友人については、その通りだったのだろう。だが、このコンタクトは友人関係よりも、むしろ恋愛関係に現れることの方が多く、その場合はあまり楽しいものではない。親子の場合も厄介なコンタクトである。土星は金星が司る星座で高揚《エギザルト》となるにもかかわらず、土星の荒々しく未熟な側面は金星と幸福な関係を築く手助けとはならないのだ。これは、情動的拒絶という点では「優等生」のアスペクトである。このアスペクトについて、二人の間で行なわれる投影に隠された真実を発見する機会ととらえないかぎり、対処は難しいものとなるだろう。われわれは愛情の領域を幻想で包み込んでおり、その幻想を大切にしている。金星‐土星のコンタクトから永遠の友情を得るためには、その幻想を捨て去ることが必要なのだ。

金星は愛情、調和への愛、人間関係への衝動などを示す最大のシンボルとされる。金星は他者と上手に付き合う能力をもたらすため、その人は土星が自由に示すことのできない魅力、優雅さ、気楽さといった性質を表現することができる。土星が不得意とする領域に対して優れた感覚を持ち、洗練された振る舞いを示すことも多い。金星は永遠の恋人にして永遠の若者である。これに対して、土星は、羨望、所有欲、疑念、あるいは「自分には魅力がない」とか「自分は社交が苦手だ」といった感情を抱きやすい。こういった感情と同時に、土星のコンタクトがあると、その人に対する熱烈な賞賛を引き起こすことがよくある。この状況が異性間に起こった場合（同性間でも大いにありうるが）、陶酔という問題が絡んでくる。これは、火星-土星のコンタクトのような肉体的・性的な陶酔というよりは、むしろ「崇拝」の部類に属するものが多く、感情のレベルに働きかける。

金星と土星の間には奇妙なつながりがある。このつながりとは、心の暗い「シャドウ」の部分と「アニマ、アニムス」（つまり魂の異性的な側面のシンボル）との親和性としか説明のしようがない。「個性化」の過程、つまり自分がそのようになる潜在能力を持っているにもかかわらず、それまでは意識していなかったものをゆっくりと発見しつつ、実際にそのようになっていく過程において、「アニマ、アニムス」と対面すること、あるいは現実化することは、「シャドウ」が統合された後にやってくる。「アニマ、アニムス」は「シャドウ」のすぐ後を追うものだからだ。秘教的にいえば、魂、つまり「最愛の人（Beloved）」は「境界の守護者（Dweller）」との出会いを果たすまでは認識できないということである。このような考え方は、ただただ占いをしたい占星術家にとっては何の役にも立たない。また、秘教占星学では、山羊座は土星ではなく金星と結びついているということを言っても、同じように役に立たないだろう。しかし、バースチャート上であろうと、二人のチャートを比較した場合であろうと、金星-土星のコンタクトが、第一に個人的な意味での不幸をもたらし、第二に誠実な人間関係（滅多に見られないもの）を構築する機会をもたらすことは、もはや実証されているのではないだろうか。金星‐土星のコンタクトはきわめて重要なものであり、それが二人のチャートの間で形成されていれば、この関係をあらゆる意味において内的な結合のシンボルとして活用し、内的な結婚を外的な状況に反映させる可能性があるのだ。

一般に、土星が金星の影響を受けている場合、最初の反応は決まっている。その人は、金星を前にした時に自分の情動が圧迫されることを敏感に感じとり、不器用あるいは未熟という感覚を味わうことになる。金星側の人のそばにいると、「自分は愛されていない」、「自分には魅力がない」、「自分は真面目すぎる」、「なんとなくぎこちない」と感じ、金星側の人こそ底が浅く、軽薄で、不実で、見かけ倒しだと思い込むことによって、埋め合わせようとするだろう。そして、羨望と、怨恨と、金星の楽天的で勝手気ままな気質をくじきたいという欲求とがないまぜとなり、非常に不愉快な態度をとるのだ。

金星‐土星のコンタクトは、人間関係に妬みが存在することの明確な証である。これは、友人関係や親子関係においても当てはまる。自分の子供を妬む親といってもイメージしにくいかもしれないが、これは決して珍しいことではない。不幸にして親の妬みを買ってしまった子供は、それを自覚していないと、激しい苦痛を感じることになる。金星‐土星のコンタクトによる妬みは、火星‐土星のコンタクトの領分である土星側の人の性的な欠点や相手の背信に対する恐怖に根差したものとは異なる。金星‐土星のコンタクトによる妬みは、自分は本質的に人から愛されないという思いに根差した所有欲として表れるものであり、情動的に拒絶されることの危険から身を守るため、相手に愛と忠誠の誓約を求め続けるのだ。金星－土星のコンタクトは、二人の関係を法的なものにするよう促す傾向がある。しかし、現実には、関係は自由なままにしておいたほうが得策の場合もあるだろう。また、法的な関係を求める動機にしても、情動的な関係の保証を得たいという欲求に過ぎない場合もあるだろう。これは土星に典型的な無意識の反応であるが、ごく一般的な反応でもある。自分のパートナーの喜びに水を差すような傾向を克服するには、土星は自分自身がものごとを楽しめるようにならねばならない。気楽でのびやかな金星を前にすると、これはなかなか難しいことである。

不信や恐怖がつきまとうにもかかわらず、土星側の人とベッドを共にすることを求める人がいる。おそらく、そうするように駆り立てるものがあるのだろう。個人的無意識の内的な動機を探っていくと、底無しの穴が見つかることがある。分析しすぎるところうなってしまう。パートナーの土星と対峙するような関係を求めたり、自分の土星が攻撃されるように相手に仕向けるなど、世の中には「土星志向」の強い人々も存在するのだ。このように意識的に人間関係を構築するのは、瞑想やヨガと同じく、精神的鍛練として有効なのだろう。いや、瞑想やヨガよりも困難な道なので、最終的には孤立感を克服できるほど精神的に成長できるに違いない。このことは、天秤座にある土星の秘教的な力によって約束されているのである。「土星志向」の人々はこの約束を感じ取っているのであり、彼らにとってはこれが最善の道なのだ。

人間関係は必ずしも愛情を中核として構築されるわけではない。人々が財産ではなく、心の選択に従って結婚するようになったのは、ごく最近のことなのだ。打算、経済的安定、漠然とした孤独感から、人間関係が構築されることもある。子供をもうけるなどといった責任のため、選択の余地もなく人間関係が構築される場合もあるだろう。家族の圧力、宗教的理由、あるいは道徳的理由によって構築された人間関係もある。こういった人間関係においては、金星－土星のコンタクトが頻繁に見られる。というのは、このコンタクトには「義務が優勢をしめる愛」という側面もあるためだ。また金銭――相手を所有することと引き換えにされる愛の具体的なシンボル――が絡んだ人間関係にも、このコンタクトがしばしば見られる。土星は必ずしも情動的に相手を所有することを求めるわけではなく、物質的所有の方が価値があるという判断による場合がある。二つの星座を支配する金星には二つの顔があるため、愛情に対しても所有欲に対しても同じ態度で接することができるのである。

土星は、金星の物質的安足を支配することによって、自分に対して恩を感じさせるように仕組むことが多い。土星は吝嗇家であるか、あるいは金銭がもたらす自由を妬んでいるため、あまり金銭を遣おうとしない。金星－土星のコンタクトは、経済的義務という絆で結ばれていることが多い。そのため、愛情が冷めてしまっても、いつまでも二人は縛り付けられてしまう。これは女性が男性の収入に依存していたり、扶養義務のある子供がいる場合などによく見られる。もちろん、男性が女性の収入に依存している場合もあるが、これは大半の男性にとって不愉快な事態だろう。たいていの社会は、男性が一家の主になるようにできているからだ。だから、男性が女性の収入に依存している場合は、単に感情が害されるだけでなく、自我も傷つけられることが多い。こうした状況では、強い絆をつくっているのは依存している自分に対する罪悪感である。そして、この無意識の罪悪感こそ、土星の特徴なのだ。

金星－土星のコンタクトは、人間心理の最も複雑な領域に関わるものだ。このコンタクトは、親密な人間関係では厄介なものであるが、無意識に人間関係を破綻させてしまう動機を明らかにする上では、有用な手がかりとなりうる。このコンタクトの最大の災厄は真実だ。しかし、真実を正面から見つめれば、人間関係をさらに上のレベル――相互依存ではなく相互協力へと高めることができるだろう。金星‐土星のコンタクトも、火星‐土星のコンタクトと同じく、話題にしにくい領域と関わっている。そのため、このコンタクトは、実際よりもはるかに困難なものとなってしまうことが多い。「永遠の友情」という夢は、人々が自己理解を深めることへの無関心を克服し、それを相互協力によって実現していく上で大きな助けとなるだろう。

＊月‐土星のコンタクト

二つのチャート間に見られる月‐土星のアスペクトは、許容角度内であれば運命的、あるいは「カルマ的」な意味を持つとされる。この評価は、太陽‐土星のコンタクトに対する評価と似通ったものだ。このコンタクトも、誤差が3度以内なら関係を強制するものとなる（これは土星が形成するコンタクトすべてについていえることではあるが）。月と土星の結びつきは、二人の間に明らかに問題が存在することを示している。それにもかかわらず、このコンタクトは夫婦や友人関係に見られることが多く、正しく対処すれば前向きで有意義な結果が得られるだろう。月の性質といえば保護・共感・母性であり、ひ弱な土星に対しては敏感に反応する。こうして、このコンタクトは、情動的な共感による絆ももたらすのである。

月は感情と、パーソナリティの本能的で無意識な面の自然な流れを象徴する。新しい感覚を求める月と比較すると、土星は見るからに重苦しい。明らかに情動的な月に対して、土星は恐怖、脆弱さ、不器用といった思い、あるいは「自分には情動的な感性が欠けている」という思いを抱く。太陽が自分自身の光やエネルギーを放つのとは異なり、月は感情の領域で他者に対して敏感な反応を示す。土星が羨望と恐怖を抱くのは、この月の人に対して開かれた率直な感性なのだ。

月‐土星のコンタクトを理解しておかないと、焦燥や怨恨が芽生える恐れがある。月を前にすると、土星は自分が無情で萎縮させられているように感じ、月の柔軟さや敏感さを抑えつけようとすることだろう。すると、月は束縛されていると感じ、「自分は否定された」という漠然とした思いを抱く。月は感じやすいので、土星の批判や冷淡な態度に傷つき、落ちこんでしまうのだ。このコンタクトは、求められてもいない助言を与え、それが受け入れられないと腹を立てる土星の傾向を助長する。親の月と子供の土星がコンタクトを形成している場合は、なかなか興味深い事態が出来する。月は土星がそばにいると、自分のすることなすことが、すべて間違っているように思ってしまう。そのため、親は子供の目を気にするようになっていくのだ。

月は無意識で根源的で本能的な自己のシンボルであり、親からの遺伝や子供時代に統合された性質を示す。もし前世というものがあるとするなら、さらに遠い過去に統合された性質を示すといえるだろう。月は、本能的な行動と、反射的な行動、つまり最も楽な行動を表しているということだ。月は個人的レベルでの経験の貯蔵庫であり、この貯蔵庫から太陽の意識的な意志は、情動的な支えと本能的叡知を引き出している。土星にとって、月が生来の脅威である理由は明確だ。土星の経験と知識も過去に由来するものであり、子供時代、両親の影響、そして本人の「長い歴史」に関連していることは間違いない。しかし、土星にとっての過去は、思い出すのも辛いものばかりであり、それによって土星は自己防衛ということを学んだのである。たしかに、土星と月は、いずれも過去の経験に基づいた無意識のレベルでの行動を暗示している。しかし、土星が暗示するのは外的環境に対する防衛の行動であり、月が暗示するのは環境に対し開かれている行動なのだ。土星が自分と環境とのあいだに間隙をつくろうとするのに対し、月は環境のすべてを自分の主観的な感情の経験として引き寄せようとする。また、月は、土星を最も動揺させる領域に執着する傾向がある。これは個人的な趣味や習慣の領域においてさえ、明確に現れる。たとえば、月は服装や習慣でちょっとした個性を発揮するのだが、それに対して土星は理由もなくいらだちを感じてしまう。このいらだちは、深奥での動揺の表れなのである。

月は、われわれが想像の世界で大切にしている私的（private）な自己イメージ——幻想の世界での自分の姿——ともつながりがある。そのため、月の性質は、親密な人間関係、体面を繕う必要はないが、それ以外の目的で変装が行なわれる環境、特に家庭において最もよく表現される。相手のチャート上にある土星以外の惑星が月に重なっていると、この私的な自己が、繊細な方法で相手に理解されたり、あるいは相手に奨励されたりするので、月は好意的な反応を示すことが多い。そのため、相手のいずれかの惑星と自分の月とがアスペクトしていると、私的な自己をより自然に表現できるように感じられる。伝統的に太陽‐月の絆は気質の調和を示すとされているが、これもまたそういった絆の一面なのである。

土星が月とコンタクトしていると、たしかに私的な自己は理解される。ただし投影が幾重にも重なっているので、落胆するような形、あるいは否定したくなるような形で理解されるのだ。そのため、月は土星がそばにいると気恥ずかしい気分になってしまう。この気恥ずかしさは、衆人環視の下で自分が裸であることに気がつく夢を見たような感じだろうか。土星は自分自身の弱さから身を守ろうとして、無意識のうちに批判的になり、月に多くを要求してしまうのだ。そして月の自信をくじき、その関心と情動的な忠誠を得ようとしているのである。月-土星のコンタクトでは、お互いに激しい情動的な必要性を感じていることが示されることが多い。この必要性は有意義な関係をつくりあげる機会と、内的な力と自己理解を育む手段をもたらす可能性があり、決してマイナスなものではない。問題は、土星が自分の要求ばかり示し、自分自身の不足感を直視することをためらってしまう点にある。ためらった結果、土星は冷たく批判的なふうを装い、感じやすい月を傷つけてしまうのである。

月-土星のコンタクトは、自分たちが持っている前向きな可能性を力強く追求するための長期的な関係に現れることが多い。その多さの理由は、多くの人は情動的拒絶によって愛と苦痛を同一視するよう子供時代に条件づけられており、受け容れられることと幸福をともなう愛とともに生きることはできないと思っているからという、やや悲観的な見解によって説明することもできる。人間関係の微妙な色調は、フロイトやアードラーの観点から見れば、陰鬱なものにならざるをえない。たしかに、人間関係の大半については、その通りなのだろう。チャート間に見られる月-土星のアスペクトなども、そもそも極めて不健全な理由からお互いに魅了されることを暗示している。しかし、人間関係の深い意味は、二人の個人的無意識の、魅力的ではなさそうな絡み合いの中に見出される。その関係の深い意味は、二人が忍耐と努力をもって探し求めることによって、理解できるようになるのではないだろうか。二人がそうしなければ、この関係の長期にわたる可能性を正しく評価することはできない。月‐土星のコンタクトは、強い自意識、情動の抑制、傷をともなうことが多い。だが、これらを上手に扱い、理解することで、その下に隠されている永遠の絆を見出すことができるのである。

月は土星の憂鬱と気まぐれからの批判の矢面に立たされやすい。些細な習慣やくせについて、一方がやたらと「あら探し」をするような人間関係には、必ず月‐土星のつながりが見出される。親の土星が子供の月に影響している場合は、さらに不愉快な状況になるだろう。子供のすることなすことが、すべて親の目には正しくないように見えてしまうからだ。そして、子供にしてみれば、親の批判が欲求の闇の面に過ぎないことを理解できない。仕事上の人間関係でも、特に土星の側に権力がある場合は、このコンタクトの対処は厄介である。土星の個人的な敵意が動機となって、月を不愉快な状況に追い込んでしまうことだろう。相互理解を欠いたまま、このコンタクトの作用を受けると、特に個人的な習慣に対する不平不満が増長される。土星の敵意はすべて月の非論理性に起因するものだ。月は「自分はこうするから」というだけの理由で行動し、「自分はこの道を歩んできたから」というだけの理由で我が道を行く。慎重に防衛体制を構築してきた土星には、月の行動理論が理解できないのである。人が自分の太陽のある星座の性質を表現するのは、「自分はこの方法で行動する」と意識的に選択するからだ。アセンダントの星座の性質を表現するのは、与えられた環境で効果的に活動するのに必要な手段として、「この性質を発展させるべきだ」と経験が教えるからだ。だが、月は違う。表現せずにはいられないから表現するのだ。この振る舞いは、その人の過去であり、その人が遺伝的に受け継いだものであり、その人にとって最も楽な道である。このように月は、構造も自己制御も欠いているからこそ、理性と孤独を忘れたいと切望する土星を激怒させるのだ。

月‐土星のコンタクトは、両者の完璧な協調を要求する。どちらの惑星も無意識と結びついており、自律性より反射性を示す傾向が強い。しかし、月と土星を心の構成要素として探究すれば、その深さゆえに深い相互理解を実現することができる。パーソナリティの観点からすると、このコンタクトを形成している二人は、互いの私的な内的生活に通じる直通の経路を形成しやすい。敵意と恐怖に乱されることがなければ、この経路は力強く有意義な絆を構築する手助けとなるだろう。

＊木星‐土星のコンタクト

チャート間における木星と土星の結びつきもまた、正反対の原理の対立あるいは調和を示している。すでに御承知のことと思うが、土星はいかなる惑星とも二重性を形成するのだ。これは、土星のエネルギーが、他の惑星のエネルギーに自然には一体化しないことによるものである。一つのチャート上や二つのチャート間で土星がコンタクトを形成していたら、それは、意識的な努力によって経験の根底にある二重性を解明できる機会、あるいは統合できる機会の暗示なのだ。

これまでにも見てきたように、太陽と土星は正反対のシンボルであり、パーソナリティの観点からすれば最も重要な組み合せだ。心理学的にいえば、太陽と土星は自我の意識とそのシャドウである。二人の間に形成された太陽‐土星のコンタクトは、磁石のように引き寄せ合う大きな力を持つ。この力について、完全に理解されているわけではないが、その存在はよく知られている。月と土星も正反対のシンボルであるが、このコンタクトでの二重性は、外観や本能の領域で起こることが多い。月と土星は反対の位置にある二つの星座を司っている。この二つの星座は、遺伝的気質、出自、過去を背負ったわれわれの外観を象徴するチャートの垂直軸を、支配する。われわれは外に向けて自分を表現する時、この過去に多くの制約を受けている。つまり、月と土星は、過去の二つの側面と、無意識の二つの側面を表しているのだ。二つのチャートの間で月と土星がコンタクトしている場合は、二人の関係の情動的、本能的、家庭的な側面が大きな影響を受けやすい。火星と土星も、占星術家の間でよく知られた二重性を形成する。この組み合せが象徴するのは衝動と支配、つまり欲求と恐怖の二重性だ。金星と土星は交際と孤立の二重性、水星と土星は知性とその形式的表現の固執の二重性を形成するのである。

「大凶星」と「大吉星」の組み合せ――どちらがどちらかは未だに不明だが――は、具体的な知識と経験、直観的な認識と基本理念という二つの道の遭遇を象徴する。木星と土星は太陽系最大の惑星であり、個人的惑星（パーソナリティの衝動と、その衝動を表現する知性、感情、肉体という三つの方法に関わる惑星）と「一オクターブ上」の土星外惑星（集合的無意識あるいは魂や、その人が属する集団の衝動と何らかの関わりを持つ惑星）との境界をなしている。木星と土星は高レベルの意識と低レベルの意識をつなぐ橋なのだ。バースチャートにせよ、シナストリーにせよ、木星と土星の組み合せは、直観力（木星）によって「シャドウ」、つまり「境界の守護者」が認識される機会を提供するのである。

土星と個人的惑星とのクロスコンタクトは、双方にパーソナリティのレベルでの影響を与えるが、土星側の人には、このコンタクトを通じて自己理解の新たなレベルに到達する機会も与えられる。このクロスアスペクトは両者の衝動を妨げたり、あるいはその衝動を解放したりする。多くの場合、人間関係はパーソナリティを育む場であるから、親密な関係においては、こういった現象は珍しくない。土星が土星外惑星や木星と形成するコンタクトは、両者にとって感知しにくいレベルに影響し、精神（inner man）や魂の衝動を妨げたり、あるいはその衝動を解放したりする。木星と土星が一緒になると、二人には意識のさらに広い領域、つまり知識と叡知への移行に必要な性質が与えられるだろう。

ギリシャ神話では、ゼウス（ユピテル＝木星）はクロノス（サトゥルヌス＝土星）の息子である。クロノスは自分が父ウーラノス（ウラヌス＝天王星）にした仕打ちと同じことを、自分の子供たちにもされるのではないかと恐れ、我が子を次々に呑み込んでしまう。しかし、ゼウスだけは洞窟にかくまわれ、その代わりに毛布に包まれた石がクロノスに渡された。クロノスは石をゼウスだと思って呑み込むが、ゼウスの計略で催吐薬も飲んでしまい、それまでに呑み込んだものすべてを吐き出してしまう。そして、吐き出した瞬間、ゼウスを中心とするクロノスの子供たちが権力を奪い取るのだ。クロノスは冥界の深淵タルタロスに監禁され、ハーデース（プルートーン＝冥王星）の監視下に置かれることとなった。現在でもクロノスはタルタロスの底で、鉄格子を叩きながら解放を訴えているという。他の神々と同じく、クロノスもまた不死なるものなのだ。

現在では、神話は単なる娯楽ではなく、心理学的な要素も含まれていると考えられている。ユピテル（ゼウス）とサトゥルヌス（クロノス）の神話も、さまざまなレベルの象徴体系に彩られているのだ。この神話は、木星と土星の関係を、人間の魂の成長という観点から寓話的に物語ったものなのである。木星－土星のコンタクトは、深く考えてみることが大切だ。このクロスアスペクトを表面的にだけ解釈すると、個人的な成長を実現する大きな機会の意義を見失ってしまうからである。すべての状況には、成長に活用できるような何かが必ず存在する。そして、何よりも有用なのは、人と人との関係なのだ。

木星は、自分のいる星座かハウスが表す特質と状況は、良好な結果と有益な助力をもたらすと、理屈抜きで本能的に信じている。実際のところ、木星はこれまでにも良好な結果と有益な助力をありあまるほどに手に入れてきたし、これからもそれらを引き寄せ続けるのだ。木星の自信は決して盲信ではなく、有意義な人生を保障するものの全体像に対する直観的認識(おそらく細部まで理解しているわけではないだろうが)に基づく、内的な知識によるものである。木星は、ユングの直観の概念になにかしら相当しているといえそうだ。火の惑星はみな直観と関連があるといえるが、木星は特にそうなのだ。直観とは、物事の全体的な意味、つまり結果を生み出す原因の認識を可能にする能力である。また、木星はシンボルやイメージ、おとぎ話を生み出す力とも関連している。これは、無意識の自己が表現手段として用いるシンボルを認識する能力でもある。木星と射手座の強い影響下にある人は幸運であるとされる。事実、彼らはそのように見える——だが、それは運とはいえない。木星はいかなる状況からも良好な結果を内的に感知し、その状況の意味を無意識のうちに理解できる。それは経験を切望するものをイメージする能力を発揮した結果なのだ。

木星は、自分に無意識でいる土星にとっては生来の脅威である。土星は、木星のいる星座やハウスに表される性質を欠いており、そのために木星に傷つけられるのではないかと恐れているのだ。「努力は必ず報われる」という保証がないかぎり、土星は危険を冒そうとはしない。日常生活での相互作用としては、土星は木星の熱意に水を差し、自信に穴を開け、楽観主義を警戒心に変え、直観的認識の流れを抑制しようと試みる。木星は浪費家の惑星であり、過剰さを司っている。木星の尋常ならざる性質について知りたければ、ゼウス（ユピテル＝木星）の奇矯な行動を記録した神話を読んでみることをおすすめする。土星は、自分が無駄で無謀と判断した木星の行動に対して、口やかましく非難するという反応を示すだろう。木星は、土星に自発性が欠けていることから、土星を悲観的な小心者と見なし、どうしようもなく退屈な存在だと感じることが多い。木星にとって人生の幸運は当然の権利である。人生とは、本質的に意味があり、明るく、機会に満ちたものだからだ。土星にとっては、人生の苦しみこそ生来の運命である。輝かしい時期は束の間の幸せに過ぎない。土星にしてみれば、艱難辛苦の末に獲得したものだけに意味があるのだ。

木星が土星から多くのことを学ぶためには、立ち止まり、耳を傾けてみることが必要だ。木星の持つイメージと信念は、現実の世界において明確なものとされ、それが集団の成長のために活用されなければ無意味なのである。土星もまた、木星から寛容さと、経験則は必ずしも直観より有効な認識手段とは限らないということを学ぶだろう。木星と土星は、ちょうど感覚と直観という認識の軸上にあり、人生経験を理解する手段としては完全に正反対のもの、決して相容れないものを象徴している。だが、これを両者の戦いと見るべきではない。意識をさらに高いところに置いて全体を見渡せば、木星と土星はいずれも有益であるが、どちらか一方だけでは不完全になると理解することができるだろう。こうして、木星と土星は調和するのである。

どれほど無意識的であっても、木星－土星のコンタクトが破滅をもたらすことはない。木星はきわめて寛大な惑星なので、怒りや悪意をもって応じることはないからだ。木星の善良さはパートナーの土星に伝播する。また、木星の深部は土星の管理によって開示される。そして、人生について幅広い視点から疑問を投げかければ、木星の好ましい特性とされる尊厳と叡知を手に入れることができるだろう。土星と木星の関係は、人間の半身と獣の半身と分かちがたく結びついたケンタウロスに象徴される。

神話にみられるように、木星は、自分の中の力、つまり精神（inner man）によって、どのような戦いが起ころうとも必ず勝利する。木星－土星のコンタクトは個人的な人間関係において、この影響はさほど見られるわけではない。木星にせよ、土星にせよ、パーソナリティに直接に関わるものではないからだ。木星と土星は、信念と叡知の発展という、より広汎で、より抽象的な領域とつながっているのである。いずれにしても、木星－土星のコンタクトが重要であることに変わりはない。このコンタクトは、経験則に照らして評価される信念と、外的な具体的経験に照らして評価される内的あるいは主観的な経験とのつながりとみることができる。生きるための作法と課題を伝授する教師と生徒の関係において、課題を終えた生徒は、やがて教師を追い越す。そして、お互いの利益のために、今度は生徒が教師と自分の得た知識を分かつようになる。役割は常に交替を繰り返し、二人は互いに相手から学び合うのである。

木星－土星のコンタクトが二人の間に見られる場合、実に興味深いものとなる。精神的あるいは宗教的相違を調和させることもあれば、経済という世俗的なレベルで作用することもある。木星は水星と同じく知性の惑星であるが、水星が具体的な思考という知性の低い領域を司るのに対し、木星は創造的思考という知性の高度な領域を司っているのである。「再生」という問題について、秘教では次のように教えている。パーソナリティが死に、肉体・感情・現実的あるいは論理的な知性という仮の媒体が顕現を終えて崩壊した後も、魂の永遠性のため、高度な知性体（higher mental body）、つまり洞察の能力は消えることはない。これが秘教のいう「再生」なのだ。この神秘的な考え方からすると、木星は、パーソナリティや物質世界とは、関係がないように思われるかもしれない。木星は象徴とヴィジョンを通して得られる魂の入口との接触であり、そこから、土星の表す戦場へとやがて導かれるのだ。

＊土星 - 土星のコンタクト

二つのバースチャートの間に土星 - 土星のコンジャンクションが起こるのは、二人の誕生日が近い場合か、あるいは二十九歳半離れている場合のいずれかである。一回の「サターン・リターン」の間隔は、ほぼ親子の年齢差と一致している。現代社会では、二十代前半で結婚し、三十歳までに子供を一人はもうけるべしという圧力があるためだ。親子の間に土星 - 土星のコンタクトがあると、このコンタクト特有の問題が発生する。土星 - 土星のコンタクトは特有の機会も提供するが、その機会が活用されることはあまりない。一般に、子供をつくろうという動機には、情動的ないし精神的混乱がつきまとうからだ。

個人のバースチャートにおけるサターン・リターンは、その人が成熟する過程における、ある一時期を示している。この段階では、土星はすでにバースチャート上のすべてのハウスを通過しているため、その人が内的・外的な防衛のために構築してきたすべてのものは、その人の世俗的な生活のあらゆる領域に拡大している。その人は、この防衛網を全体的に把握し、自分が構築した構造の中で、現実と幻想とを見分けることができるようになっている。外的な形態ではなく、内的性質を重視して防衛網を構築していれば、サターン・リターンの時期は内的な目的の達成感とその目的を肯定する最高点となるだろう。しかし自分の内側ではなく外的な属性と環境にのみ依存し、そこに同化することによって、うわべだけの防衛網を構築してしまっていると、自分の内部のものすべてが外部にたたき出されてしまうことになる。その人は自分の無意識の流れの勢いに押され、一から新しい人生を作り上げるほかなくなる。つまり、いいかげんな借り物、うわべだけのものは消滅してしまい、本当に自分の血肉にしたものだけが残されるというわけだ。そのため、サターン・リターンの時期には、多くの人が人生の重大局面を経験し、結婚生活、仕事、理想、ライフスタイルをいきなり百八〇度変えてしまうことが少なくない。それは、古い自我の構造が急に色あせて見えてしまうからだ。

サターン・リターンの時期に生まれた子供は、親の内的な重大局面のひとつとなる。また誕生時の土星の位置が親の土星と重なるため、親にとって、その子供は、サターン・リターンがもたらした苦痛、不和、古い認識の崩壊を常に思い出させる存在になってしまう。土星は恐怖と防衛を象徴する。だから、サターン・リターンの時期に生まれた子供は、親の安心と永続性への欲求を反映する。親子の間に土星－土星のコンタクトがあったら、親子は同じ種類の恐怖を抱き、同じ方法でそれを表現することになる。そして互いに恐怖をぶつけ合うことになるのだ。

ごく単純にいえば、土星と強くアスペクトを形成している土星は、互いに不安を煽ってしまう人同士の組み合せを暗示している。このことは、同年齢の夫婦や人間関係に見られる密接なコンジャンクションや、七歳もしくは十四歳の年齢差で起こるスクエアやオポジションに、特によく当てはまる。コンジャンクションに比べて、スクエアとオポジションは摩擦を起こしたり、公然と敵対関係に陥ることが多い。ただ、いずれにしても両者が互いの「シャドウ」もしくは「劣った」側を活性化させてしまうため、土星と土星の組み合せとなれば、どのアスペクトも対処は容易ではない。誰だって、他者の不器用さに投影された自分の不器用さなど、見たくはないだろう。懸命に隠そうとしてきた性質が投影される場合はなおさらだ。逆に、自分が投影されるからこそ、似たもの同士で「絡まざるをえない」場合もある。そうすることによって、自分に対する怒りを他者にぶつけることができるからだ。このように、土星-土星のコンタクトは無意識のスケープゴートとなる相手を象徴する場合も少なくないのである。

この組み合せは、両者とも相手に拒絶され傷つけられたと思いながら、傷ついたことを認めないという結果を招く。このコンタクトの影響を受けるのは無意識のレベル、あるいは「シャドウ」であるため、合理的な行動が関与することはほとんどない。この関係は、永遠の敵対関係、怨恨、「自分を押しつけるばかりで理解しようとしてくれない」という相互の感情で構成されている。だが、両者の間に友好的であろうとする意識の絆があるため、不満を口に出すことができない場合は、これらの敵意や怨恨のほとんどは隠蔽されてしまう。他の惑星が土星とコンタクトしているのであれば、不愉快な状態を改善できるかどうかは、土星の側に委ねられている。だが、二つの土星がコンタクトしていると、両者ともに身を守ろうとして先に行動しようとしないため、手詰まり状態になってしまうのである。双方が自分を正当化するために、無意識のうちに状況を操作しようと試み、互いに本心とは正反対のことを表現するだろう。その結果、二人はいつまでも「相手に誤解されている」と感じ続けることになるのだ。

この袋小路から抜け出すには、ともに状況を直視し、ともに努力する以外にない。もちろん、親子の場合、子供が幼いうちは、ともに状況を直視することなど不可能である。だが、両者が大人ならば可能であるし、現実問題として状況を直視せざるをえまい。無意識な土星は単独であっても、本来ならば有意義な形で発展していったはずの人間関係を完全に破壊しうるのである。二人が同じスピードで成長したり、同じ方向に成長したり、同時に同じ感覚へと到達することは、まずありえない。それにもかかわらず、二人は、お互いが正反対の方向に進んでいることを発見するという危険をあえて冒すかのように、サターン・リターンの前に結婚してしまうのである。正反対の方向に進んでいることを発見すると、二人の関係は必然的に切れてしまうが、そこで目をふさいでも二人の関係が好転するわけではない。特に土星‐土星のコンタクトがある場合、まずは両者が自分の「シャドウ」を直視して、自分自身のパーソナリティを統合し、自分の目的と理想を明確にすることが必要になる。そうすれば、この「シャドウ」という厄介だが貴重な素材を共有できるようになるだろう。こうして、お互いに武装を解除するための、最初の橋がかかるのである。土星‐土星のコンタクトを前向きに活用しようとするなら、必ずこのように推移するはずだ。

土星は自分自身の「別の顔」を恐れる。これは、自分の顔の一面であるが、自分からは見えない方向に投影しているので、見ることができないのである。相手に冷たくあしらわれたり、批判されたり、拒絶されたりしたら、それは自分自身が感じている恐怖、すなわち傷つけられることへの恐怖、あるいは未熟さを暴露されることへの恐怖が、自分の外で示されたに過ぎない。自分を誤解しているようでは、相手を理解できるはずもないのだ。その人は相手の意図を読み違え、同じように冷たく振る舞い、批判と拒絶をやり返してしまう。こうして「悪循環」が発生し、事態はさらに悪化して、やがて関係そのものが終わってしまうことだろう。ただし、これは二人のいずれもが圧迫を受けた結果であり、この圧迫は二人の成長を促すのである。

ある生徒が教室に行く途中、顔見知りの生徒の前を通ったとしよう。その生徒はあいさつをしない。もし相手が自分に好意を持っているなら、先にあいさつしてくれるだろうと考えているからだ。しかし、相手の生徒も同じことを考えているので、やはりあいさつをしない。その結果、二人は嫌い合ってしまうのである。互いに無視されたと感じ、互いを「冷たい嫌なやつだ」と考えてしまうからだ。不幸なことに、土星‐土星のコンタクトを持つ人の大部分は、この生徒たちと同じように振る舞っている。かくして、お互いの個人的無意識の内容を理解しあうという険しい崖を登るにあたり、最短の近道という機会を提供してくれる、土星‐土星のコンタクトの持つ大きな可能性は無に帰するのだ。個人的無意識の内容とは、他者はもちろんのこと、自分自身からも見えないように隠蔽されているすべての性質のことだ。秘密はそのままにしておいたほうがいい、寝た子は起こさないほうがいい、という意見もあることだろう。そのほうが楽なことだけは確かだ。このような楽な道を選択した場合は、自分の出生時の土星と何らかの惑星、特に土星が密接なアスペクトを形成している人との接触には注意したほうがいい。

土星‐土星のコンタクトが親子の間にある場合は、いわゆる「ジェネレーション・ギャップ」では片づけられないほど、深刻な事態が発生する。この「ギャップ」は、大人と若者との間に生じる自然な溝とは比べものにもならないほど、深くて広いものだ。この場合、第一に責任を負うべきは親である。親はすでに大人であり、子供の幼少期には内的にも外的にも支配していたからだ。親は子供に未熟であることを思い知らせ、未熟であることとの恐怖を煽ってしまうことが多い。子供の心の中にある何かが、親に、自分の心の中に隠されていた恐怖を思い起こさせるからである。これは実にデリケートな構図だが、無意識のメカニズムを勉強した人なら、悪魔のように（あるいは天使のように）巧妙な何かが起きていることに気づくはずだ。このような状況が発生したら、年を追うごとに関係は冷えていき、相互の苦痛が増していくことになるだろう。それは、親と子の双方が相手の愛と理解と同意を熱望しているにもかかわらず、それを声に出すことができないためだ。一時的に疎遠になってしまうことも少なくない。だが、このコンタクトを相互の成長の手段として活用すれば、多くのことを成し遂げられるだろう。そのためには、親のほうが、まずは自尊心を抑え、自分自身を無謬の権威者ではなく、時として間違いを犯すこともある人間として、自分自身をさらけ出さなければならないのである。

同性の友人との間にこのコンタクトがあると、異性間と違って相互交換にともなう緊張感が顕在しないため、二人を強く結びつけることになる。自分にとって最大の恐怖を理解してくれるのは、同じ恐怖を抱いている他者だからだ。だが、性的関係をともなうなど（土星はセックスと直接的な関係があるわけではないが、セックスによって孤独を乗り越えるよう促すので）、関係が親密になるにつれて、問題が生じてくる。双方が偽りの行動をとるようになり、相手に対して「アニムス」あるいは「アニマ」

の役割を演じるようになってしまうのだ。二人の土星を他の惑星が通過してストレスを与える期間には、二人の関係が暴露されるか、あるいは破壊されるように強いるという危機が生じる。

プライバシーを大切にするのは、人間の基本的な性質なのだろう。たとえ理解や同情を得られるにしても、自分の弱点をすべて世間にはさらしたくないものだ。土星とコンタクトしている土星にとって、これは火急の課題である。矮小な自分から逃避し、長所を伸ばそうとする土星は、自分の内なるエネルギーが自由で自発的なものになるようにバランスを取らなければならない。その人の成長は、正反対のもの同士の緊張感にかかっているからだ。太陽‐土星と木星‐土星のコンタクトは、本質的に緊張感を生み出すので、この点に関しては特に有意義なコンタクトなのである。だが、二人の表現できない領域が同じなら、行き詰まりを打破するために、双方が意志をもって行動する必要がある。チャート間での土星‐土星のコンタクトは、二人の精神的な成長にとって重要なコンタクトであるにもかかわらず、占星術の文献ではめったに取り上げられることがない。それは、このコンタクトは土星単体の真実に近い姿を明示しているため、土星どうしの関係が改めて議論されることがないからだ。

＊天王星‐土星のコンタクト

現在までに発見されている三つの土星外惑星は、物質世界とはほとんど関係のない意識の状態と結びついている。つまり、物質的な環境に拘束されている土星にとっては未知のレベルと関わっているということだ。天王星、海王星、冥王星は、人類全体あるいは、その人の属する集団の遺産を共有している人々の集合的もしくは超個人的《トランスパーソナル》な無意識を象徴するとされることが多い。このシャドウの世界は合理的知性では理解できないことから、秘教では「土星はイニシエーションの門をくぐった人を追うことはできない」としている。秘教によれば、土星の機能は、経験を通して叡知を獲得する機会を提供し、進化の過程にある魂を訓練し、統制し、調整することにあるという。そうして、死後、魂はイニシエーションの門を障害なく通り抜けることができるようになるのだ。土星は、建設中の建物を囲む足場のようなもので、建物が完成すれば、その役目は終わりになる。心理学が、土星とは「シャドウ」つまり人のパーソナリティの抑圧された暗い部分、あるいは「個人的無意識」のことだというならば、意識的な自我を拡大してより円満なものにする土星的な原理こそ、人を集合的無意識との境界に到達させる(これは精神分析における個性化のプロセスに必要な一歩である)といえる。集合的な力との対面は、困難をともなうことだろう。しかし、その人は、少なくとも個人的な領域における自由(誰もが切望しているが、実際に到達できる人は少ないもの)はすでに獲得していることになる。

この観点からすれば、われわれが土星のルールに従い、土星の道を自らの意志でたどっていくかぎり、土星はわれわれの最も重要な信頼のおける友人であるといえよう。土星はわれわれを自己理解と統合へと導く。ただし、この段階に到達すると、土星の果たす機能は置き去りにされるか、忘れられてしまうようになる。この時の土星はルシフェルに変装している。「ルシフェル」は「光の運び手」を意味するが、神々から火を盗みだし、人間に与えたプロメーテウスに近い存在だ。プロメーテウスは、この自発的な犠牲的行為を罪に問われ、永遠の責め苦を受けることになった。キリスト教の教義によれば、自尊心と自立心を与えた罪により天国を追われた「最も輝かしい大天使」の本質が、ここにはかすかに見て取れるという。ここに象徴される失墜を、最も偉大な自発的自己犠牲とは考えることはできないだろうか。どれほど汚い仕事であっても、必ず誰かがやらねばならない。このように考えると、土星が「大凶星」といわれる意味は改めて考え直してみる必要がありそうだ。

個人のチャート上で「シャドウ」の役割を演じる土星が、他者のチャート上の土星外惑星とコンタクトしている場合、土星は背後で口を開けている奈落に立ち向かうため、個人的な実体験から得た知識を総動員して、自分の身を守る方向に進もうとする。この場合の他者は、土星が必死で構築してきたものを破壊する存在のように感じられるため、土星側の人にとっては神秘、恐怖、脅威など、神のような性質を帯びているように見えることが多い。天王星、海王星、冥王星は、土星内惑星とは異なる反応を土星から引き出す。これら三惑星は、個人的な領域の先にある元型的あるいは集合的エネルギーの力に関わっているからである。土星外惑星は異なった規則性で動いているのだ。日常生活において、土星外惑星の「元型的エネルギー」が表れることはほとんどない。しかし、ある人の土星が土星外惑星を持つ人から影響を受けると、元型的な反応を必ず引き起こす。それは、土星側の人には対処できない何かを、その人が体現しているからだろう。こうしたエネルギー交換のほとんどは、無意識のレベルで行なわれる。しかし、このことがわかれば、この無意識のレベルこそ人間関係において最も重要な場だということが理解できるだろう。

このようなことから、土星と土星外惑星のコンタクトは神秘的・宿命的といった評価がなされている。もちろん、これは土星外惑星が評価された場合の話であり、伝統的なシナストリーでは無視されるのが普通だった。というのは、これら三惑星は動きが非常に遅く、個人とは何の関係もなく、あえて解釈してもカルマ的なものになってしまうので、議論の必要はないと考えられてきたからである。

たしかに、同じ星座の同じ角度の冥王星の下に生まれた人は、それこそ何百万人といるだろう。冥王星は数ヵ所で何度となく逆行を繰り返すからだ。だが、土星と正確なアスペクトを形成している場合、そのアスペクトは個人に影響を及ぼすほどの強い力を持っている。集合的エネルギーが流れ込み、人生に影響を与えるような経路を提供するのだ。他者のチャート上の土星とまったく同じ位置に月があるという人も、おそらく無数にいることだろう。もちろん、土星と月が同じ位置にあるからといって、該当者全員が顔を合わせ、全員で親密な人間関係を構築するということはありえない。一般にシナストリーでは、天体同士のコンタクトに人間関係の始まりの因果関係を見出すことになっており、二人が引き寄せ合うのは何らかの結びつきがあるためだと考える。しかし、現実はこのように明快ではなく、まずは二人の出会いが定められ（ここに偶然という要素はほとんどない）、その後に二人の間にお互いの成長のための交換を可能にするような星の配置の影響力が形成されていくのである。

土星と土星外惑星の絆の持つ意味が集合的なものであるからといって、この絆を軽視するのは間違いである。集合的意識と個人的意識とは、互いに相容れないものではない、われわれは個人であると同時に、集合的生命の一部でもあるのだ。ただし、集団の生と個人の生の実際の姿は両立しない。集団の生は、個人の生に対して集合的な本能への服従を求めるからだ。とはいえ、土星外惑星は本能には関わりがない。本能に関わっているのは、伝統的に群衆心理の支配権を与えられている月なのである。天王星、海王星、冥王星が関わるのは、盲目的な群衆の連鎖反応ではなく、目的意識を持ったグループへの一体化、参与なのだ。事実、密接な人間関係には、土星と土星外惑星のコンタクトが多く見られる。これについては、さらなる調査が必要であるが、土星と土星外惑星のコンタクトがあると、意識の成長が格段に加速されるようである。

土星外惑星は集合的元型と何らかの関わりがあるように思われるので、まずは神話に登場する元型的な神々について考えてみることにしよう。神話は時代を超えて蒸留され、時の経過とともに個的な意味は失われ、集団にとって意味のあるシンボルだけを残している。そのため、神話には個人的性質にあたるものが存在しない。だから、各惑星にまつわる神のエピソードの中には、その惑星に関する占星術的な真実が数多く隠されているのである。

ウラヌス（天王星）は最初の天の神であり、母にして妻である大地の女神ガイアとともに、精神と物質の両方の世界を支配した。ウラヌスとガイアとは、カオス――女神カルデアの言葉を借りれば「口にできぬもの」から生まれた、最初の男性‐女性の両極性である。母親と息子が結ばれる近親相姦は、古代より繰り返されてきたテーマだ。意識の光あるいは意識の太陽は、無意識という闇から生まれるが、全体を再創造するために、闇の不合理な原理と結婚あるいは統合されなければならないからだ。ウラヌスの名を与えられた天王星は無意識によってのみ感知されてきたが、一七八一年の物理的発見まで隠されていたともいえる惑星である。

神話による意識の進化の象徴的な描写では、ウラヌスは息子サトゥルヌス（土星）によって権力の座を追われ、去勢されたとしか語られていない。これは、天王星と土星に象徴される二つの内的衝動の間には、いにしえより敵意があったことを暗示している。直観的知性の去勢ということを、われわれの歴史や、天王星‐土星のコンタクトとの協調を試みている二人の問題と同一視して実用的に解釈してしまうことは、このシンボルの豊かさと美しさに対する侮辱となるだろう。ただし、厄介なことに、このシンボルを充分に説明することは不可能なのである。

ウラヌスの血からは、「正義の力」もしくは「カルマ」と呼ばれる因果関係の原理を擬人化した存在、すなわち復讐の女神たちが生まれた。切断され、海に放りこまれた男根からは、愛と美の女神ウェヌス（ヴィーナス＝金星）が生まれた。この一連のシンボルについても、さらに調べてみる価値があるようだ。

ウラヌスにまつわる神話は、これで終わりである。傷のために命を落としたのか、玉座を追われた後どこへ行ったのかすらわからない。大部分の占星術家にも、個人のチャートにおける天王星の作用についてはよくわかっていない。神話において、ウラヌスはいかなる性格も与えられていない。唯一の属性といえば、サトゥルヌスによって破壊され、ウェヌスとして再生した生殖能力だけである。占星術では、天王星は発明、天才的能力、独創性、個性、自由への衝動を司るとされている。天王星の特徴として挙げられるのは、唐突さ、そして風の星座を通して喚起される直観的知性のひらめきだ。秘教によれば、天王星は人間の「エーテル体」を支配するという。エーテル体とは、物質的身体の鋳型をつくる基礎であり、知性と感情、それに人の物質的な脳と身体とを結ぶ媒体として機能するものである。エーテル体もしくは生命体は、もはや単なる秘教的概念ではない。エーテル体は実験室において存在を確認され、その写真さえ撮影されている。現在では、エーテル体が生命の源である可能性を、徹底的に研究している段階なのだ。

天王星のエネルギーは微細なものなので、活用することが難しい。そのため、天王星は「音のない音符」あるいは「不吉」などと評価される。内的認識と外的認識を統合することができる直観的知性は、自分の感情や肉体あるいは具体化された知性などに充分意識を払っているからといって、特によく機能するというわけでもないのだ。だが、天王星は、物質との同一化からの解放を求める強い動機であり、そういう欲求を意識していない人の中では無意識に作用する。天王星は、タロットカードの「魔術師」という元型的人物と関係があるようだ。「魔術師」とは、知性、感情、肉体、魂の融合した存在であり、この四つの世界すべての支配者なのである。

この原理が相手のチャートの土星とコンタクトしていたら、結果はまさしく爆発である。きわめて正確なコンジャンクションには、牢屋の外を自由に歩く人々を眺めている囚人ともいえる特性が含まれている。無意識の土星の反応が心地よいものであることは稀で、激しい妬みを示す場合が多い。天王星を意識的に活用していないと、土星側の人に隷属するよう呪いをかけられる隙を与えてしまう。自分の独立性を表現しているにもかかわらず、土星の情動的苦しみに対する冷静な同情から、相手からの抑圧を許してしまうこともある。象徴的に去勢されている天王星は、愛と、冷徹な正義しか生み出さない。天王星のいらだちが高じると（この惑星はすぐにいらだつのだ）、その人は突然、関係を断ち切るだろう。それは、火星が示すような激しい情熱や憎悪によるものではなく、自分の足にからんだひもを切るかのように冷静に。

一般に、このコンタクトは「自分の望むこと」の対極にある「他者が考えること」として表現される。土星の価値観からすると、天王星の性質は反抗的で、権威を軽視しすぎている。天王星は自分には規則をつくる権利があると自信を持っているように見えるため、土星はその点に妬みを覚えるだろう。天王星側の人は、実際はどれほど保守的な人であっても、土星側の人から見れば、多かれ少なかれ「反抗的」なように見えるのだ。

土星は天王星には到底かなわない。土星にしてみると、天王星の直観力は神から知識を受け取っているように見えるのである。天王星の社会的行動には、恐怖に突き動かされがちな土星よりも、正当な理由がある。天王星は自分が望むとおりに行動する。天王星は、行動を規制している社会構造が相対的なものであり、その規制が神聖な絶対的規範ではないことを知っているからだ。天王星がこのことを知っているのは、自分が自分の神聖な絶対的規範だからである。土星側の人が天王星側の人を支配しようと試みれば、土星側の人が慎重に育んできた社会的意見と防衛体制は混乱・分裂・破壊に陥るだろう。そしてその人の人生は、部分的あるいは全体的に変化する。こうして生まれた新しい道は、古い道より幅広く、寛容で、過去や自分自身の恐怖の声に縛られていないのである。

天王星は「他者の意志を束縛してはならない」という普遍的な教訓であり、シンボルである。土星とのコンタクトが密接だと、この教訓は個人的な交際の場でも示される。パーソナリティの要素をほとんど持たない天王星のエネルギーは、純粋で前向きな力であり、幻想を吹き飛ばし、硬直した思考パターンを粉砕する。だが、それに脅かされている土星側の人にとっては、天王星の力は良いものには感じられない。天王星側の人は自分自身が法律であり、自分自身の優れた性質（これは人生の特定の分野でのみ示されることがある）から命令を受けている。この二人がともに天王星に意識的に反応していない場合、本来は天王星のものである自己中心主義は、微妙な方法をとるにせよ、土星側の人に現れる。天王星を意識的に活動させる確実な方法は、天王星の息の根を止めようとすることなのだ。

こうして天王星と土星は互いに相手の大きな力となる。土星は恐れずに支配しようとすることによって、天王星の中にある隠れた個性を呼び覚まさせることができる。一方、天王星は、土星の支配を拒絶することによって、土星が保身のためにパーソナリティの構造を組み上げてみても、創造的知性はその境界を超えて成長していくということを土星に教えるのだ。

このコンタクトは、親密な人間関係には実によく見られる。このコンタクトがあれば、個人的な安楽や幸福よりも大きな機会が与えられていると考えていいだろう。このコンタクトは、意識の大きな飛躍に関連していると思われるからだ。土星内惑星と土星のコンタクトの場合と異なり、このコンタクトが天王星側の人の個人的な情動をかき立てることはない。だが、二人は互いの成長に大きな影響を与え合うことになるだろう。土星側の人が自分を理解しようと努力すれば、成長はさらに確実なものとなる。天王星の明るく澄んだ光は、無意識の中に埋没していたものを意識の表面に引っ張り出そうとする土星の時間と労力を、大いに節約するように働きかけてくれるからだ。

群衆の中の一人から個人へ、そして個人から意識的に協調する集団の一員への移行――これは人間の成長における大きな前進である。この三段階はいずれも、土星側の人を自分でも気づいていない弱点から深い自己理解と自制を通して解放するプロセスと関連している。土星は天王星の助力により、「世間」が必ずしも正しいわけではないこと、外部の意見ではなく内的な確信に基づいて行動の規範を築くべきであることを認識するだろう。また、天王星も土星の助けを借り、自らの意志を表現するには警戒心と社交術を発揮する必要もあることに気づくのである。

この考えかたに基づいてチャート間の実際の影響について解釈する時は、次の点を考慮に入れるといいだろう。天王星側の人が始める破壊と変容のプロセスの影響を受けるのは、土星があるハウスと土星が司るハウスに関連することがらになるだろう。これは、二つのハウスの表面的な意味と深い意味の両方についていえることだ。土星は、抑制あるいは規範を示すこと、天王星があるハウスと天王星が司るハウスに対して責任を負うことにエネルギーを注ぐ。現実レベルでの相互交換は、こういった形で現れるだろう。だが、大切なのは内的な影響であり、これは土星の防衛体制と無意識の視野狭窄を一度破壊し再構築するプロセスに作用することになる。そのため、土星側の人は自分の内的構造を、より強固な土台の上に、より高い目的に従って構築することができるのだ。二人の関係に意識的に働きかけあうことが持ち込まれたなら、二人は互いに素晴らしいパートナーとなるだろう。無意識のままだったとしても、苦痛に満ちてはいるが有意義な関係になるだろう。天王星と土星は、人類の集合的心のレベルでは長い間敵同士であった、両者が共同統治する星座の象徴する集合的意識を媒介とすれば、統合できる可能性があるのだ。人間の集合的無意識はゆっくりとではあるが、確実に進化しているのである。

＊海王星・土星のコンタクト

天と地の支配権がサトゥルヌス（土星）から剥奪され、その三人の息子に分配されたとき、ネプトゥス（海王星）は海と大地の下の地下通路を与えられたという。プルートーン（冥王星）には冥界が、ユピテル（木星）には天が与えられた。そして、大地の表面は、鎚と鉄床の間に捕らわれていた人間に与えられた。現在、人間は四方八方に引き裂こうとする無意識の圧力の間に捕らわれている。集合的無意識には、すべてのものを区別することなく、全体として関わっていこうとする側面がある。海はこのシンボルなのだ。無意識が、物事を区別して個々の意味を与えることを本質とする知性と敵対するように見えるのは、このためである。

神話のネプトゥスはきわめて好戦的である。乗組員もろとも船を呑み込んだり、地震、洪水、津波を引き起こしたりすることができた。ここに、古代の知性が感じた払拭しがたい恐怖を垣間見ることができる。古代の知性は、気まぐれな神ネプトゥスと、集合的無意識に対する払拭しがたい恐怖を重ねて理解しようと試みたのだ。現代のわれわれは、これを狂気と呼ぶ。古代の人々は、これをネプトゥスの領分と考えていた（ネプトゥスは、ディオニュソスなど豊穣の神々と多くのものを共有している）。というのは、ネプトゥスが理性を失った状態と関連していたからだ。占星術では、海王星は穏やかな影響を及ぼす惑星と見なされている。海王星は金星の「一オクターブ上」の、個人的な人間関係を超越した普遍的な同情と愛のシンボルなのだ。たしかに、海王星は神聖な結婚の儀式のシンボルではない。耽溺による死（独立した主体の解体）を通して、より大いなるものと結合することへの衝動と関連しているのである。海王星のエネルギーを完全に表現することができたなら、海王星は最終変容、つまり生命の統合の経験をもたらす媒介となって現れることだろう。残念ながら、この結合への衝動を意識的に表現できる人はほとんどいない。また、これは集合的な衝動なので、「シャドウ」（土星）を吸収して意識的表現に取り込まないかぎり、この衝動を垣間見ることすらできないのである。海王星の恍惚感の元型については、どの時代の神秘主義者も似たような説明をしている。だが、自分の「シャドウ」に対処していない人から見れば、海王星が恍惚感に溺れている状態は、使命感と救世主的な目的意識を抱いて思い上がっている状態に過ぎないのである。

海王星は無害とはいえないが、本質的に悪い影響を及ぼすものではない。海王星が危険になるのは、海王星のエネルギーを誤解した場合だけだ。しかし、誤解する以前の問題として、大多数の人々は海王星をあまりよく理解できない状態にある。それは海王星の示す自己犠牲的行為の本質である献身の道が、キリスト教の黎明期以来、道徳的狂信と血塗られた殉教精神によって堕落させられてしまったからだ。こういった激しさは、そもそも海王星のものではなく、火星の性質なのである。だが、われわれは海王星と火星の性質をごちゃまぜにしてしまった。われわれの手助けとなるものは、水星の明解な分析（海王星型の人が常に避け続けているもの）だけなのである。

海王星が目的を達成する第一の手段が耽溺なら、第二の手段は無気力である。海王星は受動的なふうを装うことで、自分よりも偉大で賢明な力に黙従するための媒体となる環境を自ら呼び込み、いかなる熱意も動機も役に立たなくなってしまう状況をつくり出す。この偉大で賢明な力は、それほど偉大でも賢明でもない両親、恋人、友人、同僚といった偽装をしていることが多い。しかし、海王星の人にとって大切なのは経験や黙従であり、媒体は何であっても構わないのである。

海王星のエネルギーは土星の理解できないレベルに属しているので、海王星は天王星と同じように土星を圧倒する。そのため、人間関係において海王星と土星のコンタクトが形成されていたら、影響を受けるのは土星側の人だ。土星は海王星を自分に縛りつけようとし、無限の忍耐と優しさを持つ海王星は、土星の欲求を受け入れることができる。すべてを受け入れ、誰とでも共感できるような海王星の性格を、土星は不愉快に思う。そこで、土星は海王星を自分にだけ共感させようとするのである。このメカニズムは、天王星－土星のコンタクトが示唆するメカニズムと同じものだ。海王星側の人が特に意識的に海王星を表現していないとしても（海王星を意識的に表現しているのは、音楽や演劇など創造力に関わる分野を媒体にしているごく少数の人だけだ）、土星側の人には、海王星の流動的な性質が見えてしまう。これは実に魅力的な性質だが、同時に恐るべき脅威でもある。海王星は「私はあなたを完全に理解します。愛します。受け入れます」といっている。だが、同じことを誰彼かまわずいっているのだ。土星はこれを不誠実な行為と考え、混乱してしまう。だが、海王星は不誠実なのではない。単に土星が解釈を間違えているだけなのだ。土星は障壁を取り去り寛容になることに慣れていないので、裏切られたように感じてしまうのである。

シナストリーの場合、海王星のコンタクトは「つかみどころのなさ」という要素が二人の間に見られることと、欺瞞や裏切りを感じてしまうことが特徴だ。海王星側の人は生まれながらの役者のように反応するため、欺かれ裏切られたという相手の思いは助長される。海王星は常に自分が磔にされるべき十字架を探しているので、「ノー」ということができない。その瞬間だけは、海王星の情動的エネルギーはすべて相手に注がれているように見える。相手が海王星の魔法を独占していると思い込んでいるかぎりは、海王星の相手を思う気持ちに偽りはない。裏切りの汚名を着せられて、海王星がどれほど苦しみ、どれほど憤慨しているかを理解できるのは、同じく海王星にコンタクトを持つ人だけだろう。これほど穏和で親切な自分が、なぜいつも問題を起こしてしまうのだろう――海王星の人には絶対にわからない。昔からよくある、実にありふれた問いだ。海王星に最も傷つけられやすいのは土星である。土星は最も脆弱で、大切なものを他者と分け合うことが誰よりも不得意だからだ。

この複雑な状況は、海王星特有の作用といわざるをえない「幻想の喪失」という不愉快な感情を土星にもたらす。厳格で頑固な惑星として作用する土星にとって、これほどつらいことはない。しかし、これは、厳格で頑固な態度が、行動や感情を抑圧して「シャドウ」にしてしまったことによるものなのだ。無意識のうちに、土星は自己防衛の方向に進む。そして、海王星を信用することができないのは、自分の努力が無駄だったからと考えてしまうのである。これは実に不愉快な感情だ。そこで、土星は海王星のパーソナリティを征服しようと試みる。しかし、これは手で水をつかもうとするようなものだ。

海王星は、土星側の人が自分の土星に対処できない場合、その人を深く傷つけてしまうことがある。その人が自分の土星に対処できないのは、シャドウの側面に脆弱さがあるからだ。海王星は行動が流動的であるため、不道徳と見なされやすい。だが、海王星の叡智は、道徳的価値観では構築することのできない無意識の叡智なのだ。海王星は、すべての道徳的価値観は絶対的なものではなく相対的なものだという振る舞いをする。海王星にとっては、すべて筋が通っていることなのだが、土星にとっては、秩序の破壊以外のなにものでもない。土星は自我の構築に必死で取り組んでいる最中であり、まだ不安定な構造が崩壊することを恐れているため、自分の価値基準を手放すことなどできないのだ。土星の価値基準には白と黒の選択しかない。一方、海王星はあらゆる色を経験し、土星の選択が無意味であることを知っている。このような海王星の価値観の重みがかかれば、土星の構造は崩壊してしまい、いずれは再構築しなければならないようになる。そうして、土星は「同情」という新しい要素を受け入れることができるようになるのである。海王星もまた、相手を傷つけまいとすれば、かえってひどい傷を負わせてしまうことを学ぶ。海王星の無抵抗は最も残虐な武器にもなりうるのだ。最初に「ノー」と言うことによって、後遺症のない傷を負わせたほうが望ましいのである。

海王星 - 土星のコンタクトは、海王星側の人に流動性が見られない場合でも、このようなパターンをたどることが多い。土星側の人は、このコンタクトが表しているものに無意識のうちに気づき、自分でも知らずに反応してしまうからだ。これは、目に見えにくいものの、きわめて重要なコンタクトである。天王星 - 土星のアスペクトが「他者の意志はコントロールできない」という事実を伝えているとしたら、海王星 - 土星のアスペクトは「他者の感情を共有することはできない」という事実を伝えているといえよう。いずれも容易に理解できる教訓ではない。だが、二人が離別することなく、これらのコンタクトを有意義に活用しようと試みれば、いずれは納得のいく解答が見つかるに違いない。

＊冥王星 - 土星のコンタクト

冥王星は三十年かけて一つの星座を通過する。そのため、個人にとっては、ほとんど意味のない惑星と考えられてきた。しかし、冥王星が集合的心のエネルギーと何らかの関連があることを考えれば、個人に対しても強い影響を与える可能性を秘めているといえよう。なぜなら、人はみな、集合的心のエネルギーと個々に契約を結ぶ必要があるからだ。他の「一オクターブ上の」惑星と同じく、冥王星を感じるのにふさわしい楽器を持っている人でなければ、冥王星を意識的に活用することはできない。楽器を持っていない人にとっては、個人のチャート上の冥王星は「音のない音符」のままであり、無意識の形でのみ作用する。冥王星は人間関係においても大きな影響を及ぼすのだが、この影響もまた意識されることはない。

神話では、冥界と死者の守護がプルートーン（冥王星）の領分とされる。このため、占星術では、冥王星はサタンに似た性質として解釈されることが多い。だが、冥界はキリスト教の地獄とは全く違う概念だ。たしかに、冥界の中でも特に苛酷な場所であるタルタロスには、懲罰の意味合いがある。しかし、タルタロスに行くという懲罰は、神々に対して罪を犯した人間に対するものであって、人間に対して罪を犯した人間に向けられることはない。そして、審判を下すことができるのは神々だけなのである。これを心理学的に解釈すれば、われわれの最大の罪は道徳的・倫理的規範への背信ではなく、無意識の命令に対する背信ということになるだろう。われわれは直観、想像、本能の力を日常的に拒絶し、この背信の罪を犯し続けているのである。この解釈を占星術にまで広げていくと、冥王星のトランジットやプログレッションと結びつけられることの多い「火の試練」が発生するのは、自分の人生に関する最終決定権を自分自身に与え、「すべてに終わりがあるからこそ、新しい方向に成長できるのだ」と告げようとする内的な心の衝動に抵抗した時だけということになるだろう。

サトゥルヌス（土星）はユピテル（木星）に玉座を追われ、タルタロスに監禁される。だが、冥界には、タルタロスのほかに、平和と永遠の美が支配する「極楽島（Blessed Isles）」もある。また、冥界にはステュクスとレーテーという二本の川がある。ステュクスは死者と生者の境界をなす川だ。人間の魂は、新たな肉体をまとう前にレーテーの忘却の水で清められるのである。プルートーンが地上を訪れる時は、人間には見えないように、姿を消すためのかぶとをかぶった。実際のところ、プルートーンを見ることのできる人はほとんどいないのである。ひとたび魂がプルートーンに委ねられたら、いかなる神もプルートーンの同意なくして魂を解放することはできない。また、プルートーンの領地には莫大な富があるが、これもプルートーンの同意なくして運びだすことはできない。

プルートーンが不死の元型と関連していることについては、確かな証拠があるようだ。この場合の不死とは、静的な状態ではなく、絶え間ない死と再生と成長が螺旋状に反復する状態のことである。これが真実であるとすれば、われわれはみな不死の元型を自分の中に持っているということになる。この元型はわれわれ人類の集合的遺産だからだ。人間の内部には、始まりと終わりの連続によって自立的な成長の達成を求めようとする衝動がある。この成長の最終目標は「全体性（wholeness）」だ。だが、「全体性」とは統合の結果であり、「全体性」自体も成長を続けている。そのため、どれほど統合を達成しようとも、さらに上の意識のレベルを統合していかなければならないのだ。「全体性」とは相対的なものなのである。こういった議論は形而上学的であり、二つのチャートの関係を解釈する上では実用性がないように思われるかもしれない。しかし、現実には、これほど実用的な話もないのである。心の内にあるこの種の衝動を理解できれば、いくつかの行動パターンはこの衝動によって説明がつくからだ。「完全への衝動」は「全体性」を求めるものであり、目的の達成のためには個人の生活を犠牲にすることも少なくない。この衝動を理解することこそ、現代の深層心理学の目的なのだ。

冥王星が死の経験をともなうものなら（死とはいっても、自己抑圧的だった生が解放され、よりよい生の形を構築するための死という、相対的な概念であるとすれば）、新たな生を創造する経験をともなうはずだ。そして、この経験は冥王星を性的な経験と結びつけることになる。死とセックスの関連性については、土星が蠍座か第8ハウスにある場合と、バースチャートで冥王星とアスペクトを形成している場合の項で、すでに触れた。この関連性は、シナストリーの場合にも、成り立っている。個人的な感情をはぎ取られた元型の力が、土星という脆弱な媒介によって他者に伝達されるのである。

土星と冥王星とのコンタクトは、見かけほど敵対的なものではない。土星と冥王星は、いずれも自分の領域の守護者であるため、共通する特徴を持っている。性格にも類似する部分があるほか、厳格、自己抑制、権力愛といった特徴も同じだ。土星は、外の力に脅かされていると感じているため、外的な世界を支配しようとする。一方、冥王星は、破壊と再建という目的を達成するため、内的な世界を支配しようとする。

土星を激しく脅かすのは、冥王星の「永遠」という性質である。冥王星は自分の世界をも破壊することを含め、ありとあらゆることを経験する。自分の世界が破壊されたとしても、後には不変の何かが残り、前よりもたくましく成長していくのだ。冥王星は情動的な危機を糧として成長する。これは、人間の死と再生が情動的欲求のレベルにおいて最も頻繁に起こるためだ。一般に人は感情に囚われる傾向があるため（つまり自分の欲望が何よりも大切ということだ）、冥王星による浄化プロセスを最もよく感知できるのも感情レベルである。フラストレーションがたまるのは、表現されない心のエネルギーが過剰に蓄積されてしまうからである。このエネルギーは何らかの経路を通じて解放しなければならない。さもないと、エネルギーは逆流し、パーソナリティの一部を破壊することになるからだ。チャート上の冥王星は、爆発寸前まで蓄積されたエネルギーを示すことが多い。もう少し弱められたものではあるが似たようなエネルギーが、冥王星が蠍座にあるか、あるいは蠍座に強く反応している人の周囲にも漂っている。これはその人の残虐性と感じられることが多いが、実際には他者に対する意図的な悪意ではなく、心の統合過程で自然に起こる破壊の現れにすぎない。他者の冥王星に自分の土星が影響を受けていると、不死、爆発寸前のエネルギー、見かけ上の残虐さが暗示されていることに土星側の人は気がつく。何が起こりつつあるのかを、土星側の人が意識的に気づかないかぎり、この状況は権力闘争へと発展しうるのである。

このコンタクトの人間関係に対する影響は、内的な、あるいは半ば無意識的なレベルで起きるにもかかわらず、きわめて劇的であることが多い。まず土星が自分の支配権を主張し、状況を支配しようと試みるため、「互いの意志の戦い」という感覚がある。この挑戦に対して、冥王星は神話のプルートーンを思わせる方法で応じるだろう。つまり、冥王星はじっと座って待っているだけなのである。なぜなら、冥王星の言葉は打ち消すことができず、最後に勝利するのは常に冥王星だからだ。この考えかたは、感情を大げさに考えすぎているように思えるかもしれない。事実、親密な二人にとって、このような戦いは想像もできないことだろう。しかし、冥王星は集合的無意識のエネルギーをともなう上に、元型と結びついているため、攻撃を受けると集合的無意識の感情が呼び覚まされてしまう。自分の側の冥王星の強い意志に無意識な人であっても、その性質は他者の土星によって必ず活性化させられる。戦いの原因は些細なものだ。だが、この些細な問題が重要な先ぶれとなり、二人はこの戦いの勝者になることの重要性を徐々に感じ取るようになる。この戦いによって、人間関係における支配権が最終的に決定されるからだ。だからこそ、このコンタクトは常に劇的なものになるのである。

この戦いによって、土星側の人の中で何かが破壊される。土星側の人は、自分自身を再評価し、自分の防衛体制を再構築する必要があることに気づくだろう。その人の防衛体制は、天王星や海王星の場合と同じように、冥王星のエネルギーに対しては無力だからだ。こうして、冥王星側の人は、土星側の人の生の一段階を終了させ、新しい段階を開始させるのである。どのハウスが関与しているかを調べれば、さらに詳しい検証が可能だろう。一方、冥王星側の人にとっては、さらに一つの経験を積んだといったところであろうか。冥王星は、こういった戦いを成長の糧にするのである。

土星はパーソナリティの境界線の辺縁部、あるいは「自我の殻」を形成しており、中に誰も入れないように防御を固めることに専念している。この事実は、土星外惑星型の人との人間関係に大きく影響する。人間は自分の闇の側面と折り合いをつけ、それを統合しないかぎり、全人類に共通する絆を感じることはできない。シャドウが自分と他者との間に立ちはだかっているためだ。自分と他者との相違を再確認するためにシャドウを用いると、自分のほうが優秀で、賢明で、論理的で、正しいのだと確信することになる。自分の劣等で未成熟な性質はみなシャドウに隠されてしまうのだから、自分のほうが優秀に見えて当然なのである。その結果、その人は自分の明るい側ばかりを見て、他者はその人の暗い側ばかりを見ることになるだろう。その人にとって、土星外惑星のエネルギーは山頂の清々しい空気に似ている。だが、その人は高いところに恐怖を覚える。土星外惑星は、個人のレベルでの相違も障壁も判断基準も無効になる集合的な経験があることを表しているため、自分のほうが優れているという幻想を脅かすからだ。人間関係において、このコンタクトがあると、天王星側、海王星側、冥王星側の人は、この集合的な力のシンボルとして土星の人には感じられる。このシンボルは土星側の人にとっては恐ろしくも魅力的なものなのだ。

土星がクロスコンタクトを形成していると、投影のメカニズムが作用することが多いようだ。土星のクロスコンタクトにトラブルがつきものなのは、この投影が原因なのである。その人が自分自身を理解し、相手に自分を投影することをやめれば、相手についても正しく理解することができるだろうし、相手が脅威でないことにも気づくだろう。土星外惑星が絡んでくると、投影の問題はさらに厄介になる。両者が無意識な領域において、そのメカニズムが機能するからだ。自分の土星を統合できている人がほとんどいないように、自分の天王星、海王星、冥王星のエネルギーを意識的に流動させている人も少ない。土星を統合していなければ、土星外惑星のエネルギーを流動させることはできないからだ。また、成長の過程の途中で、この段階まで到達することは危険でもある。集合的エネルギーとの同化とは、全体に属するものを個人が独占するということなのだ。それは狂気、あるいは誇大妄想と呼ばれる状態なのである。われわれは本能と知恵により、天王星、海王星、冥王星に干渉することを避けている。彼らは眠れる厳格な神々なのだ。古代の人々は、これらの神々を、空の彼方や、水の奥底や、地底深くに隠れていると表現した。それは当然のことだったのである。

第7章　結論

心理学は比較的新しい科学だ。人間の性質の複雑さや、人間の受ける苦痛の神秘を解明しようとする心理学の真価は、ようやく発揮され始めたばかりにすぎない。人生の大いなる意味を探求する人に真に貢献するものとして、また病理学的問題に苦しむ人を癒す手段として発展していった心理学は、否応無しに「心理学（psychology）」という言葉そのものの暗示する方向へと進んでいった。つまり、「魂」（psyche、プシュケー）の研究へと進んでいったのである。結果に対する経験論的研究としての心理学と、原因に対する直観的研究としての秘教の間の溝は、徐々に埋まりつつある。いずれも独自の専門用語にしつこくしがみついてはいるものの、二つの領域は重なり始めている。この溝に橋をかけた最大の功労者はカール・ユングその人だろう。ただし、自分の世界に固執する人々は、頑としてこの橋を渡ろうとはしないのだが。

この心理学の新潮流は、フロイトとアードラーの分析的手法を取り入れてはいるが、その手法だけに限定されているわけでもない。現在、この潮流は、至高体験や神秘的洞察、変性意識などの現象の理解という方向、つまり秘教的で霊学的な道をまっすぐに目指している。心理学が従来の専門用語に固執するのは、この新しい探究が、降霊会の部屋に充満する空気に汚染されないようにするためだが、これは正しい判断といえるだろう。だからこそ、心理学では「魂」とはいわず、代わりに「自己」「全体としての心」などといった言葉を使うのだ。これはまさしく賢明な判断だった。言葉はそれぞれ情動的な価値観を持ち、古い情動的価値観を新しい科学的な研究分野に持ち込むことは絶対に許されないからである。この新潮流には、占星術より包括的なアプローチの手がかりもあることだろう。科学分野全般について言えることだが、占星術も人間生活のあらゆる領域で起こりつつある知的情報量の爆発的増加に追いつけないままでいることは許されない。調波（ハーモニクス）、中間点（ミッドポイント）など、近代占星術の研究成果を見れば、方法論の面では順調に進歩していることはたしかだ。しかし、人間そのものに関わる部分では、まだまだ遅れているというのが現状だ。凶星、傷（アフリクション）、吉凶、動機に対する理解のない表面的な解釈などの古い概念に押しつぶされ、身動きがとれなくなってしまっているのである。最新の科学である心理学が、最古の科学である占星術に寄与できるのは、まさにこの部分であるといえよう。

バースチャートをより深く理解するためには、心理学の基本原理に関する基礎知識が不可欠であると思う。魂の最も根源的で、単純明快な意識と無意識という区分を取り入れただけで、バースチャートの解釈に新しい視点が加わった。この視点が明らかにする微妙な色合いや明確な方向性は、心理学以外の方法論では決して得られないものだ。出生時の星の配置を徹底的に分析したところで、絶対にわからないような事柄も、隠れた動機を調べれば、相当の部分が解明できるのではないだろうか。心理学が「自己」と呼ぶ、神秘的で捉えどころのない実体（視線を通し外界を見渡し、人が「私」と言う時に指しているもの）を表すシンボルは、いまだにチャートのどこにも見つかっていない。おそらく「自己」の働きは、チャートが暗示する行動とその人のパーソナリティを通して理解されるのだろう。しかし、「自己」は「私」という囲いの外にも、孤高を保ち、客観的かつ神聖なままで存在しており、パーソナリティやバースチャートが新しく、より有意義な表現方法を獲得するために、人生のどの時点でも招き寄せることができる。

「自己」に対する、このような視点がなければ、土星の理解は無理だと思う。土星こそ「自己」を変容させる潜在能力を招き寄せる鍵だと私は確信している。秘教では、土星は「弟子」の惑星とされる。この場合の「弟子」とは、単に「学ぶ者」という意味である。土星は悪い影響を及ぼすのではなく、「凶星」というわけでもない。ただ、苦痛に教育的価値があること理解できない者に反目しているだけなのだ。土星の道は殉教者の道でもなければ、苦行者の道でもない。そこには歓喜の種子があるのだ。土星を象徴するものの歴史は古く、どれもみな非の打ち所がない。世界中の神話や宗教、民間伝承、おとぎ話には、土星を連想させるものが無数に登場しているし、その種類もさまざまだ。だが、そのすべてに「悪魔に近寄ってキスするものは、太陽になることができる」という考えが見られるのである。

私個人が土星について何を感じ、直観し、経験し、考えているか、本書では正確に表現することができなかった。分析を百倍も詳しく記したり、百通りもの方法で組み立ててみても、決して満足のいくことはないだろう。というのは、土星はシンボルだからだ。シンボルは言葉ではなく、直観を介して接すべきものなのである。だが、私としては、出生時に土星の位置した星座やハウス、土星の形成するアスペクトについて、広範な知識をもって臨むならば、魂のファクターとしての、われわれの親友としての、力の源としての、そして「光の運び手」としての土星が、これまで知られてきた土星像よりはるかに強大な存在であることを示したかったのである。

本書のしめくくりとしてに、問題の存在に気づき、真剣に対処しようと決めたとき、どのようにすれば自己成長を実現できるかという現実的な問題に触れておこう。初期の心理学では、無意識の錯綜に巻き込まれているのは病人だけだと考えられていた。無意識とは、人それぞれの心の汚れが放り込まれては蓄積されてゆくごみ箱のようなものだと考えられていたためだ。心理学的な助力を求めることは、自分が半ば狂っていると認めることを意味したのであり、治療の要求は現実に病んだ状態にある人だけの権利だったのだ。現在では、無意識は単なるごみ箱ではないことが明らかになっている。無意識は、あらゆる神の属性を持った、その人に生命力を与えてくれる創造的な力なのである。また、「病気」と「正常」とは、相対的な概念を表す言葉であることも理解されつつある。精神的な疾患の症状は、社会が病んだ状態にあれば「正気」「正常」「バランスが取れている」と解釈することもできるのだ。病気にはさまざまな種類があり、すべての症状が病理学的な形をとって現れるわけではない。幻覚虚無感におちいる心の病もある。この病気は風邪よりも流行っており、治療ははるかに困難だ。幻覚を見る者、芸術作品を創るためだけに生きる者、天の七界と地獄の七界を垣間見た者だけが、虚無感から自由になれる。そして、彼らがわれわれのためにできることは何もない。われわれの社会では、彼らは狂人とされるからだ。われわれは必死で正気であろうとし、社会に適応しようと努めてきた。

そして、われわれの生命の根源は破壊され、生命の創造的な流れは干上がり、ひからびた自己の殻だけが残されたのである。

それでも最近では、新たな動きが起こりつつある。われわれは自己成長を求めることが、自分が劣っているという理由からではなく、自分の最も優れた部分へ参与するためと考え始めたのだ。瞑想やヨガから創造的空想にいたるまで、あらゆる技術を用いて自己開発を研究する団体、学校、ワークショップ、講座が次々と誕生していることは、自己成長に対する深い集合的欲求の現れといえるだろう。こういった団体や講座では、個人は自分自身を発展させると同時に、自分のプライバシーを犠牲にすることなくグループの一員となることができる。これはおそらく、新たな占星術的時代の始まりとともに姿を現そうとしている水瓶座の性質の反映なのだろう。これで万事が安泰というわけではないが、われわれは集合的意識の中での個性化の意味を発見しつつはあるようだ。人間の集合的意識は変化の途上にあり、新しいシンボル、新しい価値観、新しい構造、新しい神の概念にふさわしい新しい方法を次々に生み出している。これは魚座時代から水瓶座時代という占星術的時代の移行期に見られる変化だ。これが安定した形になるまでには、時間がかかることだろう。しかし、大まかな輪郭はすでに見えてきている。心理学と占星術は、自己理解と自己成長のためのきわめて有益な手段である。これに加え、科学の分野では、人間の身体の微細な構造に対する新しい研究が着手され、代替医療による治療法の開発も始まっている。もはや変人、神経症、ヒッピーなどと決めつけられることなく、自己を探求したり発展させたり、自分の内的な生命に関心を寄せたりすることが可能になるだろう。探求を始めたいと思ったら、土星に象徴される魂の部分、つまり自分の「シャドウ」から始めることをおすすめする。世界中の国々に無数の団体や学校やワークショップが存在するのだから、もはや「どこへ行ったらいいかわからない」という言い訳は通用しないはずだ。

最後にユングの『発見されざる自己』から引用し、この本の結びとしたい。

「私は過剰な楽観主義に駆り立てられているわけでも、崇高な理想を愛しているわけでもない。個々の人間の運命に興味があるだけだ——世界全体がその上でなりたち、キリスト教のメッセージの意味を正しく解釈するなら、神でさえ自身の目的をその中に求めている、個人という微小なひとつの単位の運命に」

あとがきにかえて

本書はLiz Greene, *SATURN: A New Look at an Old Devil*, Samuel Weiser, 1976, Arkana 1990の全訳である。

本書の位置づけについては、訳者序文として書いた小文で触れておいたのでそちらを参照されたい。

本書は、僕にとってとても思い出深い書物のひとつである。一九六八年生まれの訳者が占星術に興味を抱き、日本語文献だけでなく英語圏の先達たちに目を向け始めたときに、すでにリズ・グリーンは英国においては華々しいスターであった。十代半ばのころだったと思うのだが、ハワイの占星術専門書店で、書架を埋め尽くす占星術関連書に圧倒されながら、どれか推薦していただけませんかと店員の方に恐る恐る尋ねたのが、グリーンとの出会いであった。

その店員は、まだ子供の僕に理解できるかどうかいぶかしみながら、「私ならこれを薦める。君に読めるかどうかはわからないけれども」と書棚から一冊を取り出した。白いバックにタロットの「隠者」めいたランプを手にした老人が描かれた、その書こそ、この『サターン　土星の心理占星学』だったのだ。

当時日本では入手が難しかった天文暦とともに、薦められるままにグリーンの書を、僕は親にねだって手に入れたのだ。

その店員にしても、子供向けの占星術入門書ではなく、グリーンを薦めるのは、勇気のいることだったと思う。語学もおぼつかない一観光客にすぎない僕たち相手なら、普通ならもっと美麗なヴィジュアル版の占星術書でも、風変わりな占いカードでもよかったはずなのだが、おそらく、彼にとってもグリーンは特別な存在だったのだと思う。

グリーンの英語はそうとうの曲者で、高校一年生には、とても歯が立たないものであることはすぐにわかったが、しかし、それでもこの本は重要だと即座に感じた。それまでの吉凶判断ばかりを重視し、また、鬼面人を驚かすような大仰なことをいいながら、内容たるや運勢占い遊び以上のものではない占い本に飽き飽きしていた僕には、この本はまったく新しいジャンルのものとして映ったのだった。

それから数年かけて僕はグリーンや、彼女の同僚たちの本を好んで読み、大学生のころになると休みを利用しては彼女の主催するロンドンの心理占星術センターの授業を聴講するようにまでなっていたのだった。すでに青土社から刊行されている『占星学』（*Relating*）の訳に、岡本翔子氏とともにかかわることができ、また、このように思い出深い本書を紹介できたことは、この上ない喜びである。

いささか裏話めくが、本書訳出の経緯をご紹介しておこう。実は本書の翻訳の話は、今から十年以上も前に前青土社社長・故清水康雄氏からもいただいていた。しかし、生意気にも当時の僕は本書よりも、『占星学』のほうをお勧めしたのであった。本来なら、グリーンの出世作である本書をまず出すのが王道なのであろうが、あえて「順番狂わせ」をしたのには僕なりの理由があったのだ。

というのも、本書は土星が火のハウスにある時、地のハウスにある時、と項目別に解釈が並んでいる。占星術愛好家たちはこうした形式を「クックブック方式」と呼んでいる。クックブック方式は、ホロスコープを実際に解読する際の参考にはとても役に立つし、「で、自分のチャートはどう読むの？」と決まってたずねてくる占いファンにはうれしいしかけではある。しかし、これは、たとえば雑誌の占い特集などでよくある、（僕もよくやっているが）、「〇〇星が〇〇座にあるあなた……」というステレオタイプ的なメディアでの占いを連想させてしまう。占いがもつ先入観というかステレオタイプがいかに強固なものであるか、身をもって知る僕としてはグリーンの著書でクックブック方式のものを最初に紹介してしまうと、そのほか凡百の占い書と混同されてしまう危険があると考えたのだ。

そこで、クックブック方式の本書をとらず、かつ、グリーンのより成熟したスタイルを見せている『占星学』を先行させたのである。

日本語として読めるものとしてははじめての本格的な心理占星術書であったということ

もあり、この試みは当たったようで『占星学』は多くの読者に受け入れられ、版を重ね現在でも新装版が出ている。

本来ならそのあとすぐに本書を紹介すべきだったのだろうが、魚座生まれで月が牡羊座にある僕は元来のせっかちな性格のせいで、その後の僕の関心の移ろうままに興味を持った本を紹介していった。青土社からは、グリーン批判を含めたマギー・ハイド著『ユングと占星術』、また、トマス・ムーアによる元型的心理学の隠れた名著『内なる惑星』を出していただくことができた。そして英国、米国で正規の大学のなかで占星術が教えられるようになってきた昨今、当時のように誤解を恐れる心配はもはや無用であろう。ようやく、本書をご紹介する時機を得たというわけだ。

ただ、同時にここ十数年の占星術シーンの移り変わりによってグリーン流の心理占星術への評価が変わってきたことも付け加えておかねば公正さを欠く。七〇年代から九〇年代にかけて心理占星術は大きな潮流をなしたが、八〇年代ごろから今度は「伝統占星術」「古典占星術」復興がトレンドとなってきた。一九世紀末の現代占星術復興によって「失われた」占星術の技法が一七世紀以前の占星術に残っており、それを発掘、再現しようとする動きである。ひところは現代占星術対伝統占星術の対立の図式が相当目立った。

たとえば、伝統占星術家であれば、本書でサイン（星座）とハウスの意味をほぼ同じものとして扱っていることにたいして批判を加えるであろう。現代占星術では第1ハウスを牡羊座の定位置とし、第2ハウスを牡牛座の定位置とするが、伝統的な占星術においてはサインとハウスはその役割を峻別すべきものとされている。このあたりのことは、デボラ・ホールディング著『ハウス　天空の神殿』(*The Houses: Temples of the Sky*) などに詳しいので参照されたい。そうした伝統的占星術から学ぶことも大いにあるだろう。またマギー・ハイドやジェフリー・コーネリアスらは、グリーン流の占星術にある、隠された宿命論を暴き出し、疑似科学としての占星術理解を批判している。

しかし、そうはいっても、グリーンの功績は失われるものではないだろう。なんといっても心理占星術のインパクトが現在の占星術の成熟を導いたのだ。

人気の高い「伝統」派の占星術家がその著書の冒頭で「現代占星術はくずだ」と言い放っているのをみると、こんなところにこそ、グリーンが本書で語ろうとしている影《シャドウ》の投影の実例が表われているような気がする。

そもそも、古代から一枚岩の占星術があったと考えるのは、無理である。原始仏教と現代の日本の仏教は確かに同じ水脈から発しているのであろうが、それを同じ土俵で論じ合いどちらが優位かを競っても仕方あるまい。存在するのは厳密には Astrology ではなく、複数の Astrologies なのではあるまいか。

肯定するにしても否定するにしても、現代占星術の進展のマイルストーンのひとつとしての本書の価値を疑うことはできないのである。

本書刊行の英断をしてくださった青土社の清水一人社長、また、編集の篠原一平さん、本書の下訳をしてくださった北川達夫さん、面倒な編集、校閲の労をとってくださった田中順子さん、鎌田彷月さん、装丁をしてくださった岡孝治さん、そのほか、本書にかかわってくださった多くのみなさま、本当にありがとうございました。
本書が、自分の心の影を覗き込む一助になり、現代占星術の成果のひとつとしてみなさまの手に渡ることがあれば、こんなにうれしいことはありません。

鏡リュウジ

二〇〇四年　土星の上昇点通過を待ちながら

新装版へのあとがき

このたび、リズ・グリーン著『サターン　土星の心理占星学』を新装版のかたちで出していただけることになった。月並みな言葉ではあるが、訳者としてはたいへんありがたく、望外の喜びである。そのことは言うまでもない。しかし、その感謝の念と同時に、誤解を恐れずに言わせていただければ、「それも当然」という思いもあるのも事実である。

訳者としての自負ではまったくない。そうではなく、原著自身のもつ価値を考えれば、版を重ねていくのは当然で、むしろ、日本の市場から本書が消えてしまったら、それこそ訳者として責任を感じてしまうところである。

本書訳出のいきさつについては旧版の「訳者あとがきにかえて」で書いたが、改めて本書の意義をお話しておこう。

著者リズ・グリーンは間違いなく、20世紀を代表する占星術家のひとりである。ユング派の分析家であるグリーンは、19世紀末に復興してきた現代占星術をより鮮明なかたちでユング派心理学と融合させ、その象徴解釈を深化させることに成功した。

占星術で用いられる惑星や星座はそれぞれ神話のキャラクターでもあるので、その働きを神話的元型と結びつけるのは自然なことに思われるかもしれない。しかし、意外なことに、惑星の神々の神話そのものを大きく取り上げ、その元型から占星術象徴を拡充して現実の人間心理を味わい、探るレンズとするという方法論は、20世紀においてこのリズグリーンによって確立されたものと言って良いのだ。そしてその方法論の旗揚げとなったのが一九七六年に出た本書なのである。現代の占星術はグリーン以前、グリーン以後に分かれると言って過言ではないだろう。

むろん、そこから40年ほどの年月がたち、グリーンの立ち位置も随分と変わっている。自ら設立し心理占星術家育成に大きな貢献をなしたロンドンの心理占星術センターもいまやその使命を終えたようで活動は静かだ。また心理臨床の活動からもリタイアされていると聞く。

一方、グリーンはよりアカデミックな活動の方向へと進んでおり、最近出た本ではユング本人が描いていたホロスコープなど未発掘の資料を探し出し、さらにユングが思想構築の上で我々が思っていた以上、はるかに占星術や古代秘教の影響をがあったことを明らかにしようとしている。年齢を重ねたグリーンは、自分自身の学術的探求のために時間を使おうとしているようだ。

それにしても人間の中に潜む「影」(シャドウ)を星のイメージを使って分析する本書の価値は薄れることはないどころか、この時代にあってますますその意義をましているようにも見える。
ネット空間は人々を有機的に繋げる一方で、無意識的な敵意や恐れを増幅し、互いに投影し合う危険な領域でもある。僕たちはこの時代にこそ、内なる土星、内なる野獣を錬金術の「鉛」（第一質料）とみなし、変容させる気構えを持たねばならない。本書はそのための大きな一助となるだろう。

鏡リュウジ

二〇一八年五月

リズ・グリーン (Liz Green)
英国占術家協会およびロンドン ユング派分析家協会会員。心理学占星学センター設立者。ブリストル大学歴史学部名誉リサーチフェロー、ウエールズ大学内ソフィセンター教官。著書に『占星学』などがある。

鏡リュウジ (かがみ・りゅうじ)
心理占星術研究家・翻訳家。国際基督教大学卒業、同大学院修士課程修了(比較文化)。英国職業占星術協会会員、日本トランスパーソナル学会理事、京都文教大学客員教授、東京アストロロジースクール主幹。著書に『占いはなぜ当たるのですか』などがある。

サターン　土星の心理占星学
新装版

2018年5月30日　第1刷発行
2025年7月30日　第4刷発行

著者――リズ・グリーン
訳者――鏡リュウジ
発行者――清水一人
発行所――青土社
東京都千代田区神田神保町1-29　市瀬ビル　〒101-0051
（電話）03-3291-9831［編集］03-3294-7829［営業］
［振替］00190-7-192955
印刷所――ディグ

装幀――岡孝治

ISBN978-4-7917-7078-6　Printed in Japan